Michael Kögler, Eva Busch (Hg.)
Übergangsobjekte und Übergangsräume

Das Anliegen der Buchreihe BIBLIOTHEK DER PSYCHOANALYSE besteht darin, ein Forum der Auseinandersetzung zu schaffen, das der Psychoanalyse als Grundlagenwissenschaft, als Human- und Kulturwissenschaft sowie als klinische Theorie und Praxis neue Impulse verleiht. Die verschiedenen Strömungen innerhalb der Psychoanalyse sollen zu Wort kommen, und der kritische Dialog mit den Nachbarwissenschaften soll intensiviert werden. Bislang haben sich folgende Themenschwerpunkte herauskristallisiert:

Die Wiederentdeckung lange vergriffener Klassiker der Psychoanalyse – wie beispielsweise der Werke von Otto Fenichel, Karl Abraham, Siegfried Bernfeld, W.R.D. Fairbairn, Sándor Ferenczi und Otto Rank – soll die gemeinsamen Wurzeln der von Zersplitterung bedrohten psychoanalytischen Bewegung stärken. Einen weiteren Baustein psychoanalytischer Identität bildet die Beschäftigung mit dem Werk und der Person Sigmund Freuds und den Diskussionen und Konflikten in der Frühgeschichte der psychoanalytischen Bewegung.

Im Zuge ihrer Etablierung als medizinisch-psychologisches Heilverfahren hat die Psychoanalyse ihre geisteswissenschaftlichen, kulturanalytischen und politischen Bezüge vernachlässigt. Indem der Dialog mit den Nachbarwissenschaften wiederaufgenommen wird, soll das kultur- und gesellschaftskritische Erbe der Psychoanalyse wiederbelebt und weiterentwickelt werden.

Die Psychoanalyse steht in Konkurrenz zu benachbarten Psychotherapieverfahren und der biologisch-naturwissenschaftlichen Psychiatrie. Als das ambitionierteste unter den psychotherapeutischen Verfahren sollte sich die Psychoanalyse der Überprüfung ihrer Verfahrensweisen und ihrer Therapie-Erfolge durch die empirischen Wissenschaften stellen, aber auch eigene Kriterien und Verfahren zur Erfolgskontrolle entwickeln. In diesen Zusammenhang gehört auch die Wiederaufnahme der Diskussion über den besonderen wissenschaftstheoretischen Status der Psychoanalyse.

Hundert Jahre nach ihrer Schöpfung durch Sigmund Freud sieht sich die Psychoanalyse vor neue Herausforderungen gestellt, die sie nur bewältigen kann, wenn sie sich auf ihr kritisches Potenzial besinnt.

BIBLIOTHEK DER PSYCHOANALYSE
Herausgegeben von Hans-Jürgen Wirth

Michael Kögler, Eva Busch (Hg.)

# Übergangsobjekte und Übergangsräume

## Winnicotts Konzepte in der Anwendung

Mit Beiträgen von Martin Altmeyer, Nikolaus Becker, Anita Burkhardt, Frank Dammasch, Michael Ermann, Grit Jahn-Jokschies, Michael Kögler, Ross A. Lazar, Ulrich A. Müller und Angelika Staehle

Psychosozial-Verlag

Bibliografische Information der Deutschen Nationalbibliothek
Die Deutsche Nationalbibliothek verzeichnet diese Publikation in der Deutschen Nationalbibliografie; detaillierte bibliografische Daten sind im Internet über <http://dnb.d-nb.de> abrufbar.

Originalausgabe

E-Mail: info@psychosozial-verlag.de
www.psychosozial-verlag.de

vervielfältigt oder verbreitet werden.
Umschlagabbildung: Paul Klee:
»Bilderinschrift für Irene, wenn sie einmal größer ist (Nr. 1)«, 1920
Umschlaggestaltung & Satz: Hanspeter Ludwig, Wetzlar
www.imaginary-world.de
ISBN 978-3-8379-2308-7

# Inhalt

# Vorwort

D. W. Winnicott kann als Pionier der interaktiven Wende gesehen werden. Mit der Betonung des äußeren Faktors markiert er die konstitutive Bedeutung sozialer Beziehungen in der kindlichen Entwicklung.

Das Übergangsobjekt ist der am meisten rezipierte Begriff des Theoriegebäudes von Winnicott. Mit seiner Hilfe verschafft sich das kleine Kind Zugang zur äußeren Welt, es lernt die innere und äußere Welt zu unterscheiden, voneinander getrennt zu halten und zueinander in Beziehung zu setzen. Dies ist nach Winnicott eine lebenslange Aufgabe, die eine Spaltung in die Scheinwelt der Fantasie und eine als bedrohlich erlebte Umwelt vermeidet. Es folgt auf die Phase der Illusionierung, in der das Baby mit seinem Hunger die Brust erschafft und die Mutter sich in dieser Situation zur Verfügung stellt. Die Illusion wird somit real und die Beziehung zur äußeren Welt lohnend: Urvertrauen kann entstehen sowie das Gefühl von Wirklichkeit und Lebendigkeit. Die reale Befriedung der wunscherfüllenden Illusion ist notwendig, damit das Baby sein Übergangsobjekt als ersten *Nicht-Ich-Besitz* erschaffen kann. Der Teddybär beispielsweise steht somit sowohl für die vom Größenselbst des Babys gespeisten allumfassenden Wünsche an die frühen Bezugspersonen als auch für die zu explorierende Umwelt mit ihren unendlichen Bewährungs- und Befriedigungsmöglichkeiten wie in Milnes Buch *Winnie The Pooh* lustvoll ausgeführt wird. Damit befasst sich der Beitrag von Ulrich A. Müller. Ein zentrales Thema dieses Buches ist der Übergang von der klassischen zur relationalen Psychoanalyse, für dessen Gelingen Winnicott exemplarisch steht. Mit diesem Thema befassen sich Michael Ermann und Martin Altmeyer in sehr persönlichen Beiträgen. Anita Burkhardt, Frank Dammasch, Angelika Stähle und Ross Lazar wenden ihr Verständnis von Übergangsobjekten und dem Übergangsraum auf klinische Beispiele an, während Grit Jahn-Jokschies und Michael Kögler sich der Anwendung auf gesellschaftspolitische Bereiche widmen. Nikolaus Becker schließlich gibt einführend sein Verständnis von den Übergangsobjekten wieder.

Zur morgendlichen Einstimmung auf die Tagung wurde folgendes Lied von den über 300 Teilnehmern und Teilnehmerinnen im Kanon gesungen:

> Was ist ein Übergangsobjekt?
> Wer weiß, was dahinter steckt?
> »Zwischen dem Daumen und dem Teddybär« –
> Da hat es einer entdeckt.
> Ich will es wissen!
>
> Du-aah-du-aah-uap –
> Jetzt hab ich's gecheckt! Yeah!

(Frieder Bleyl:
Arrangement des Liedes
Heaven Is A Wonderful Place
von Wolfgang Koperski)

Im Rahmen der Tagung konnte diese musikalische Einstimmung als kollektives Übertragungsobjekt erlebt werden, in das alle Wünsche und Erwartungen für dieses Symposion hineingelegt werden konnten. So wurde gleichzeitig ein Innen und Außen, hier als Wir und Nicht-Wir miteinander verbunden. Dieses Lied löste so nicht erwartete Begeisterungsstürme aus.

# Intersubjektivität im Übergangsraum[1]

*Michael Ermann*

Der große französische Philosoph René Descartes hat vor 400 Jahren das abendländische Denken zutiefst geprägt, indem er die grundsätzliche Unterscheidung zwischen Geist und Materie, zwischen dem Beobachter und seinem Objekt traf. Sigmund Freud hat, ganz im Geist seiner Zeit, diesen Dualismus übernommen, als er vor 120 Jahren die Psychoanalyse entwickelte. Der Patient erschien ihm dabei als Objekt der Betrachtung durch einen außenstehenden, neutralen Beobachter.

Es hat mehr als hundert Jahre gebraucht, bis die Psychoanalyse sich aus dem cartesianischen Selbst-Objekt-Dualismus herausgelöst und sich mehr und mehr einer intersubjektiven Perspektive geöffnet hat. In dieser Perspektive steht die Bezogenheit zwischen den Menschen, das Verbindende zwischen dem Selbst und dem Anderen im Vordergrund der Betrachtung.

Dieser Prozess ist zum einen dem Wandel der wissenschaftlichen Betrachtungsweise und der postmodernen Wende zuzuschreiben, zum anderen den Erkenntnissen der modernen empirischen Forschung über die menschliche Entwicklung. Vor allem die moderne empirische Entwicklungspsychologie (Übersicht bei Dornes, 2000) hat neue Akzente gesetzt, indem sie die Bedeutung des realen Anderen für die Entwicklung erforschte und den konkreten Personen viel stärkeres Gewicht gab, als es früher aus der Sicht der rekonstruktiven analytischen Entwicklungspsychologie der Fall war.

Die Entwicklung hat ihren Schwerpunkt danach nicht bei der Bewältigung

---

1 Für Jürgen Körner zum 70. Geburtstag mit herzlichem Dank für viele Gespräche über die Beziehung in der Psychoanalyse.

intrinsischer Reize aus der Welt der Triebe, Affekte und unbewussten Fantasien, sondern beim Umgang der Bezugspersonen mit diesen Zuständen. Wenn dieser Umgang gelingt, werden die Erfahrungen zum Bestandteil eines wertschätzenden Selbsterlebens. Erst wenn er misslingt, können sie zum Kern pathologischer Entwicklungen werden.

Dieser Bereich der Pathologie liegt jenseits des Einflusses der Freud'schen Redekur. Damit entfalten in der Behandlung der frühen Störungen andere Techniken und Interventionsformen Wirkung als das Prinzip Deutung und Einsicht der klassischen Psychoanalyse. Die alternativen Techniken beruhen vor allem auf dem Prinzip eines entwicklungsfördernden Umgangs. Was in der Behandlung geschieht, Intention und Haltung, mit denen gesprochen wird, und die zwischenmenschliche Atmosphäre werden in diesen Behandlungen wichtiger als der kognitive Gehalt von Deutung und Einsicht. Damit verschiebt sich der Schwerpunkt auf die Prozesse im intersubjektiven Feld.

## Übergangsraum und intersubjektives Feld

Donald Winnicott gehört fraglos zu den Pionieren, welche die Beziehungsprozesse durch ihre klinischen Beobachtungen erschlossen und zu einem modernen, intersubjektiven Entwicklungskonzept zusammengefügt haben. Ähnlich wie Michael Balint und John Bowlby unterstellte er ein genuines Bedürfnis nach Binding und Beziehungen und ein konstitutionelles Entwicklungspotenzial, das in der frühen Mutter-Kind-Dyade gefördert oder aber beeinträchtigt werden kann. Für eine gesunde Entwicklung bedarf es einer Bezugsperson, die sich als realer Anderer verwenden lässt, an dem das Kind reifen kann (Winnicott, 1969). Psychopathologie erschien ihm daher im Wesentlichen als eine Störung der Objektverwendung, d. h. – mit einem anderen seiner Begriffe gesprochen – als Reifungsstörung in einer unzureichend fördernden Umwelt (Winnicott, 1965).

Der Mensch ist darauf angewiesen, dass ihm eine fördernde Umwelt einen Raum bereitstellt, in dem sich ein kohärentes Selbst ausformen kann. Er kann sich daher nur am Anderen entwickeln. Diese Auffassung gipfelt in dem berühmten Ausspruch: »*There is no such thing as a baby*« (Winnicott, 1956), will sagen: Einen Säugling an sich gibt es nicht. Wenn über den Säugling gesprochen wird, muss man immer auch den Beitrag der Mutter zu seiner Befindlichkeit berücksichtigen. Winnicott beschrieb auf diese Weise einen potenziellen Raum als Möglichkeitsraum zwischen Mutter und Kind. In der zeitgenössischen Psychoanalyse nennen wir diesen heute das intersubjektive Feld.

Diese Erkenntnisse lassen sich ohne Weiteres auf die psychoanalytische Behandlung übertragen. Die analytische Situation erscheint dann als ein Übergangsraum zwischen Analysand und Analytiker, in dem sich die Nachreifung des Selbst vollziehen kann. An die Stelle des Patienten als Objekt der Behandlung durch einen außenstehenden Therapeuten rückt nunmehr das analytische Paar, das in der Begegnung – wie in einem Spiel – ein Drittes erschafft, nämlich eine neue interpersonale Wirklichkeit. Aus ihr gehen beide Beteiligte, Analysand und Analytiker, verändert hervor, wenn auch auf verschiedene Weise und in verschiedenem Ausmaß verändert. So betrachtet ist die intrapsychische Entwicklung des Patienten eine Funktion der Bezogenheit, die nicht ohne den Einschluss des Analytikers erreicht werden kann.

Mit der Erweiterung des Indikationsspektrums in Richtung frühe Störungen wurde die Einpersonenperspektive der traditionellen analytischen Trieb- und Ichpsychologie durch die Zweipersonensicht der Objektbeziehungs- und Selbstpsychologie erweitert und mehr und mehr ersetzt. Dabei wurde die reale Beziehung zwischen dem Säugling und seinen Pflegepersonen ein bedeutender Bezugspunkt, der eine rein intrapsychische Perspektive ablöste: Die Bezogenheit bildet nunmehr den Angelpunkt zwischen der inneren Welt und der äußeren Realität. Sie ist das Medium, in dem Struktur entsteht und das Selbst erschaffen wird. Sie ist der Organisator der Selbstentwicklung. Dieses Medium ist gemeint, wenn Winnicott (1951) von einem Übergangsraum spricht, in dem der eine sich vom anderen als Objekt verwenden lässt, damit das Selbst sich entwickeln kann.

Der heute gängige Begriff intersubjektives Feld stammt von den amerikanischen Psychoanalytikern George Atwood und Robert Stolorow (1984). Sie definieren es als ein System, das durch subjektive Welten gebildet wird, die im Austausch miteinander stehen. Mit der Bezeichnung »Feld« nehmen sie einen systemischen Standpunkt ein. Er betrachtet das individuelle Verhalten als Ergebnis von Kräften, die aus dem Umfeld auf den Einzelnen einwirken. Dabei ist das subjektive Erleben der maßgebliche Faktor, der auch auf den Anderen zurückwirkt.

## Konstitutive Faktoren des intersubjektiven Feldes

Wenn zwei Menschen sich begegnen, folgen sie einer unerlässlichen Bedingung ihrer Existenz als primär soziales Wesen: Sie folgen ihrem urtümlichen Bedürfnis nach Bindung und Kommunikation und nehmen dadurch Einfluss aufeinander. Durch dieses Zusammenspiel bildet sich in beiden Beteiligten ein spezifisches Gefühl für ihr Selbst, dieses ist kontextabhängig, d.h. es reflektiert die besonderen Bedingungen der aktuellen Beziehung.

Nehmen wir als Beispiel die Begegnung zwischen einer Mutter und ihrem Säugling. Der Säugling sendet z.B. durch seine Mimik oder sein Schreien ein Signal, sodass die Mutter mit einem spezifischen Pflegeverhalten antwortet. Erst durch die »Anfrage« ihres Säuglings wird sie zur pflegenden Mutter. Diese Antwort induziert im Säugling wiederum ein spezifisches Selbsterleben, nämlich gepflegt zu werden. Er wird dadurch zum Pflegling in eben dieser Interaktion. So bildet sich in beiden Beteiligten ein Selbsterleben, nämlich das als Säugling und als Mutter, welches von der spezifischen Art der Beziehung und der Interaktionen abhängig ist. Beider Selbst konstituiert sich also in der Begegnung.

Auch wenn zwei Erwachsene sich begegnen, kommen bewusst und unbewusst Haltungen und Einstellungen, Erwartungen und Zielvorstellungen, Hoffnungen und Ängste, Rollenvorgaben und vieles mehr zum Tragen. Sie wirken auf den Anderen ein und rufen Reaktionen hervor. Sie schaffen dadurch eine komplexe Situation der Bezogenheit. So entfaltet sich von Anbeginn ein bipersonales Feld, das durch die nachfolgenden Interaktionen ausgearbeitet und weiterentwickelt wird. Neben manifesten Verhaltensweisen kommt dabei vor allem die unbewusste Kommunikation zum Tragen, die wir heute als projektive Identifikation verstehen.

Wenn man diese Vorstellung auf die Begegnung in der Behandlung anwendet, dann ist die psychoanalytische Situation als intersubjektives Feld durch drei Merkmale gekennzeichnet (vgl. auch Jaenicke, 2010):

- *Die Bipersonalität:* Das Feld wird grundsätzlich von beiden Beteiligten getragen und geprägt.
- *Die Veränderlichkeit:* Das Feld unterliegt einer fortlaufenden Veränderung. Das Ergebnis wird zwischen den Beteiligten beständig neu ausgehandelt.
- *Die Wechselseitigkeit:* Die Beteiligten stehen in einem beständigen Prozess

der gegenseitigen zumeist unbewussten Einflussnahme. Jeder der Teilnehmer erfährt dadurch Veränderungen in sich selbst.

In diesem Feld entsteht ein unbewusstes Zusammenspiel der Subjektivität von Patient und Behandler. Beide Beteiligte halten dabei ihr Selbstgefühl aufrecht, indem sie den anderen auf mehr oder weniger bewusste, zumeist aber auf unbewusste Weise beeinflussen und im Sinne ihrer mitgebrachten Vorerfahrungen zu verändern suchen. Sie nehmen dazu mit Mitteln der unbewussten Kommunikation Einfluss.

Selbstverständlich steht bei einer intersubjektiven Betrachtung des analytischen Prozesses die Subjektivität des Patienten, d.h. *seine* innere Welt, sein Erleben und Verhalten, seine Geschichte, seine Gegenwart und Zukunft als Gegenstand der Behandlung ganz im Zentrum. Seine Veränderung ist das Ziel des Behandlungsprojekts. Auf ihn richtet sich die Aufmerksamkeit.

Die Begegnung wird aber auch durch die Subjektivität des Therapeuten mitgestaltet. Seine Wahrnehmungen, sein Verständnis und seine Empathie bestimmen darüber, wie er mit dem Patienten umgeht, worauf er sein Augenmerk lenkt, welche Auswahl er aus dem Material einer Stunde trifft und was er auslässt und wie er es kommentiert oder deutet. Er ist ein aktiver Mitgestalter des Prozesses. Darauf hat im deutschen Sprachbereich früh vor allem Thomä (1981) in seinen *Schriften zur Praxis der Psychoanalyse* hingewiesen.

Ein angemessenes Verständnis für diese Dynamik kann aus heutiger Sicht nur entwickelt werden, wenn man verschiedene Komponenten der Übertragung in einem interpersonellen Prozess in Betracht zieht. Hier kommen die Gegenwart und die Geschichte der *beiden* Akteure zum Tragen: als Übertragungen und Gegenübertragungen und als Widerstände gegen diese Übertragungsdynamik. Man muss anerkennen, dass selbstverständlich auch der Analytiker seine Geschichte und seine Gegenwart als Eigenübertragung auf den Patienten in die Beziehung einbringt und dass auch der Patient mit einer Gegenübertragung auf den Analytiker reagieren kann.

Meistens ist es kaum möglich, zwischen Eigenübertragung und Gegenübertragung klar zu unterscheiden, denn selbst wenn man im Sinne von Paula Heimann (1950) zugesteht, dass die Gegenübertragung ein Produkt des Anderen ist, so ist das Material, aus dem sie geformt wird, also die in ihm erweckten Einstellungen, Fantasien und Gefühle doch immer das Eigene und bei konsequenter

Untersuchung mehrfach determiniert: Durch die aktuelle Begegnung *und* durch die persönliche Geschichte und ihre Folgen. Letztlich, darauf hat auch Körner (1990) hingewiesen, bilden die Elemente der Übertragungsmatrix eine dynamische Einheit. Aber wo ist die Henne, wo das Ei? Da es schwierig ist zu entscheiden, von wem die Dynamik ausgeht und wer »nur« reagiert, bevorzuge ich die intersubjektive Perspektive und spreche von einer intersubjektiven Übertragung, um das Gemenge der einzelnen Elemente zu betonen.

Die Tatsache der Bipersonalität und Wechselseitigkeit im intersubjektiven Feld schließt selbstverständlich nicht aus, dass die Beteiligten in der Behandlungssituation unterschiedliche Funktionen haben und verschiedenen Rollenvorgaben folgen. Die Differenz zwischen der Patientenrolle und der Therapeutenrolle wird im intersubjektiven Feld nicht aufgehoben. Der Therapeut hat eine besondere Verantwortung für die Behandlung und eine besondere berufliche Kompetenz, den Prozess zu führen. Dadurch ergibt sich eine Asymmetrie in der Struktur der analytischen Situation. Diese nimmt natürlich Einfluss auf die Beziehungs- und Prozessgestaltung. Der grundsätzlichen gleichrangigen Beteiligung beider Subjektivitäten an der Begegnung tut das aber keinen Abbruch.

Intersubjektivisten wie Donna Orange u. a. (1997) haben mit dem Anspruch, eine »Psychoanalyse auf Augenhöhe« zu vertreten, einige Verwirrung gestiftet. Dieser Anspruch muss so verstanden werden, dass der Therapeut sich aus der Position des außenstehenden oder sogar überlegenen Beobachters heraus begibt und sich als Mitgestalter des Prozesses begreift. Die strukturelle Asymmetrie der Beziehung wird dadurch nicht aufgehoben. Selbst wenn man heute, auch durch den Einfluss des intersubjektiven Ansatzes, zu einer größeren Freiheit in der Handhabung der analytischen Situation gelangt ist als früher, bleibt der Unterschied in den Rollen der Beteiligten doch bestehen.

## Neuinterpretation des analytischen Prozesses

Die intersubjektive Sicht hat zu einer Neuinterpretation des psychoanalytischen Prozesses geführt. Galt in der klassischen Psychoanalyse die Einsicht durch Deutung intrapsychischer Konflikte entlang der intrinsischen Entwicklung von Übertragung und Widerstand (des Patienten) als das entscheidende Agens für Veränderungen, so steht heute die Beziehungsgestaltung an erster

Stelle, wenn es um die Frage geht, wie Psychoanalyse hilft. Der psychoanalytische Prozess erscheint dabei als ein gemeinsames Werkstück, eine Ko-Konstruktion, die zwischen den beiden Beteiligten immer wieder neu ausgehandelt wird. Was ist damit gemeint?

Ko-Konstruktion bedeutet im Sinne von Stolorow und Kollegen (1987), dass der Inhalt der Behandlung, ihre Weiterentwicklung, Fortschritte und Stagnationen und schließlich das Gelingen oder Krisen oder das Scheitern das Ergebnis von bewussten und unbewussten Interaktionen sind. Was zur Sprache kommt, was aufgegriffen wird, wie darüber gesprochen wird, wie das »Material« organisiert, ertragen und verarbeitet wird – all das ist abhängig von den Einstellungen, welche sich zwischen beiden entwickeln, im Wesentlichen also von der intersubjektiven Übertragungsdynamik, die sich zwischen beiden entfaltet.

Der Angelpunkt für das Gelingen oder Misslingen des analytischen Projektes ist deshalb die Frage, ob und in welchem Ausmaß der Analytiker seinen Patienten so annehmen kann, dass er sich empathisch und vorbehaltlos in dessen Gefühls- und Erlebniswelt einfühlen kann. Nur so wird er in der Lage sein, ihn zu spiegeln. Nur so wird er sich zur Verfügung stellen können, um sich als Objekt verwenden zu lassen, an dem der Patient wachsen und reifen kann. Man kann auch kurz sagen: Der Effekt der Behandlung ist im Wesentlichen eine Funktion der Verfügbarkeit des Analytikers für die Objektverwendung. Wenn er sich dieser Funktion versagt, wird der Prozess misslingen. Wenn er sie annimmt, schafft er einen Raum für Neuerfahrungen und Veränderungen des Selbst.

Damit verlagert sich ein bedeutender Teil der analytischen Arbeit auf die Introspektion des Analytikers und die Selbstanalyse seiner Übertragungen. Freud (1910e) hatte seinen Schülern ursprünglich die Aufgabe gestellt, ihre Gegenübertragung zu bewältigen und nicht so klar zwischen Eigenübertragung und Gegenübertragung unterschieden, wie es später geschah. Diese Auffassung wurde unmodern, als Paula Heimann (1950) den diagnostischen Wert der Gegenübertragung erkannte und die Prozesse im Analytiker als Identifikationen mit Projektionen des Patienten verstand. Heute kehren wir zu der Idee von Eigenübertragungen des Analytikers als Wirkfaktoren auf die Prozessgestaltung zurück. Wir erkennen, dass der Behandlungserfolg zu einem großen Teil davon abhängt, ob es dem Analytiker gelingt, sich soweit durch seine Eigenübertragungen hindurchzuarbeiten, dass er für seine Patienten eine offene Position erlangen bzw. zurückgewinnen kann. Wie Irma Brenman Pick

(1984) hervorhob, spielt sich ein bedeutender Teil der Analyse aus heutiger Sicht daher im Analytiker ab.

Die veränderte Auffassung von der Beteiligung des Analytikers an der Prozessgestaltung zeigt den Einfluss der Objektbeziehungs- und Selbstpsychologie von Balint, Winnicott und Kohut, aber auch der Kleinkindforschung. Wir haben heute begriffen, dass sich das Selbst auch in der Behandlung am realen Anderen formt bzw. neu organisiert und dass sich dabei Einfühlung und Kontingenz der Resonanz sowie Anerkennung und Konstanz in der therapeutischen Alltagsbeziehung maßgeblich auf die Entwicklung auswirken.

## Transformationen und therapeutische Haltung

Wie kommen nun Veränderungen in der Psychoanalyse aus intersubjektiver Sicht zustande? Die zentrale verändernde Funktion besteht in der Umgestaltung des Selbstkonzeptes als Ergebnis einer Neuerfahrung am Anderen im analytischen Prozess. Das bedeutet konkret, dass der Patient aufhört, sich nur aus der Sicht seiner prägenden frühen Interaktionen zu betrachten, und beginnt, sich mit der Perspektive des Therapeuten zu identifizieren.

Bei einer hinreichenden Empathie des Therapeuten kann sich auf diese Weise ein erweitertes Selbstkonzept im Patienten entwickeln. Empathie bedeutet dabei nicht etwa »lieb sein«. Sie bedeutet, die manifesten und die abgewehrten Seiten des Patienten zu erfassen, anzuerkennen und damit konstruktiv umzugehen. Indem der Analytiker sich also empathisch auf den Patienten einlässt, kann er ihn spiegeln und ihm ein umfassenderes Bild seines Selbst vermitteln, als er es bisher in seiner Pathologie wahrnehmen konnte.

Das Spiegeln geschieht dabei im gemeinsamen Nachdenken über das »Material« einer Stunde, zumeist also über interaktionelle Szenen und die darin enthaltene Übertragung, über Einfälle, über sein Selbstbild, über seine Beziehungen, seine Bezüge zur Welt. Der Analytiker steht dabei, zumeist unausgesprochen, im Kontakt mit eigenen vergleichbaren Erfahrungen und eigenen Fantasien und Gefühlen, die in ihm als Teilnehmer an der Interaktion und als Zuhörer aufgerufen werden. Indem er das »Material« des Patienten mit Wahrnehmungen aus seiner Innenwelt verbindet, gestaltet er es um. Es wird also um ein Geringes verändert sein, wenn er es in seinen Interventionen zurückspiegelt, ganz im Sinne einer Alphafunktion, wie sie von Bion (1962) beschrieben worden ist.

Ich kann also die Verstimmung und Verzweiflung meiner Patientin aufgreifen und mit meiner Erfahrung verknüpfen, dass wir schon andere, schwerere Krisen miteinander bewältigt haben. Sofern ich mich zunächst aber auf die Verzweiflung eingelassen habe und sie in mir gearbeitet hat, wird meine Zuversicht meine nachfolgenden Interventionen »färben«, auch wenn ich nicht ausdrücklich darüber spreche.

Diese Art des Zurückspiegelns geschieht zumeist nicht in großartigen Deutungen, sondern in kleinen Schritten, wofür ich gern die Metapher »Spielen mit dem Material« verwende. Damit meine ich einen schöpferischen Prozess des Nachspürens und Nachsinnens (Ermann, 2009). Er geht vom »Material« einer Stunde aus, d.h. von dem, was in der Behandlung zum Tragen kommt oder zum Thema wird. Das können Themen sein, die der Patient mitbringt, Einfälle in der Stunde, sein Verhalten, seine Träume – aber auch Szenen, die zwischen beiden entstehen. Dazu werden nun Gedanken geäußert, Gefühle mitgeteilt, Erinnerungen gesammelt, wobei die Mitteilungen des Patienten Vorrang haben. Aber auch der Therapeut beteiligt sich aktiv mit Fragen, eigenen Ideen und Kommentaren, die in der Begegnung in ihm entstehen, und beschreibt gelegentlich sogar die Vorstellungen und Wahrnehmungen, die das Material in ihm hervorruft. Für dieses Sammeln, Vertiefen, Auswerten benutze ich gern das Bild eines Ballspiels oder eines Tanzes. Es ist ein Phänomen im Übergangsraum, der sie als zwei Subjekte verbindet und zugleich voneinander trennt, ein Übergangsphänomen im Sinne von Winnicott (1956).

Das Zusammenspiel von Ich und Du und die Überschneidung im Wir im intersubjektiven Feld ist auch ein Bezugspunkt für die Beobachtung des Prozesses. Dabei ist zu bedenken, dass die Bipersonalität, die Begegnung der beiden Unbewussten und die gegenseitige Einflussnahme etwas Neues hervorbringen: ein Drittes, das zunächst ebenfalls unbewusst bleibt (Orange 1995). Wir nennen es das intersubjektive Unbewusste. Es ist die eigentliche Ko-Konstruktion in der Begegnung: die übergeordnete Dimension der Übertragungsdynamik, die aus der Begegnung entsteht und die Bezogenheit beeinflusst. Hier ähnelt der intersubjektive Ansatz der Gruppenanalyse, die das gemeinsame Gruppenunbewusste zum Gegenstand macht und thematisiert.

Wenn der Prozess stagniert, mache ich zum Beispiel Bemerkungen wie:

»Heute scheint es darum zu gehen, wie nahe man sich eigentlich kommen kann, wenn man so lange vertraut miteinander ist wie wir.« Oder: »Es ist jetzt viel Angst im Raum.« Oder: »Wir scheinen uns heute gar nicht miteinander verstehen zu wollen.« Solche Bemerkungen benennen das unbewusste gemeinsame Thema, an dem beide, Patient und Therapeut, irgendwie beteiligt sind. Wie, das zu klären ist dann eine Aufgabe des »Spielens mit dem Material«, das sich an solche Interventionen anschließen kann.

Chris Jaenicke schreibt in seinem Buch *Veränderung in der Psychoanalyse*:

> »Wir versuchen, die Überschneidung zweier Subjektivitäten aufzuklären, zu deuten und zu transformieren. Ich spreche hier vom Wandel unseres Psychotherapieverständnisses [... hin] zur Untersuchung des Feldes. Es geht *nicht* um ›dich oder mich‹, sondern um ›uns‹« (2010).

Der interpersonelle Ansatz erfordert vom Therapeuten nicht nur Offenheit und Empathie für den Patienten, sondern auch die Bereitschaft, sich dem Feld auszusetzen. Ich möchte das so beschreiben: Er muss bereit sein, sich vom Patienten einfangen, manipulieren und benutzen zu lassen, um eine intersubjektive Szene entstehen zu lassen. Dabei ist eine konsequent explorative Haltung das bedeutendste therapeutische Instrument, um die gegenseitige Verstrickung zu verstehen und für den Dialog nutzbar zu machen. Orange und Mitarbeiter beschreiben die ideale therapeutische Haltung als eine Haltung, »die davon ausgeht, dass wir uns nicht [nur; *ME*] in das Erleben eines anderen hineinversetzen oder -versenken, sondern dass wir uns ihm im intersubjektiven Raum *anschließen*« (1997). Jürgen Körner (1989) hatte diese Art, sich in die Übertragung hineinziehen zu lassen, im Sinne, als er von der »Arbeit *in* der Übertragung« sprach.

Das wird aber nur gelingen, wenn wir ohne Vorannahmen darüber in den Prozess hineingehen, was geschehen wird oder geschehen soll. Die freie Interaktion ist die Voraussetzung dafür, dass ein therapeutisch nutzbares intersubjektives Feld entsteht, in das beide ihre Beiträge gleichermaßen einbringen und in dem die traditionelle Hierarchie zwischen dem unwissenden Patienten und dem wissenden Therapeuten aufgegeben werden kann. Das soll ja auch mit der Metapher des gemeinsamen Spielens angedeutet werden.

Damit empfiehlt der Intersubjektivismus dem Therapeuten eine Haltung ohne starre technische Regeln. Sie würden den Einfluss der Subjektivität des

Behandlers auf den Prozess begrenzen oder verdecken, der aus der intersubjektiven Sicht ja gerade zum Vorschein kommen soll. Das gilt besonders für die Abstinenzregel, die sich im Laufe der Zeit zu einer Haltung der Frustration basaler Bedürfnisse nach Kontakt und Resonanz entwickelt hat. Eine völlige Anonymität ist in der Psychotherapie ohnehin eine Illusion. Nach allem, was wir aus der empirischen Entwicklungspsychologie erfahren, wäre sie für das Ziel positiver Veränderungen sogar schädlich, weil ein kühles Beziehungsklima als Zurückweisung erlebt wird und Entwicklungen nur behindert.

In der Konsequenz entwirft der intersubjektive Ansatz eine Konzeption der überlegten Selbstenthüllung (Stolorow et al., 1987; Orange et al., 1997). Diese geht davon aus, dass es eine absolute Neutralität nicht gibt. Selbst Schweigen und Nicht-Antworten wäre ja Kommunikation! Der Intersubjektivismus ersetzt eine starre Abstinenz durch ein dynamisch-funktionales Prinzip. Danach hat der Therapeut zu entscheiden, was er von sich selbst mitteilt, um dann die Reaktionen des Patienten zu beobachten. Bei der Entscheidung ist das maßgebliche Kriterium, ob eine Mitteilung für den Patienten hilfreich und für den Prozess nützlich erscheint.

## Meine persönliche Annäherung an das Intersubjektive[2]

Der intersubjektive Ansatz hat zwar in den letzten Jahren auf breiter Front Einfluss auf die verschiedenen Strömungen der Psychoanalyse genommen, doch wird er durchaus nicht von allen Psychoanalytikern geteilt. Die Bewertungen reichen von Zustimmung über vorsichtige Übernahme einiger Ideen bis hin zu Skepsis und bisweilen zu herber Ablehnung. Dabei ist es sicher richtig, die Gefahren im Auge zu behalten, die sich aus einem nicht reflektierten andauernden Enactment und aus allzu pragmatischen alltäglichen Interaktionsformen ergeben könnten. Es ist aber nicht sachgerecht, den Ansatz als grundsätzlich »unanalytisch« abzuwerten, wie es in mancher Polemik geschieht.

Meine Wertschätzung für den intersubjektiven Ansatz beruht auf einem Gefühl der Befreiung, das ich erlebt habe, seit ich die Bücher und Aufsätze zu

**2** Vorgetragen bei den Lindauer Psychotherapiewochen 2013. Die ausgearbeitete Fassung der Vorlesung erscheint unter dem Titel *Der Andere in der Psychoanalyse. Die Intersubjektive Wende* bei Kohlhammer, Stuttgart, 2014.

diesem Thema entdeckt habe. Es bezog sich vor allem darauf, dass ich darin viel von dem wiederfand, was ich mir in den Jahren nach meiner Ausbildung vor allem unter dem Einfluss der Schriften von Winnicott als persönlichen Stil selbst erarbeitet hatte. Mehr oder weniger im Verborgenen hatte ich dabei aber immer mit einem schlechten Gewissen gegenüber meinem analytischen Über-Ich zu kämpfen, immer verknüpft mit dem Zweifel, ob ich mich noch in Übereinstimmung mit der Community befand und ob das, was ich tat, noch psychoanalytisch war.

Das bezog sich zunächst auf die Zurückhaltung gegenüber dem traditionellen Konzept des Widerstandes, die ich mir angeeignet hatte. Ich hatte schon vor Jahren verstanden, dass Widerstände ein interaktionelles Phänomen sind (Ermann, 1984) und dass die Analyse in mir, dem Analytiker, beginnen musste, wenn Stagnationen im Prozess überwunden werden sollten. Ein konfrontativer Umgang erschien mir nicht nur nutzlos und mit der Gefahr verbunden, den Patienten zu kränken. Er schien auch nur fragwürdige Anpassungen hervorzubringen und im günstigen Fall Unverständnis. So ließ ich ganz von dem Konzept ab und ging dazu über, die sogenannten Widerstandsphänomene als eine unverstandene gemeinsame Inszenierung zu betrachten oder auch als eine Gegenübertragung der Patienten auf ein Unverständnis meinerseits, das in eigenen Übertragungen wurzelt. Dieser Zugang hat mir im Kollegenkreis manche Kritik eingebracht; ich galt als zu nachgiebig und aggressionsfeindlich oder wurde wegen meiner Restneurosen belächelt.

Ähnlich ging es mir mit meinem Umgang mit Behandlungskrisen. Ich erinnere mich an eine schwierige Behandlungssituation mit einer Patientin mit einer von Abort bedrohten Schwangerschaft. Ihre ständig klagend hervorgebrachten Ängste brachten mich an den Rand meiner Tragfähigkeit. So geschah es, dass ich in meiner Not und Verzweiflung in einer Fantasie einen Angriff auf ihren schwangeren Bauch unternahm – einen Angriff, der mich zutiefst bestürzte (Ermann, 1987). Mithilfe meiner Supervision erkannte ich schließlich, dass mich mein Gefühl, meiner Analysandin nicht genügend Schutz für sich und ihr Baby geben zu können, in eine verzweifelte innere Situation gebracht hatte. Hier handelte es sich um eine Eigenübertragung, aus der ich mich mit meinem Angriff auf die Schwangerschaft befreien wollte. Dahinter erkannte ich Erfahrungen aus meiner eigenen Geschichte, die meine Empathie blockiert hatten.

So erschienen mir Behandlungskrisen nach und nach in einem neuen Licht, indem ich die Möglichkeit erwog, dass der Prozess aufgrund meiner eigenen Beteiligung und Begrenzung entgleist war. Ich begann, dahinter gemeinsame Inszenierungen im Behandlungsprozess zu ahnen, eine Übertragungskollusion, die durch die Überschneidung zweier Übertragungen, der meiner Patientin und meiner eigenen auf sie, zustande kommt. Ihre Lösung musste von mir ausgehen, um neue Entwicklungen zu ermöglichen.

Damit gelangte ich zu einer für mich neuen Sicht der Übertragungsdynamik. Ich erkannte, dass auch ich auf meine Patienten übertrage und damit Gegenübertragungen bei ihnen auslöse (Ermann, 1993). Dadurch entstehen Krisen, die für beide schmerzlich sind. Sie müssen aber letztlich hingenommen werden, wenn man wirklich offen für den Prozess sein will. Zugleich fand ich, dass die Reparatur solcher Krisen heilsame Wirkungen entfaltet. Aus heutiger Sicht würde ich sagen, dass sie die Erfahrung vermittelt, dass die Anerkennung der Beschädigung bei beiden die Selbstkohärenz wieder herstellt und verinnerlichte pathogene Erlebnis- und Verarbeitungsmuster verändert, eine Veränderung die übrigens beide betrifft.

Dieser Blick auf meine Behandlungen zeigt, dass ich schon vor 25 Jahren gewissermaßen ganz privat zu einer intersubjektiven Sicht gelangte, die sich nach und nach zum Konzept einer prozeduralen (oder impliziten) psychoanalytischen Behandlungspraxis (Ermann, 2005) weiterentwickelte. Zunächst erschien mir meine Beteiligung am Prozess aber als Schwäche und beschämte mich. Erst als ich Autoren wie Stolorow, Mitchell, Benjamin, Ogden und Stern für mich entdeckt hatte, rückten diese Erfahrungen in ein anderes Licht. Ich fühlte mich nun in meinen Ideen bestärkt und in meinen Versuchen ermutigt, Erfahrungen im intersubjektiven Feld zu sammeln, und musste Alternativen zur traditionellen analytischen Haltung nicht mehr als »unanalytisch« abtun. Das stellte meine introspektiven und analytischen Fähigkeiten auf eine manchmal schmerzhafte Probe. Die Freude an meinem Beruf fand dadurch aber neue Nahrung.

Auch für den Stil im Umgang mit meinen Patienten, den ich nach meiner Ausbildung entwickelt hatte, fand ich durch das Studium der Intersubjektivisten Bestätigung. Dazu trug besonders das neuartige Abstinenzkonzept und das vertiefte Verständnis von Enactments und *Now Moments* bei. Wie viele unter uns hatte auch ich bemerkt, dass es Augenblicke in der Begegnung gibt, in denen ich nach landläufiger Auffassung »nicht analytisch« reagiert hatte, die aber eine unerwartet positive Reaktion bei den Patienten auslösten und mir das Gefühl gaben, ihnen besonders authentisch begegnet zu sein. Es hatte sich um besondere Augenblicke in der Begegnung gehandelt, in denen ich aus spontaner Intuition heraus reagiert hatte und dabei meine eigene Beteiligung am Prozess erkennen ließ (Ermann, 2012).

In solchen Augenblicken geschah es, dass ich eigene Stimmungen eingestand, wenn Patienten sie bemerkten, oder meine Schwächen zugab, wenn sie mich mit misslungenen Interventionen konfrontierten. Wenn Patienten mit Fragen nach persönlichen Belangen zu mir kamen, richtete ich meine Reaktion danach, was dem Prozess vermutlich eher schaden oder nützen würde. Es ist auch schon geschehen, dass ich nach einem Verlusterlebnis von einer Patientin auf meinen bekümmerten Blick angesprochen worden bin und daraufhin in Tränen ausbrach und von ihr getröstet wurde.

Solche Augenblicke beschäftigen uns anschließend mit unseren Patienten über lange Zeit. Wenn ich für mich über das Geschehene nachdenke, wird mir bewusst, dass ich solche Situationen zulasse, weil ich vermeiden will, Interesse, Anteilnahme oder Kritik meiner Patienten zurückzuweisen und sie zu kränken und damit zu wiederholen, was sie krank gemacht hat. Außerdem habe ich – selbst mitten in solchen Augenblicken – zumeist das sichere Gespür, ihnen nicht nur nicht zu schaden, sondern ihnen eine alternative Erfahrung mit einem Anderen zu ermöglichen.

Das Konzept der selektiven Selbstenthüllung legitimiert nun diese Reaktionen. Es macht mich auch im psychoanalytischen Alltag freier und unbefangener. Darüber gewinne ich Sicherheit, intuitiv zu erspüren, wie weit ich gehen kann, und die Grenze zum Eigennutz und zur Selbstdarstellung nicht zu überschreiten. Die Herstellung einer teilnehmenden und annehmenden Atmosphäre erscheint mir heute für die gemeinsame Arbeit am Unbewussten viel wichtiger als ein durch vermeintliche Abstinenz erzeugtes psychoanalytisch »sauberes« Klima.

So war für mich der Intersubjektivismus eine bedeutende Entdeckung. Sie führte zur Erweiterung meines Handlungsspielraumes in der Begegnung mit meinen Patienten. Ich fühle mich seither viel authentischer und spürbarer und kann mich auch selbst in der Analyse viel deutlicher spüren. Das eröffnet mir auch den Zugang zu kreativen eigenen Gedanken, die ich in die Behandlung hineintragen kann, und gibt mir Sicherheit, mich im intersubjektiven Feld, im Übergangsraum zwischen mir und meinen Patienten zu bewegen und an dem gemeinsamen Spiel mit den beiden Unbewussten teilzuhaben.

## Literatur


Atwood, G.E. & Stolorow, R.W. (1984): *Structures of Subjectivity*. Hillsdale, NJ: The Analytic Press.

Brenman Pick, I. (1984): Durcharbeiten in der Gegenübertragung. In E. Bott Spilius (Hrsg.) (1988), *Melanie Klein heute*. Stuttgart: Klett-Cotta.

Bion, W.R. (1962): Eine Theorie des Denkens. In E. Bott Spillius (Hrsg.) (1988), *Melanie Klein heute*, Bd 1. Stuttgart: Klett-Cotta.

Dornes, M. (2000): *Die emotionale Welt des Kindes*. Frankfurt a.M.: Fischer.

Ermann, M. (1984): Von der Psychodynamik zur Interaktion des Widerstandes. *Prax Psychother Psychosom, 29*, 61–70.

Ermann, M. (1987): Behandlungskrisen und die Widerstände des Psychoanalytikers. Bemerkungen zum Gegenübertragungswiderstand. *Forum Psychoanal, 3*, 100–111.

Ermann, M. (1993): Übertragungsdeutung als Beziehungsarbeit. In M. Ermann (Hrsg.), *Die hilfreiche Beziehung in der Psychoanalyse* (S. 50–67). Göttingen: Vandenhoeck und Ruprecht.

Ermann, M. (2005): Explizite und implizite psychoanalytische Behandlungspraxis. Forum Psychoanal 21: S. 3–13.

Ermann, M. (2009): Mentalisierung im Übergangsraum. In M. Kögler (Hrsg.), *Möglichkeitsräume in der analytischen Psychotherapie. Winnicotts Konzept des Spielerischen* (S. 151–164). Gießen: Psychosozial-Verlag.

Ermann, M. (2012): The intersubjective perspective and the change of psychoanalytic identity. *International Forum of Psychoanalysis, 21*, 150–153.

Freud, S. (1910e): Die zukünftigen Chancen der Psychoanalytischen Therapie. GW VIII.

Heimann, P. (1950): Über die Gegenübertragung. *Forum Psychoanal., 12*(1996), 179–184.

Jaenicke, C. (2010): *Veränderung in der Psychoanalyse*. Stuttgart: Klett-Cotta.

Körner, J. (1989): Arbeit an der Übertragung? Arbeit in der Übertragung! *Forum der Psychoanalyse, 5*, 209–223.

Körner, J. (1990): Übertragung und Gegenübertragung – eine Einheit im Widerspruch. *Forum Psychoanal, 6*, 87–104.

Orange, D.M. (1995): *Emotional understanding*. New York: Guilford.

Orange, D.M.; Atwood, G.E. & Stolorow, R.D. (1997): Intersubjektivität in der Psychoanalyse. Frankfurt a.M.: Brandes & Apsel..

Stolorow, R.D.; Brandchaft, B. & Atwood, G.E. (1987): Psychoanalytische Behandlung. Frankfurt a.M.: Fischer.

Thomä, H. (1981): *Schriften zur Praxis der Psychoanalyse. Vom spiegelnden zum aktiven Psychoanalytiker*. Frankfurt a.M.: Suhrkamp.

Winnicott, D.W. (1951): Übergangsobjekte und Übergangsphänomene. Dt. in D.W. Winnicott (1973), *Vom Spiel zur Kreativität*. Stuttgart: Klett-Cotta.

Winnicott, D.W. (1956): Primary Maternal Preoccupation. In D.W. Winnicott, *Through Paediatrics to Psychoanalysis*. London: Hogarth. Dt. in D.W. Winnicott (1976), Von der Kinderheilkunde zur Psychoanalyse. München: Kindler.

Winnicott, D.W. (1965): *Reifungsprozesse und fördernde Umwelt*. München: Kindler.

Winnicott, D.W. (1969): Objektverwendung und Identifizierung. Dt. in D.W. Winnicott (1973), *Vom Spiel zur Kreativität*. Stuttgart: Klett-Cotta.

# »Der, der ich bin, grüßt wehmütig den, der ich sein möchte.«[1]

## Sexualität und Identität in der Adoleszenz

*Angelika Staehle*

Die Adoleszenz ist eine Zeit stürmischen Wachstums, emotionaler Wirren und großer Verletzlichkeit. Die Adoleszenz bezeichnet jedoch nicht einfach eine Lebensphase, sondern sie braucht die potenzielle Qualität einer Übergangsphase, eines

> »psychosozialen Möglichkeitsraums, der in sozial und kulturell variierender Weise die Verarbeitung des Verlustes der kindlichen Welt zulässt und das notwendige spielerische Experimentieren mit Größenphantasien, mit Attacke und Versöhnung, Trennung und Wiederfindung ermöglicht« (King, 2003, S. 324).

Die körperlichen Veränderungen geben dabei einen wesentlichen Anstoß für diese Umgestaltungsprozesse. Denn mit der Erfahrung der Veränderungen des kindlichen Körpers hin zu einem erwachsenen Körper mit Geschlechtsmerkmalen entsteht in ganz neuer und nie gekannter Weise die Notwendigkeit, sich mit psychischen und sozialen Bedeutungen des Geschlechts und auch mit der eigenen Begrenztheit auseinanderzusetzen (vgl. King, 2003).

Das sind hohe Anforderungen an die Heranwachsenden und sie bedürfen dazu eines »facilitating environment«, einer fördernden Umwelt. Winnicott macht uns darauf aufmerksam:

---

**1** »Der, der ich bin, grüßt wehmütig den, der ich sein möchte«, soll Friedrich Hebbel 1860 in seinen Tagebüchern geschrieben haben. Der Satz ist auch in einem Gedicht von Hebbel enthalten (Sämtliche Werke. Historisch-kritische Ausgabe. Hrsg. v. Richard Maria Werner, 1. Abt., Bd. 7, S. 300f.). Das Zitat wird manchmal auch Søren Kierkegaard zugeschrieben.

> »Es bedarf der Erwachsenen, wenn Jugendliche Tatkraft und Lebensfähigkeit entwickeln sollen. Konfrontation bedeutet, ohne Vergeltungsanspruch und Rachsucht, jedoch im Bewusstsein der eigenen Stärke Grenzen zu setzen. […] Wir sollten zulassen, dass die Jungen die Gesellschaft verändern und die Älteren lehren, die Welt neu zu sehen. Aber wo die Heranwachsenden die Alten herausfordern, sollten Erwachsene der Herausforderung begegnen. Und das ist sicher nicht immer eine reine Freude« (Winnicott, 1979, S. 169).

So ist es auch in der psychoanalytischen Therapie mit Jugendlichen.

Im Folgenden werde ich einige Konzepte zur Identitätsentwicklung in der Adoleszenz diskutieren. Daran anschließend werde ich die spezifischen adoleszenten Entwicklungsanforderungen an den Körper, der als Austragungsort für adoleszente Konflikte prädestiniert ist, hervorheben und auf den Zusammenhang von sexueller Reifung, Identitätsgefühl und Bezogenheit eingehen. Abschließend werde ich anhand von klinischem Material eines männlichen Adoleszenten zeigen, wie seine Schwierigkeiten, den Weg zu einer männlichen Identität und einer reifen sexuellen Entwicklung zu finden, in der Therapie bearbeitet werden konnten und seine Entwicklung wieder in Gang kommen konnte.

## 1. Zur Entwicklung der Identität

Es war Erik Erikson (1971), der das Konzept der Identität in die Psychoanalyse eingeführt hat. Identität ist ein Grenzbegriff, der das intrapsychische und das intersubjektive miteinander verklammert. Erikson verankert das Gefühl einer persönlichen Identität in zwei gleichzeitig ablaufenden Wahrnehmungen: In der unmittelbaren Wahrnehmung der eigenen Gleichheit und Kontinuität in der Zeit sowie in der simultanen Wahrnehmung, dass auch andere diese Gleichheit und Kontinuität erkennen. Identitätsbildung ist für ihn eingebunden in die Reihe epigenetischer Entwicklungsstadien des Menschen. Schon das Kind ist auf der Suche danach, wer es ist. Es identifiziert sich mit seinen Primärobjekten und deren Eigenschaften. Diese Identifizierungen können lange unverbunden oder widersprüchlich bleiben (vgl. Bohleber, 2012). Am Ende der Spätadoleszenz entsteht dann nach Erikson in der normalen Entwicklung eine stabile gesellschaftlich-berufliche und sexuelle Identität mit der Bereitschaft zur verantwortlichen Rollenübernahme in Beruf und partnerschaftlichen Beziehungen, verbunden mit der Bereitschaft zur Elternschaft. Identität wird hier als etwas angesehen, das man erwirbt und worauf man dann lebenslang bauen kann. Erikson hat sein Modell im Rahmen der amerikanischen Ich-Psychologie entwickelt und geht von einer harmonischen gesellschaftlichen Anpassung des Jugendlichen aus. Er zentriert zu ausschließlich auf die berufliche Identität. Die sozialen und intimen Beziehungen bleiben eher im Hintergrund. In seinen Studien über Gandhi und Luther jedoch werden die Brüche in der Identitätsbildung, die aus den konflikthaften Anforderungen von Natur und Gesellschaft herrühren, eingehend beschrieben (vgl. Bohleber, 2012, S. 63).

Heute ist jedoch durchaus die Frage angebracht, ob dieses Modell einer stabilen Identitätsbildung noch adäquat ist. Sowohl von den selbstpsychologischen wie von den intersubjektiven Ansätzen wurde die Zentrierung auf Trennung und Individuation der klassischen Psychoanalyse und der Ich-Psychologie kritisiert. Von den Vertretern dieser Richtungen der Psychoanalyse werden »Selbstbestimmung und Bezogenheit als die beiden fundamentalen Entwicklungskräfte angesehen, die synergetisch zusammen wirken« (Blatt & Levy, 2003, zit. n. Bohleber, 2012, S. 66). Beide Dimensionen, Selbstdefinition und Bezogenheit, und deren dialektisches Zusammenwirken sind jedoch im Keim auch schon in Eriksons Identitätsmodell enthalten, wenn man es von den ich-psychologischen Eingrenzungen befreit.

Wir können daher festhalten, dass es die Aufgabe des Subjektes ist, sich durch seine Erfahrungen von Kontingenz, Differenz und Andersheit und dem Lernen aus diesen Erfahrungen Kontinuität und Kohärenz in seinem Selbsterleben herzustellen, bzw. wieder herzustellen. Das Identitätserleben vollzieht sich so in einem inneren Prozess, in dem Selbstbilder und Handlungsentwürfe darauf hin befragt werden, ob sie eigenen zentralen Selbstentwürfen entsprechen.

Diese Identitätsarbeit kann man in Winnicotts Konzept des *»intermediären Raumes«* wiederfinden, nimmt sie doch eine Mittelstellung zwischen innerer Welt und äußerer Realität ein. An dieser Identitätsarbeit sind Über-Ich und Ich-Ideal maßgeblich beteiligt. Anstatt von einer kohärenten, einheitlichen Identität auszugehen, sollte man von einem Identitätsempfinden als einem inneren Beziehungsgleichgewicht ausgehen. Identität wird so als ein Prozess verstanden, in dem seelische Integration erstrebt wird. Diese zu erreichen bleibt dann eine lebenslange Aufgabe, die nie abgeschlossen werden kann.

Die Jugendzeit oder Adoleszenz ist die Zeit im menschlichen Leben, in der dieser Prozess hin zu einem Identitätsempfinden besonders spannungsreich ist und zu einer Zerreißprobe für das jugendliche Selbst geraten kann, vor allem, wenn konflikthafte, unbewusste Inhalte mit ins Spiel kommen oder die Fähigkeit zur Selbstreflektion fehlt. Winnicott drückt es so aus:

> »Es hat sich bewährt, Vorstellungsinhalte des Jugendalters mit denen der Kindheit zu vergleichen. Wenn in frühen Reifungsstufen Todesphantasien vorhanden sind, dann sind im Jugendalter Mordphantasien vorhanden. Selbst wenn die Reifung in der Pubertät ohne wesentliche Krisen verläuft, kann man sich vor akute Probleme gestellt sehen, denn das Heranwachsen bedeutet für die Jugendlichen, selbst an die Stelle der Eltern treten zu sollen. Dies ist ein Faktum. In der unbewussten Phantasie ist das Erwachsenwerden naturgegebenen etwas Aggressives. Und das Kind bleibt jetzt nicht länger Kind« (1979, S. 163).

Winnicott erwähnt in diesem Zusammenhang das Spiel »Ich bin Herrscher in meinem Schloss«. Dieses Spiel, so Winnicott, zieht den Tod aller Rivalen oder deren Beherrschung nach sich. Die heutigen Jugendlichen verfolgen dasselbe Thema durch die verschiedensten Kriegsspiele am Computer. Es ist daher höchst problematisch, wenn Erwachsene in dieser Zeit ihre Verantwortung abtreten, wenn sie vorzeitig abdanken, »wenn die Mörder kommen« (ebd., S. 165). Winnicott führt weiter dazu aus:

> »Rebellion hat dann keinen Sinn mehr, und der Jugendliche, der zu früh gewinnt, verfängt sich in seinen eigenen Schlingen, muss zum Diktator werden und sich zur Wehr setzen in der Erwartung, selbst getötet zu werden – jedoch nicht von der Generation eigner Nachkommen, sondern von Geschwistern. Natürlich wird er alles dransetzen, diese unter Kontrolle zu halten« (ebd.).

Im Identitätsgefühl und in der Fähigkeit zur Selbstreflexion sind die Spuren der Geschichte der frühen Mutter-Kind- und Vater-Kind-Beziehung enthalten. In den Arbeiten zur Mentalisierung von Fonagy und Kollegen (2002) wurde ihr Entstehen aus dem intersubjektiven Austausch zwischen Mutter und Säugling/Kind durch spiegelnde Interaktionen eingehend beschrieben und konzeptualisiert. Ich werde später darauf zurückkommen. Die in der

Pubertät aufbrechenden inneren und äußeren körperlichen und psychischen Veränderungen werden dann potenziell als existenzielle Bedrohung erlebt, wenn sie auf nicht mentalisierte Erfahrungen, auf protomentales Funktionieren aus der frühen Säuglingszeit treffen. Bei diesen Jugendlichen, die ein Zusammenbrechen ihres »going-on-being« (Winnicott, 1976, S. 161ff.) – ihrer Kontinuität des Seins – erlebt haben, führt das dazu, dass sie ihren Körper und seine Empfindungen als Container für diese nicht mentalisierten Geschehnisse missbrauchen. Zudem gehen in die Spiegelung der Intentionen des Kindes durch die Mutter/den Vater auch deren unbewusste Fantasien über ihr Kind und auch ihre eigenen unbewussten Mutter- und Vaterbilder ein. Die Aufgabe in der Adoleszenz, diese frühkindlichen Identifizierungen und verinnerlichten Objektbeziehungen zu transformieren, kann jedoch nur gelingen, wenn die Mentalisierungsfähigkeit nicht durch frühe »Impingements« im Winnicott'schen Sinne (1984) oder »misslungenes Containment« nach Bion (1990) zu sehr beeinträchtigt ist. Wenn die frühe Loslösung vom Primärobjekt nicht gelungen ist und die Jugendlichen ihr Selbsterleben nicht von den frühkindlichen Identifizierungen lösen können, dann wird es ihnen nur schwer möglich sein, mit eigenständigen Selbstvorstellungen in einem »intermediate space« (Winnicott) zu spielen. Das heißt, eigenständige Selbstentwürfe in der Realität auszuprobieren und dadurch zunehmend ein stabileres Identitätserleben zu gewinnen.

## 2. Adoleszentes Körpererleben im Spannungsfeld von sexueller Reifung, Autonomie und Bezogenheit

Die Akzentverschiebungen und Erkenntnisse der Objektbeziehungstheorie und die Ansätze der Intersubjektivisten haben unser Verständnis für die Identitätsthematik in der adoleszenten Entwicklung erweitert. Sie bergen jedoch die Gefahr in sich, den Gegensatz von individuellen Interessen, triebhaften Wünschen und den gesellschaftlichen Anforderungen, an dem sich die individuelle Identitätsbildung abarbeiten muss, zu vernachlässigen. Insbesondere die seelische Bedeutung des sexuellen Triebschubs, der den Adoleszenten aus seinem bisherigen familiären Zusammenhang hinaus wirft und ihn seinen familiären Bezugspersonen und auch seinem Körper zu entfremden droht, bleibt eher am Rande.

Thomas Stark formuliert es pointiert folgendermaßen:

> »Die Aussperrung der aktuellen erwachsenen und der adoleszentären Sexualität aus der Analyse versperrt auch den Zugang zur psychoanalytischen kindlichen Triebhaftigkeit, d.h. den lebensgestaltenden kindlichen unbewussten Phantasien und Spielen, so zur Urszene, zu den frühen genitalen Ängsten und zur Bisexualität. Die gelingende Adoleszenz und die gelingende Analyse bedeuten immer eine erneute Auseinandersetzung mit diesen in einem repräsentationalen Format. Mit dem Scheitern der adoleszentären Entwicklung geht der repräsentational mentalisierte Zugang zur kindlichen Triebhaftigkeit verloren oder wird nicht möglich, wenn Störungen der kindlichen Entwicklung eine ödipale Struktur verhindert haben« (2013, S. 322).

Eines der zentralen Probleme in der Adoleszenz ist die Repräsentanz und symbolische Organisation einer inneren Welt, die als fremdartig, chaotisch und gefährlich erlebt wird. Die Veränderungen im adoleszenten Körper stellen an den bisherigen leib-seelischen Zusammenhang (vgl. Winnicott, 1976, S. 165), die Beziehung Psyche-Körper, hohe Anforderungen, die wegen der mangelnden psychischen Integrationsfähigkeit zu einer Zerreißprobe führen können. Man könnte diese Manifestationen bei schwer gestörten Adoleszenten, mit Bions »katastrophischer Veränderung« (Bion, 2006) verknüpfen. Freud bezeichnete den Trieb als zentrales Verbindungselement zwischen Körper und Psyche und die seelische Verbindung zum Körper wurde als essenzieller Teil von Realitätsprüfung und Ichstruktur angesehen (Freud, 1911, 1923). Doch das sexuelle Verlangen selbst wird als biologisch gegeben angesehen. Die Aussage, dass wir sexuelles Verlangen empfinden, weil wir einen Sexualtrieb haben, halte ich in Übereinstimmung mit Laplanche und Fonagy (2011) für unbefriedigend. Die Objektbeziehungstheorie sieht biologische und zwischenmenschliche Prozesse in einem wechselseitigen Austausch miteinander. Die psychoanalytische Sexualtheorie wird jedoch durch Konzepte ersetzt, die im Wesentlichen oft zu ausschließlich auf die Folgen von Verletzlichkeit und Abhängigkeit des Kleinkindes bzw. Babys zentrieren. Wird die Psychosexualität nur noch als Ausdruck früher Objektbeziehungen verstanden, dann geht die körperliche Basis des mentalen Lebens verloren. Wie Freud festgehalten hat: »Das Ich ist vor allem ein körperliches« (1923, S. 253).

> »Wir brauchen ein genuines Modell der Entwicklung der Persönlichkeit und der zwischenmenschlichen Beziehungen, das sexuellen Gefühlen und Verhaltensweisen

einen substantiellen Raum innerhalb des emotionalen Kontextes der sich entfaltenden Objektbeziehungen einräumt« (Fonagy, 2011, S. 477).

Fonagy (2011) und Target (2007) entwickelten Ansätze für eine entwicklungspsychologische Theorie des sexuellen Lustempfindens, indem sie die psychoanalytischen Konzepte von Laplanche mit neuerer empirischer Entwicklungsforschung zu integrieren versuchten, jedoch sehr auf den Arbeiten von Bion (1990) und Winnicott (1979) aufbauen.

Fonagy und seine Forschergruppe (2002) haben vorgeschlagen, dass Affekte nicht von Geburt an für den Säugling bekannt sind, sondern dem Säugling durch die Erfahrung zugänglich gemacht und internalisiert werden, und zwar so, wie die primäre Bezugsperson auf das körperliche Ausdrucksverhalten des Säuglings reagiert. Sie nennen das Spiegeln, Winnicotts (1979, S. 134) ursprüngliche Idee verwendend, dass »*das Kind im Antlitz der Mutter sein Selbst erblickt*«. Damit Affekt-Spiegeln als Basis für Repräsentationen dienen kann, muss die Mutter einen Weg finden, dem Baby zu zeigen, dass ihr Spiegeln, besonders von negativen Affekten, nicht anzeigt, was und wie sie selbst fühlt, sondern ihr Gewahr-Werden des Zustandes des Babys aufnimmt. Diese »Markierung« vermittelt dem Säugling die Erfahrung, dass seine Mutter von den emotionalen Erfahrungen nicht überwältigt wird, sondern dass sie sowohl den Kontakt als auch die notwendige Distanz und Abgrenzung bewahrt. Wenn das Spiegeln gelingt (d. h. die Spiegelung ist einigermaßen mit dem Zustand des Säuglings kongruent) und markiert ist (d. h. die Bezugsperson reagiert in einer empathischen, spielerischen Weise, indem sie zu dem Baby spricht), dann kann der Säugling sekundäre Repräsentanzen bilden. Wenn die Affektspiegelung fehlschlägt, weil die Mutter den Zustand des Babys missversteht oder nicht markiert, dann führen die nicht aufgenommenen und verarbeiteten Zustände im Selbst zu Desorganisation, werden abgespalten und müssen zur Regulation nach außen projiziert werden oder führen zu Störungen des leib-seelischen Zusammenhangs. Chronisch unsensibles und unabgestimmtes Spiegeln führen beim Kind dazu, dass es die Repräsentation des mentalen Zustandes seines primären Objektes in sein Selbst als ein »fremdes Selbst« (alien self) internalisiert (vgl. Fonagy, 2002). Das Selbst fühlt sich dann leer an, oder die emotionale Realität wird zu einer unechten, simulierten inneren Welt. Hier sind Verbindungen zum Winnicott'schen Denken über die Wirkung früher »impingements« und die Entwicklung eines falschen Selbst zu finden (Winnicott, 1984, S. 182–197).

Wie werden Zuständen sexueller Erregung beim Säugling von den frühen Betreuungspersonen aufgenommen? Werden sie in dem beschriebenen Sinne markiert gespiegelt? Mütter finden es häufig besonders schwierig, eine sexuelle Erregung zu spiegeln. Dies belegten Fonagy und Mitarbeiter in einer Studie (Fonagy, 2011, S. 481; Target, 2007, S. 522), in der sie Mütter befragten, wie sie bei ihren drei bis sechs Monate alten Säuglingen auf unterschiedliche Gefühlsausdrücke (Traurigkeit, Wut, Glücksgefühle sowie sexuelle Erregung) reagierten. Die häufigste Antwort auf Zeichen sexueller Erregung bei Säuglingen von den Müttern ist, diese zu ignorieren oder wegzusehen. Das Ignorieren der Mütter von Zuständen sexueller Erregung kann sogar zu einer Intensivierung der Erregung führen. Keine der Mütter in dem Forschungsprojekt berichtete, dass sie einen Säugling ignoriert hat, der sie anlächelte. Diese Beobachtungen werden durch psychoanalytische Säuglingsbeobachtungen bestätigt (Fonagy, 2011, S. 481). Wenn wir uns selbst fragen, so müssen wir uns eingestehen, dass wir uns vorstellen können, wie wir Traurigkeit, Angst oder Wut spiegeln, jedoch uns schwer vorstellen können, wie wir sexuelle Erregung adäquat spiegeln können. Fonagy und Target nehmen daher an, dass durch einen evolutionären Entwurf sexuelle Erregung ungespiegelt bleibt und nie eine sekundäre Repräsentation erreicht.

> »Dem Säugling im Zustand sexueller Anspannung wird keine kongruent umgewandelte Repräsentation auf seine emotionale Erfahrung entgegengebracht. Ohne Spiegelung kann es keine vollständig Erfahrung der Beherrschung oder sogar ein Gefühl des Besitzes dieser Gefühle geben« (Fonagy, 2011, S. 482).

In diesem Zusammenhang sind die Konzeptualisierungen von Laplanche (1988, 2009) hilfreich. In seiner Allgemeinen Verführungstheorie betont Laplanche den unvermeidlich sexuellen Charakter der Mutter-Kind-Beziehung. Laplanche geht von der anthropologischen Grundsituation aus:

> »Da stehen sich gegenüber ein Neugeborenes, das über keine *angeborenen* Sexualtriebe verfügt (nichts weist auf deren Existenz hin), und ein Erwachsener, der nicht nur mit einer Erwachsenensexualität ausgestattet ist, sondern mit der aus seiner eigenen Kindheit stammenden infantilen Sexualität« (Laplanche, 2009, S. 530).

Es ist besonders die Pflege des Kleinkindes, die die im Erwachsenen schlummernde infantile Sexualität anregt. Das aus der Kindheit stammende verdrängte sexuelle Unbewusste schleicht sich in die Kommunikation zwischen dem Erwachsenen und dem Kleinkind ein. Diese vom Erwachsenen kommende sexuell kontaminierte Botschaft bleibt entweder eingeklemmt, d.h. in einem nicht mentalisierten Zustand. Sie kann dann vom Kleinkind nicht symbolisiert, nicht übersetzt werden. Sie ist nicht assimilierbar. Oder es handelt sich um eine vorbewusste Botschaft, die durch die unbewusste infantile Sexualität des Erwachsenen kontaminiert, aber für das Kleinkind nicht völlig unübersetzbar ist. Das sind nach Laplanche die »rätselhaften Botschaften«. Diese Botschaften sind enigmatisch, da weder die Mutter noch ihr Baby verstehen, dass sie aus der unbewussten Sexualität der Mutter stammen. Was Laplanche als die enigmatische Andere beschreibt, beschreiben Fonagy und Target als die entfremdenden Anteile (alien parts) der affektspiegelnden Objektmutter, die dann im Baby zu einem fremden Selbst (alien self) werden. Diese enigmatische Dimension des inkongruenten Spiegelns ist in gewissem Sinne unumgänglich, keine Mutter kann die Affekte ihres Kindes mehr als 50% kontingent spiegeln (Tronick, 2001, nach Target, 2007). Diese fremden Strukturen im Selbst (alien parts of self) sind jedoch instabil, besonders, wenn sie nicht angemessen durch Mentalisierung gebunden sind.

Die psychischen und körperlichen Veränderungen in der Pubertät durchbrechen die Mentalisierung und die Inkongruenz der Struktur des Selbst bricht auf, was zur projektiven Identifizierung (Externalisierung) drängt. Die normale Konsequenz ist die Projektion der sexuellen Erregung. Da sexuelle Erregung von Natur aus mit dem Selbst inkongruent ist, muss sie in einem Andern erlebt werden. Der Andere muss physisch nahe sein, damit man die Erregung durch ihn spüren kann. Die eigene Lust wird erlebt, indem sie in der Fantasie in einem Anderen untergebracht worden ist. Doch das ist noch nicht das Ende der Geschichte. Durch eine vorbewusste Identifikation wird das Erleben des Anderen reinternalisiert und mit der Zeit wird das Enigma durch Vertrautheit ersetzt (vgl. Fonagy, 2011; Target, 2007).

Das Aufbrechen der sexuellen Lust und die ersten Liebesbeziehungen in der Jugendzeit sind daher für die Jugendlichen eine enorme Herausforderung und können zu einer großen Bedrohung ihrer Selbstkongruenz führen. Beide Partner einer Liebesbeziehung müssen zulassen können, die Projektionen des

Anderen aufzunehmen und dann auch wieder für sich allein sein zu können. Winnicotts »Fähigkeit zum Alleinsein in Gegenwart eines anderen Menschen« (1984, S. 38–46) ist dazu Voraussetzung. Dazu ist ein stabiles Gefühl für die Grenze des physischen und psychischen Selbst erforderlich. Starke Konflikte mit Separation und Individuation können zu massiven Ängsten führen, da das Vertrauen fehlt, nach der passageren Verschmelzung im Liebesakt wieder die eigenen Grenzen zu finden, und wenn Abgrenzung schuldhaft erlebt wird.

In der Adoleszenz stellt sich eine erneute Chance zur Verarbeitung und Integration der männlichen und weiblichen Identifizierungen und der als »fremd« erlebten sexuellen Gefühle und Erregungen. Der Heranwachsende muss sich mit dem, was (unbewusst und bewusst) von seinen Eltern kommt, und mit seinen eigenen Ängsten und Fantasien über seine anatomischen und biologischen Geschlechtsmöglichkeiten auseinandersetzen und auch deren Begrenzungen betrauern.

## 3. Ausschnitte aus der Therapie eines männlichen Adoleszenten

In meinem klinischen Beispiel werde ich von einem zu Beginn der Therapie 20-jährigen jungen Mann berichten, den ich Johannes nennen werde. Er kommt zu einem Erstgespräch kurz vor dem Abitur. Johannes ist ein zartgliedriger, schmaler junger Mann, der mir sehr differenziert, allerdings sehr intellektualisierend, seine psychischen Probleme und seine Befindlichkeit vermitteln konnte. Er klagte über zwanghaftes Grübeln, das ihn ganz von der Realität entferne. Er spüre sich dann nicht mehr. Sein Kopf spiele verrückt. Auch habe er vielfältige Ängste, z. B. vor Krankheiten und vor dem Einschlafen. Sehr intensiv sei seine Angst, dass er nie eine Freundin finden werde. Diese Zustände seien extrem geworden, seit der Zurückweisung durch eine Schulkameradin, in die er sich verliebt habe. Es sei das erste Mal gewesen, dass er sich für ein Mädchen interessiert und sich verliebt habe. Vorher habe er sehr erfolgreich bei Jugend forscht mitgemacht, das habe ihm Sicherheit und auch große soziale Anerkennung gegeben. Johannes schildert eine sehr enge, ungetrennte Beziehung zu seiner Mutter. Die Beziehung zu seinem Vater wirkt distanzierter, schwankend zwischen Entwertung und ängstlicher Anpassung.

Mit Beginn des Studiums meldet sich Johannes wieder und wir vereinbaren zunächst eine einstündige tiefenpsychologisch fundierte Psychotherapie, die im zweiten Jahr in eine analytische Psychotherapie umgewandelt wird.

Auf der Handlungsebene hat es Johannes sehr gut geschafft, von zu Hause auszuziehen, eine Wohnung zu finden und den Beginn seines Studiums zu organisieren. Innerlich steht er sehr unter Druck und hat neue Symptome entwickelt. Ein unwillkürliches Augenzucken und zitternde Beinbewegungen. Diese Ticks beschämen ihn sehr. Sein Kopf spiele wieder verrückt. Johannes schildert sehr bedrückt, dass er jede bevorstehende Beziehungsaufnahme, auch einfache Handlungen wie in einen Laden zu gehen, im Kopf durchdenke. Er überlege, wie der andere auf ihn reagiere und was er über ihn denke, wie er auf ihn wirke. Er könne dann mit diesem Theater in seinem Kopf nicht aufhören und am Ende fühle er sich ganz desorientiert. Hinzu kommt sein Problem mit den »Anziehsachen«. Es geht dabei vor allen Dingen um die Hosen. Er muss sich zwanghaft viele Male vor dem Spiegel umziehen, die Hose darf keine Falten werfen usw., am liebsten würde er nur noch Jogginghosen anziehen. Ich muss dabei an Babystrampelhöschen denken. Für mich wird sehr spürbar, wie unsicher er sich in seinem männlichen Körper fühlt und mit wie viel Scham dies verbunden ist. Die Kritik ist in die Augen der anderen projiziert. Später in der Therapie wird deutlich, dass er vor jeder Aktion von einem inneren Kritiker angegriffen wird. Er schildert sehr unter Druck:

> »Ich habe Angst, dass ich mich durch andere Anziehsachen verändern könnte und vor allen Dingen von jungen Frauen ganz negativ gesehen und von vornherein abgestempelt werde. Ich habe aber auch Angst davor, etwas auszuprobieren, weil ich ja dabei Fehler machen würde.«

Im Schutze einer milden positiven Übertragung beginnt er, sich äußerlich im Studentenleben einzugewöhnen. Sein naturwissenschaftliches Studienfach interessiert ihn und er ist zunächst zufrieden mit seiner Wahl. Diese technische, berechenbare Welt ist ihm aus seinen Jugend-forscht-Zeiten wohl vertraut. In dieser Zeit hatte er sich vor den unberechenbaren Beziehungen zu anderen Menschen geschützt, indem er nur funktionale Beziehungen einging wie zu einem anderen Jungen, mit dem er an den Projekten arbeitete. Nun gelingt es ihm, eine sozial kompetente Mitstudentin zu finden, die in den ersten beiden Semestern Hilfs-Ich-Funktionen für seine sozialen Kontakte übernimmt, während er ihr beim Lernen hilft und ihr den Studienstoff erklärt. In der ersten Zeit geht er nur zur Uni, wenn er weiß, dass sie auch da ist.

Er probiert verschiedene Sportangebote der Uni aus, fühlt sich jedoch schnell von den sozialen Kontakten überfordert. Er knüpfte wieder an Wassersportarten an, die er zum Teil früher betrieben hatte, was für ihn eine Herausforderung ist, da die männlichen Studenten dort alle Muskelpakete seien. Doch mit den Frauen könne er mithalten. Das Wasser sei sein Medium. Später wird sich zeigen, dass er sich maßlos damit überfordert.

Lange Zeit kommt er immer in derselben Hose, da er es nicht schafft, sich eine neue Hose zu kaufen. Früher habe er das immer mit der Mama gemacht und sie habe letztlich seine Sachen ausgesucht. Ein paar Mal kommt er mit einem neuen Hemd oder einer neuen Hose, in der noch das Preisschildchen steckt. Darauf angesprochen sagt er: »Ich wollte Ihre Reaktion testen, ob das Teil Ihnen gefällt.« Allmählich kann er mit mir mehr über seine Körperängste und seine Scham wegen seines Körpers sprechen.

> »Ich habe nun wirklich keine breiten Schultern und bin nicht muskulös, also nicht so, wie man sich einen richtigen Mann vorstellt. Mit meiner Trichterbrust kann ich mich nicht zeigen.«

Es braucht längere Zeit, bis er mir mitteilen kann, dass er Angst hat, sein Penis sei viel zu klein und stehe auch schräg. Ich erfahre, dass er seit dem fünften Lebensjahr täglich onaniert und sich auch jetzt extrem häufig selbst befriedigt, vor allen Dingen, wenn er sich ängstlich und unsicher fühlt. Bedrückt sagt er mir:

> »Die beiden Seiten, Vernunft und Triebhaftigkeit, verwirren mich sehr. Ich kann diese beiden Dinge einfach nicht zusammenbringen. Es geht bei Selbstbefriedigung bei mir extrem wenig um meine Empfindungen, sowohl körperlich als auch emotional. Es geht praktisch nur um die Empfindungen, die eine Frau dabei haben würde. In meinen Phantasien fällt es mir extrem schwer, meine eigenen Empfindungen zu berücksichtigen. Ich habe irgendwie immer noch das Gefühl, dass das, was ich körperlich bieten kann, einer Frau sowieso nicht genug ist. Deswegen fällt es mir extrem schwer, mit meiner eigenen Phantasie eine erregende Vorstellung zu entwickeln.«

Ich verstand das so, dass Johannes während seiner sexuellen Handlungen verzweifelt versuchte, einen Teil seines Selbst zu externalisieren, bei der Frau unterzubringen. *»Warum kann ich denn keine Freundin finden?«*, fragte er mich eindringlich. Ich sagte zu Johannes: »Ich glaube, es macht Ihnen Angst, jemandem so nahe zu sein, in jemanden einzudringen und dann bekommen Sie große Angst, sich in der Frau aufzulösen, die Köpergrenzen und jeglichen Halt zu verlieren.« Für Johannes war sexuelle Erregung etwas gänzlich Überwältigendes, das er als nicht zu ihm gehörig, als fremd, erlebte.

Einige Wochen später kann er unter großer Scham mitteilen, dass er Pornos schaut, um sich zu erregen. Das bringe ihn total in Konflikt, da er Männer, die so etwas machen, entsetzlich fände.

> »Die Pornos, die ich angeschaut habe, waren so Anime-Videos. Also keine echten Menschen. Aber gewalttätig. Mich erregt Gewalt manchmal sehr stark. Ich will das aber nicht, weil es einfach nicht richtig ist und will es auch nicht als einen Teil von mir akzeptieren, dass mich Gewalt manchmal erregt. Es ist einfach falsch. Jedes Mal wenn ich mich durch Gewalt (auch in der Phantasie) erregen lasse, habe ich das Gefühl, ein schlechter Mensch zu sein. Manchmal hasse ich mich für so was. Am liebsten würde ich im Moment meinen PC aus dem Fenster werfen, damit ich nicht mehr die Möglichkeit habe, an Pornos zu kommen. Natürlich mache ich das aber nicht. Ich finde es traurig, dass es im Moment eine Seite in mir gibt, die Gewalt erregend findet und komme mit dieser Seite nicht klar.«

Die zwanghafte Selbstbefriedigung wurde für ihn immer mehr zu einer Last. Er musste sich unablässig kontrollieren und verurteilte sich massiv, da die Diskrepanz zu seinen überhöhten Idealen unerträglich für ihn wurde.

Er versuchte, sich von seiner Mutter stärker abzulösen, sie nicht mehr mehrmals täglich anzurufen. Als dann seine Mutter in Urlaub fuhr, merkte er, wie sehr es ihn ängstigte, wenn er sie nicht erreichen konnte.

> »Ich hänge sehr an meiner Mutter, weil ich manchmal das Gefühl habe, ich schaffe es im Moment nicht ohne sie. Sie ist immer da, wenn ich sie brauche.«

Für mich war der unbewusste Hass, den er durch die Idealisierung seiner Mutter zum Verschwinden brachte, spürbar. Der Hass galt in dieser Zeit ausschließlich seinem Vater:

> »Mit meinem Vater hatte ich eine riesengroße Auseinandersetzung. Ich sagte ihm, dass ich nicht glauben kann, dass er mein Vater ist, so fremd sei er mir in seinen Einstellungen zu Frauen.«

Johannes hatte, wie er mir sagte, einen schrecklichen Traum, in dem es um seine Mutter ging:

> »Es waren Menschen, die waren Lebewesen aus glühenden, flüssigen Steinen, die in Gesteins- und Lavawüsten lebten. Es gab sehr häufig Explosionen. Ich selbst wurde immer größer in menschlicher Gestalt, weiß aber nicht genau, warum das so war. Die Menschen konnten eine menschliche Form annehmen, waren aber trotzdem Lebewesen aus glühenden, flüssigen Steinen. Meine Familie wurde immer wieder von einer solchen Explosion erwischt. Ich blieb dabei weitgehend verschont. Immer wenn Mama erwischt wurde, hatte ich schreckliche Angst, dass sie nicht überlebt hatte. Papa war mir ziemlich egal. Am Ende wurde Mama noch einmal von einer ziemlich heftigen Explosion erwischt, vorher hatte ich sie noch im Arm und ihr gesagt, wie lieb ich sie habe. Ich hatte Angst, dass ihr etwas passiert war, und lief den Berg hinunter und schrie: ›Mutter, Mutter!‹ Ich weinte dabei. Unten angekommen sah ich, dass ihr flüssiger Stein schon fast kalt und fest geworden war und dass nur noch ein bisschen daran glühte. Sie lebte also noch. Dann wachte ich auf.«

In dem Traum wird die existenzielle Bedrohung für die eigenen Körpergrenzen und die der Mutter erschreckend deutlich. Seine eigene Sexualität – die Explosionen – ist eine Bedrohung seiner Beziehung zu seiner Mutter, der Existenz seiner Mutter. Der Vater wird ausgeschaltet, »er war mir ziemlich egal«. Das ödipale Dreieck wird verleugnet.

Johannes ging es in der Folgezeit sehr schlecht. Er ging nicht mehr aus der Wohnung und konnte sich beim Studium nicht mehr konzentrieren. Er fand alles sinnlos und aß kaum mehr etwas. Seine Angstzustände wurden wieder stärker und er hatte massive Schlafstörungen. Er konnte nicht unterscheiden, ob er einen Alptraum hatte oder ob jemand ihn real bedroht hatte. Er musste bei Licht einschlafen. Doch er kam regelmäßig zu seinen Stunden und danach ging es ihm kurzfristig besser.

Johannes berichtete mir von für ihn sehr kränkende Szenen mit seinem Vater. Ich bemerkte, dass auch ich begann, Johannes' Vater nur noch kritisch – sozusagen mit den Augen von Johannes' Mutter – zu sehen. Es wurde immer spürbarer, dass Johannes' Mutter ein völlig entwertetes inneres Bild ihres Vaters, überhaupt von Männern hatte. Manifest bezog sich dies vor allen Dingen darauf, dass Johannes' Vater sehr viele sexuelle Beziehungen vor ihr gehabt habe. Johannes lebte sozusagen in einer projektiven Identifizierung mit dem entwertenden Vaterbild seiner Mutter. In diesem Gefängnis musste er der bessere, ja ideale Mann sein, jedoch ein Mann ohne Sexualität und ohne Aggressionen.

Johannes fühlte sich wie der Protagonist in der Schachnovelle. Er erzählte mir von diesem Buch, das er gerade las. Wie der Protagonist ginge er auf und ab und würde mit sich selbst reden, wie in einem Gefängnis. Er überlege einen Schachzug nach dem anderen und spiele nur gegen sich selbst. Genauso mache er es auch zu Hause. Auch hier würde er beim Sprechen hin und her gehen, wenn er nicht auf dem Stuhl sitzen müsste. Ich sage zu ihm: »Wie ein Tiger im Käfig?« Ich sagte das eher intuitiv. Doch nach der Stunde dachte ich, dass ich ihm damit auch ein Bild für seine eigene, eingesperrte phallische Potenz gegeben habe, was sich auch in seiner Aussage bestätigte.

> »Ja, doch ich mache mir den Käfig schließlich selbst. Es tut mir aber gut, wenn ich mit Ihnen spreche. Ich will raus aus dem Gefängnis. Ich will sexuelle Erfahrungen machen und nicht mehr nur mich selbst befriedigen.«

Nach den nächsten Sommerferien will Johannes die Therapie beenden. Realer Hintergrund war, dass die Krankenkasse eine Selbstbeteiligung verlangte. Sein Vater würde die Differenz nicht übernehmen und er könne es auch nicht. Ich bin enttäuscht und auch verärgert, da wir vor den Ferien alles besprochen und festgelegt hatten. Doch spüre ich, dass bei Johannes im Untergrund eine große Angst vor Abhängigkeit von mir und massive Enttäuschung an seinem Vater gärt. Er sagt mir: Außerdem habe er die Ferien auch gut überstanden und er wolle es nun allein versuchen. Ich sage, dass ich es erfreulich finde, dass er die Ferien gut überstanden habe. Es sei ja kein Widerspruch, dass er alleine für sich etwas verändern könne und trotzdem in Therapie bliebe. Doch das sei seine Entscheidung. Ich würde weiter mit ihm arbeiten und hielte es auch für notwendig und sinnvoll. Ich hatte sehr mit mir innerlich zu arbeiten, um ihm wirklich die Freiheit zu lassen, auch die Therapie zu beenden. Gleichzeitig war ich mir ziemlich sicher, dass er weitermachen würde. Er schlug einen Termin in zwei Monaten für die Beendigung vor. Ich erwiderte, dass wir diese Zeitspanne nutzen könnten, um seinen Beendigungswunsch zu verstehen, und dann erst entscheiden würden. Er stimmte zu.

Ich habe es bislang nicht erwähnt, dass Johannes sehr musikalisch ist. Er hatte vor der Sommerpause eine Band mit anderen Studenten gegründet. Sie trafen sich jede Woche. Johannes hatte in der Musik einen für ihn wichtigen Bereich gefunden. Er konnte nun – wenn es ihm gut ging – ruhig in seiner Wohnung bleiben und eigene Lieder komponieren.

Als ich einige Zeit nach der Auseinandersetzung um die Fortführung der Therapie überraschend wegen einer Erkrankung die Therapie für zwei Wochen absagen musste, erhielt ich eine E-Mail, in der er mir mitteilte, dass er eine Therapiestunde nicht mehr wahrnehmen könne. Nachdem die Therapie wieder weiterging, erfuhr ich, dass er statt der Therapiestunde nun eine Gesangsstunde bei einem Gesangslehrer hatte. Ich sagte ihm, das sei ja nachdenkenswert, dass er exakt den Termin der Therapiestunde in eine Gesangsstunde umgewandelt habe. Nun probiere er vielleicht aus, ob er riskieren könnte, seinen eigenen Weg zu finden, und ob ich das aushielte, ob ich bereit sei, weiter mit ihm zu arbeiten. Wir fanden einen Ersatztermin. Zu dem Gesangslehrer entwickelte sich eine spezifische Art der Nebenübertragung, wobei es um das Atmen, um sensorische Empfindungen ging, die wir gut in den Analysestunden aufnehmen und bearbeiten konnten. Sensorische Empfindungen und Wahrnehmungsmodalitäten, Hören und Sehen nahmen nun in den Stunden einen breiten Raum ein. In der Therapie kam eine sehr regressive Periode, in der es ums Riechen und Stinken ging, um eine zeitweise starke Hörempfindlichkeit. In eine der Stunden kam er verstört und berichtete, er habe nicht schlafen können, da in der Nachbarswohnung ein Säugling entsetzlich lange geschrien habe und niemand gekommen sei. Ich sagte ihm, ich könnte mir vorstellen, dass das Schreien in ihm etwas aus seiner frühen Lebenszeit angerührt habe, da es ihn so erschüttert habe. Er erkundigte sich bei seiner Mutter nach seiner frühen Zeit. Er erfuhr, dass es seiner Mutter in der Schwangerschaft mit ihm sehr schlecht ging und sie ihn auch nach seiner Geburt wegen ihrer eigenen Erkrankung nicht »genügend gut« versorgen konnte. Er sei ein überempfindlicher Säugling gewesen. Es wurde für ihn emotional zugänglich, dass er schon früh versucht haben musste, sich durch sein Denken selbst zu halten. Wie Winnicott schreibt:

> »[I]m Ausufern der geistigen Funktionen in Reaktion auf eine unberechenbare Bemutterung, bekommen wir zu sehen, dass sich ein Widerstreit zwischen dem Geist und dem Leibseelischen entwickeln kann, da in Reaktion auf diesen abnormen Umweltzustand das Denken des Individuums die Herrschaft zu übernehmen beginnt, um die Versorgung des Leibseelischen zu organisieren, während es unter normalen Bedingungen die Aufgabe der Umwelt ist, dies zu tun« (Winnicott, 1976, S. 165).

Johannes entschied sich, die Therapie fortzuführen. Er begann, sich direkter mit seinen Eltern auseinanderzusetzen. Er wagte, sie kritischer zu sehen und sich eine eigene Sichtweise zu bilden. Die dadurch zunehmende Separation von seinen verinnerlichten Elternimagines und seinen realen Eltern löste starke bewusste und unbewusste Ängste aus. Auf unbewusster Ebene wurde die Auseinandersetzung durch Träume deutlich. So träumte er, dass sein Vater bei ihm im Zimmer war und seine Netzwerkverbindungen mit all seinen persönlichen Daten auf seinem Computer löschte. Er habe im Traum geweint. In einem anderen Traum impft ihn sein Vater mit einer Spritze gegen seinen Willen. Er sei sich nicht sicher gewesen, ob sein Vater ihm nicht etwas Tödliches impfe.

Zur Veranschaulichung schildere ich einen Ausschnitt aus einer Stunde in dieser Phase der Therapie.

**P:** Ich merke, dass das schlechte Männerbild meiner Mutter sehr auf mich einwirkt. Meine Mutter sieht meinen Vater nur schlecht. Ich sehe eigentlich meinen Vater so, wie meine Mutter ihn sieht.

**A:** Sie sind nicht der Partner Ihrer Mutter und für Ihre Mutter verantwortlich. In der letzten Stunde haben Sie sich überlegt, dass Sie dann für ihre Mutter sorgen werden, wenn Sie nach Abschluss des Studiums Geld verdienen.

**P:** Meine Mutter hat ein ganz ideales Bild, wie ein Mann sein sollte. So einen Mann gibt es gar nicht. Meine Mutter ist Anfang 40, doch sie könnte 20 Jahre alt sein. Sie ist noch nicht so reif. Aussehen tut sie wie 30 Jahre.

**A:** Es ist sehr verführerisch, für die Mutter so wichtig zu sein, der einzig gute Mann zu sein.

**P:** Ja – ich bin da eingesperrt und erlaube mir keine sexuellen Erfahrungen. Ich spüre jetzt so eine Wut. (Nachdenklich:) Vielleicht hat das mit den Gewaltpornos zu tun?

**A:** Sie wollen sich mehr von Ihrer Mutter lösen. Man kann seine Mutter doch auch hassen, wenn sie einen zu sehr an sich bindet, obwohl man sie auch lieb hat.

**P:** Ich habe dann Angst, wie mein Vater zu werden. Doch vielleicht ist er ja nicht nur schlecht, wie meine Mutter ihn sieht, weil er viele Freundinnen vor ihr hatte.

**A:** Sie hängen wirklich zwischen den beiden Eltern: Entweder sind Sie der ideale Mann für Ihre Mutter oder Sie werden zum »Arschloch-Vater«. Es geht doch darum, Ihren eigenen Weg zu finden.

**P:** Ich möchte deshalb im Ausland ein Praktikum machen. Ich möchte ganz weit weg.

**A:** Durch Wegfahren werden Sie Ihre innere Mutter nicht los. Doch ein Praktikum im Ausland ermöglicht Ihnen neue Erfahrungen. (Ich vermittle in meinem Tonfall, dass ich dem Patienten zutraue, ein Praktikum im Ausland zu machen.)

**P:** Andrea, die ich dann in England besuchen könnte, hat gesagt, ich solle doch einfach etwas ausprobieren. Ich kann gut Englisch. Ich will das ausprobieren.

**A:** Ausprobieren und etwas riskieren. Auch riskieren, dass Sie hier Stunden absagen, um wegzufahren. (Nach einer Pause:) Doch Sie müssen nicht alles gleich können. Man darf, ja man muss auch Fehler riskieren, um aus den eigenen Erfahrungen zu lernen.

**P:** Ich habe solche Angst, Fehler zu machen. Ich habe auch große Angst, dass die Angstzustände wieder zunehmen und ich nicht schlafen kann. Ich halte das dann nicht länger als zwei Tage aus. Ich habe von meiner Mutter noch ein Beruhigungsmittel.

**A:** Dann nehmen Sie etwas Konkretes von Ihrer Mutter mit ins Ausland. Doch die Therapie hier ist wichtig. Ihre Ängste und Wünsche in Worte zu fassen, das ist hilfreich.

**P:** Ja – ich komme wieder.

**A:** Dann bis morgen.

Johannes machte ein Praktikum im Ausland. Es machte ihm große Angst. Doch er wagte es und kam zurück, ohne dass er in massive Angstzustände geraten war.

Er gewann vermehrt Interesse an seinem Studium und war auch in den Klausuren recht erfolgreich. Nun tauchten verschiedenste Frauen auf, in die er sich verliebte. Eine von ihnen, Vera, fand er wirklich rundum passend für sich. Sie fand ihn zwar sympathisch, war aber nicht in ihn verliebt. Das machte ihm sehr zu schaffen, doch er überstand es. Er setzte sich mit seinen hohen, idealistischen Ansprüchen an Frauen auseinander. Er wollte nur mit einer Frau schlafen, wenn er sich ganz sicher war, dass sie die Frau fürs Leben ist. Auch spielte er – zunächst in der Fantasie – mit verschiedenen Lebensentwürfen. Die Technik, die naturwissenschaftlichen Fächer, füllten ihn nicht ganz aus. Er begeistere sich nach wie vor für sein Studium. Doch frage er sich, ob er wirklich in der Wirtschaft arbeiten wolle. Er müsse etwas finden, was wirklich Sinn mache. Er entschloss sich dann, an einer studentischen Kulturgruppe teilzunehmen. Er kam begeistert von einem Wochenende mit der Gruppe zurück. Zwei Wochen später erfuhr ich von ihm, dass er eine Frau kennengelernt und mit ihr einen sehr schönen Abend verbracht habe. Sein Kopf spiele im Moment völlig verrückt. Er habe dem Mädchen gesagt, dass er sie süß finde, und sie habe ihn dann umarmt und sie seien sich sehr nahe gekommen. Kurze Zeit später habe er angefangen zu weinen, weil er es einfach nicht mehr ausgehalten habe. Wahrscheinlich spiele der Stress der Klausuren dabei eine Rolle. Er habe lange nicht mehr geweint vor allen Dingen nicht, wenn das jemand anders gesehen habe. Doch Anna, das Mädchen, habe volles Verständnis dafür gehabt.

> »Sie geht mir nun nicht aus dem Kopf und ich fühle mich ihr näher als vielen anderen Menschen, die ich seit Jahren kenne. Auf der einen Seite freue ich mich darüber und das Gefühl ist schön. Auf der anderen Seite ist es echt schwer für mich. Es ist einfach so viel Neues. Etwas noch nie Gespürtes, das schön ist, aber auch Angst macht und Unsicherheit. Die Uni ist auch sehr stressig, was noch erschwerend dazu kommt. Ich bin verwirrt.«

Johannes hat nun eine feste Freundin. Sie schlafen miteinander. Beim ersten Mal hat er keinen Orgasmus, doch er muss es nicht selbstentwertend und als Beschämung sehen. Seine Beziehung zu Anna bringt ihn jedoch auch in Konflikt mit seinem Bedürfnis, für sich sein zu wollen und auch mal keine Lust zu haben, mit ihr zu »knuddeln«. Johannes sagte:

> »Es ist mir ganz wichtig, dass ich bei meinen Gefühlen bleiben kann und mich nicht ganz aufgebe. Ich habe nun nicht mehr die Vorstellung, dass durch eine Freundin mein Leben radikal verändert wird, dass ich ein ganz anderer werde und dass dann alles gut ist.«

Wir sprechen dann noch weiter darüber, wie das ist mit dem Verliebt-Sein. Dass man zunächst viel in den anderen hinein projiziert, in ihm etwas sieht, was man sich wünscht oder auch etwas von einem selbst und es dann allmählich wieder zurücknimmt. Dann kann man den anderen als ganz vertraut, aber auch wieder fremd erleben. Johannes irritiert es sehr, wenn er bei sich merkt, dass es ihm zu viel wird mit Anna, dass er Zeit für sich haben will. Er hat dann sofort Angst, das sei das Ende der Liebe. Auch in seinen Träumen zeigen sich seine Veränderungen. Sie sind nun sehr viel mehr auf die Beziehungen ausgerichtet und es erscheinen weniger verfolgende, ängstigende Figuren. So träumt er z.B., dass Anna sehr weint, weil ihren Eltern etwas in den Ferien passiert ist. Er habe sich Anna sehr nahe gefühlt. Er habe mit ihr gefühlt und sie hätten beide im Traum geweint.

Johannes entscheidet sich, noch weiter in Therapie zu bleiben. Es sei für ihn gerade jetzt wichtig, eine weitere Begleitung zu haben. Er kann sich nun zugestehen, dass er noch Therapie braucht, und hat nicht mehr so große Ängste vor dem Abhängig-Werden, mit der Bedeutung sich ganz in den Gefühlen des anderen zu verlieren. Ihm ist es nun möglich, seine Gefühle als seine eigenen wahrzunehmen, zu beginnen, mit ihnen und verschiedenen Vorstellungen zu »spielen«.

## 4. Abschließende Gedanken

Als Johannes zur Analyse kam, war er in Gefahr, sich weiter in »sein Denken« zurückzuziehen und eine narzisstische schizoide Persönlichkeitsorganisation zu entwickeln. Mit »Denken« ist ein Rückzug in eine Tagtraumwelt gemeint. Winnicott (1979, S. 37) nennt dies »Phantasieren«, wodurch das Leben eingeengt und Lernen aus Erfahrung (Bion 1990) verhindert wird. Fonagy (2011) spricht von »Hypermentalisieren«. Das Herauskommen aus dem Rückzug war für Johannes mit kaum erträglichen Ängsten vor Verlust seiner physischen und psychischen Grenzen verbunden. Es brachte ihn jäh in Kontakt mit seinem von ihm verleugneten eigenen Körper. Seine Frage, ob er nicht männlich genug sei, weil er keine Freundin finde, die er drängend der Analytikerin stellte, verstand ich als die Frage nach der Chance, eine »normale« sexuelle Entwicklung durchlaufen zu können. Seine damit verknüpften bewussten Ängste vor intimen Beziehungen mit anderen Menschen und die unbewussten Vernichtungsängste in Bezug auf das mütterliche Objekt, die aus seinen tiefen konflikthaften Abhängigkeitswünschen resultierten, erschienen ihm unüberwindbar. Johannes Ängste vor Verschmelzung und Verlust von Selbstabgrenzung waren besonders intensiv, da er ein prekäres Bild von Männlichkeit, was auch dem verinnerlichten Männerbild seiner Mutter entsprach, übernommen hatte. Die Identifizierung mit einem fürsorglichen und väterlichen Vater stand ihm nicht genügend zur Verfügung. Johannes war dadurch für die hereinbrechenden körperlichen und psychischen Veränderungen, die man als eine Invasion von Körperempfindungen und Erregungen beschreiben kann und die integriert werden müssen, schlecht gewappnet. Ich denke bei Johannes kann man von »nicht-mentalisierten« eingekapselten frühen Erfahrungen sprechen, die mobilisiert wurden. Johannes war wohl ein besonders sensitiver, aber auch vulnerabler Säugling, der mit einer depressiven, psychisch sehr fragilen Mutter konfrontiert war und einem Vater, der nicht ausreichend triangulierend zur Verfügung stand. Man kann von einem Misslingen in der frühen Mutter-Kind-Beziehung sprechen – einer Unterbrechung des »going-on-being« –, in der die Affekte nicht genügend gut aufgenommen und von der frühen Bezugsperson verarbeitet und gespiegelt wurden, sodass sie vom Kind repräsentiert werden konnten. Im analytischen Prozess war zunächst der Anerkennung des Körpers, der körperlichen Empfindungen und der Affekte Vorrang zu geben. So konnte Johannes eine Erfahrung machen, durch die er einen Zugang zu sich selbst und einer ersten Repräsentanz der Art und Weise und der Formen seines inneren Funktionierens fand. Das chaotische Drängen des sexuellen Körpers wird dann durch Containment und Reverie entlastet und fördert auf diese Weise das Wachstum psychischer Phänomene. Erst danach können Übertragungsdeutungen für eine weitere Entwicklung fruchtbar wirken. Besonders drängend waren für Johannes seine ihm fremd erscheinenden sadistischen Impulse und sein unbewusster Hass auf seine innere und äußere Mutter. Die fortschreitende Differenzierung zwischen sadistischen Impulsen und phallischer Stärke und Potenz schufen für Johannes die Grundlage für eine Entwicklung in Richtung einer stabileren männlichen Identität. Johannes musste noch einen langen Prozess durchlaufen, um dann *»wehmütig den grüßen zu können, der er glaubte, sein zu müssen« und sich nun eher wohl zu fühlen mit dem, der er dabei ist, zu werden.*

Ich möchte in diesem Zusammenhang noch betonen, wie wichtig in solchen Behandlungen das Zulassen einer milden positiven Übertragung ist. Ich meine, dass es nötig ist, auch als Analytikerin innerlich eine Vorstellung, ein Bild, des Patienten zu haben, dass er ein gesunder, sexuell anziehender Mann werden kann. Ich denke hier an den Anfang der Therapie, als er mit einem neuen Hemd noch mit dem Preisschildchen in die Stunde kam und er sehr wohl meine positive

Mimik wahrgenommen haben dürfte. Oder als er im Ausland ein Praktikum vorhatte, dass ich es nicht nur als Ausweichen oder Flucht verstanden, sondern in spielerischer Weise auch seinen Mut etwas Neues, eine Trennung zu wagen, aufgenommen habe. Anne Alvarez hat darauf aufmerksam gemacht, wie wichtig es ist, in einer taktvollen Weise anzuerkennen, wenn Kinder und Jugendliche etwas Neues ausprobieren, und zu verstehen, dass sie Freude und nicht nur Besorgnis und Angst im anderen auslösen wollen. Sie schreibt:

> »Die positive Übertragung anzuerkennen und zu durchleben ist manchmal schwieriger als die Handhabung der negativen. Wenn sie außerdem sexuell ist, verlangt sie unserer Gegenübertragungsreaktion einiges an Mut, Aufrichtigkeit und Respekt ab« (Alvarez, 2011, S. 518).

Das ist meiner Meinung nach ganz im Sinne der Einstellung von Winnicott.

Auch die Eltern von Johannes waren, wie es mir schien, schlecht gewappnet dafür, die körperlichen und psychischen Veränderungen ihres Sohnes zu halten und nicht ihre eigenen Ängste und nicht-integrierten Affekte in Johannes zu projizieren. Dies kam in grenzüberschreitenden Kommentaren und Einmischungen von beiden Eltern des Öfteren zum Ausdruck. Die Adoleszenz der eigenen Kinder aktiviert in den Eltern je eigene Erfahrungen, die in ihrer Adoleszenz ungelöst blieben. Abhängig davon, welche Verarbeitungsmöglichkeiten die Mütter und Väter für das intergenerationelle Konfliktpotenzial haben, kann es ihnen gelingen, den Körper und die Sexualität der Adoleszenten als neue Grenzlinie zwischen Eltern und Kind anzuerkennen (vgl. King, 2003, S. 399).

## Literatur

Alvarez, A. (2011): Verschiedene Formen der sexuellen Übertragung und Gegenübertragung in der psychotherapeutischen Arbeit mit Kindern und Jugendlichen. *Analytische Kinder- und Jugendlichen-Psychotherapie, 152*, 499–521.

Bion, W.R. (1990): *Lernen durch Erfahrung.* Frankfurt a.M: Suhrkamp.

Bion, W.R.(2006): *Aufmerksamkeit und Deutung.* Tübingen: edition discord.

Bohleber, W. (2012): *Was Psychoanalyse heute leistet.* Stuttgart: Klett-Cotta.

Erikson, E.H. (1970): *Jugend und Krise.* Stuttgart: Klett.

Erikson, E.H. (1971): *Identität und Lebenszyklus.* Frankfurt a.M.: Suhrkamp.

Fonagy, P., György, G., Jurist, E.L. & Target, M. (2002): *Affektregulierung, Mentalisierung und die Entwicklung des Selbst.* Stuttgart: Klett-Cotta.

Fonagy, P. (2011): Eine genuin entwicklungspsychologische Theorie des sexuellen Lustempfindens und deren Implikationen für die psychoanalytische Technik. *Analytische Kinder- und Jugendlichen-Psychotherapie, 152*, 469–497.

Freud, S. (1905): Drei Abhandlungen zur Sexualtheorie. GW I, S. 529–554.

Freud, S. (1911): Formulierungen über zwei Prinzipien des psychischen Geschehens. GW VIII, S. 229–238.

Freud, S. (1923): Das Ich und das Es. GW XIII, S. 235–289.

King, V. (2003): Der Körper als Austragungsort adoleszenter Konflikte. *Analytische Kinder- und Jugendlichen-Psychotherapie, 119*, 321–342.

Laplanche, J. (2006): Die rätselhaften Botschaften des Anderen. Zur Metapsychologie von Sexualität und Bindung. In M. Altmeyer & H. Thomä (Hrsg.), *Die vernetzte Seele. Die intersubjektive Wende in der Psychoanalyse* (S. 259–281). Stuttgart: Klett-Cotta.

Laplanche, J. (1988): Von der eingeschränkten zur allgemeinen Verführungstheorie. In J. Laplanche: *Die Allgemeine Verführungstheorie und andere Aufsätze* (S. 199–233). Tübingen: edition discord.

Laplanche, J. (2009): Inzest und infantile Sexualität. *Psyche, 63(6)*, 525–539.

Staehle, A. (2004): Zwischen Verlust und Aufbruch – Gedanken zur Beendigung der Behandlungen von zwei männlichen Adoleszenten. *Kinderanalyse, 12(4)*, 355–375.

Staehle, A. (2011): »Bin ich ein Mann, oder?« Zur schwierigen Aneignung des sexuellen Körpers in der Jugend. *Analytische Kinder- und Jugendlichen-Psychotherapie, 151*, 349–367.

Stark, T. (2010): Wunsch und Wucht. Die masturbatorische Position, der Zusammenbruch der Adoleszenz und die Zerstörung der Analyse. Zur psychoanalytischen Behandlung früher Störungen. *Psyche, 64(5)*, 437–464.

Stark, T. (2013): Sexuelles Erinnern, Phantasieren, Wünschen und Empfinden in der Analyse. Zur Bedeutung der Sexualität in der Psychoanalyse heute. *Psyche, 67(4)*, 305–329.

Target, M. (2007): Is Our Sexuality Our Own? A Developmental Model of Sexuality Based on Early Affect Mirroring. *British Journal of Psychotherapy, 23*, 517–530.

Winnicott, D.W. (1976): *Von der Kinderheilkunde zur Psychoanalyse*. München: Kindler.

Winnicott, D.W. (1978): *Familie und individuelle Entwicklung*. München: Kindler.

Winnicott, D.W. (1979): *Vom Spiel zur Kreativität*. Stuttgart: Klett-Cotta.

Winnicott, D.W. (1984): *Reifungsprozesse und fördernde Umwelt*. Frankfurt a.M.: Fischer Taschenbuch Verlag.

# »Faith-in-O«, der »Übergangsraum« und der Umgang mit der Unbestimmtheit des Todes[1]

*Ross A. Lazar*

Dieser Vortrag hat inzwischen mehrere Unterstützer. Ursprünglicher Impulsgeber war mein Freund und Kollege Prof. Dr. Eckhard Frick, der erste Professor für Spiritual Care an der Med. Fakultät der Universität München. Von Eckhard Fricks Rolle hören Sie gleich mehr.

Der nächste, der mich nämlich einlud, diesen Vortrag hier und heute vorzutragen, ist natürlich Dr. Michael Kögler. Meine Skepsis, ob dieses Werk sich für eine Jubiläumsveranstaltung eignet, hat mir Michael Kögler schnell genommen, und nachdem es seine Feier ist, muss er es wissen! Seine Zuversicht, dass meine Ausführungen durchaus relevant sind für die Arbeit Winnicotts und für das Thema dieser Tagung, hat sich in vielfacher Weise bestätigt, noch viel mehr als ich anfangs ahnen konnte. Diese Ideen aus Winnicotts Sicht des Übergangsgedankens haben ein ganz neues und sehr ergiebiges Licht auf mein Thema geworfen. Denn der Übergang vom Leben zum Tode ist ja der allerletzte, der uns in unserer irdischen Existenz abgerungen wird. Den Tod aus dieser Perspektive zu sehen, war mir absolut neu, wie so vieles, das mir im Laufe des Darüber-Nachdenkens und Schreibens begegnet ist. Allein Winnicotts zentrale Formulierung: »the capacity to ›be‹, to feel alive, what he called ›the feeling of going on being‹« (Winnicott, 1960, S. 585–595), und zwar bis zum Ende des Lebens, hat hier höchste Relevanz. Also hören Sie sich die Gedanken Bions zum »Faith-in-O« und meine Fallgeschichte mit dem Winnicott'schen Übergangsraum als Hintergedanken an.

Anhand von Wilfred R. Bions Konzept von »Faith-in-O« und illustriert

1 Frick/Vogel, 2012.

durch ein Fallbeispiel aus meiner Praxis, soll eine Brücke geschlagen werden zwischen der Ungeheuerlichkeit von Sterben und Tod, dem psychoanalytischen/philosophischen Ansatz Bions, Spiritualität und Glauben und dem Übergangs- bzw. »Möglichkeitsraum« D.W. Winnicotts.

Bions Gedanken zum »Faith-in-O« auf dem Weg zu »becoming O«, zur Annäherung an eine existente, aber letztlich nie erfahrbare, nie realisierbare »ultimate truth«, eine ultimative Wahrheit, werden erläutert und mit dem Fallmaterial in Zusammenhang gebracht. Bions Ideen hierzu werden zwar von vielen als bloße Spinnereien und als nichts anderes als pseudo-spiritueller, mystifizierender und wissenschaftsfeindlicher Humbug kritisiert und abgetan. Aber für mich erweisen sie sich ganz im Gegenteil als wirksames, realistisches, gar wissenschaftliches Werkzeug für das Aushalten und für den zunächst »psychoanalytischen«, aber aus meiner Sicht auch allgemeingültigen Umgang mit Sterben und Tod schlechthin. Am Beispiel der psychotherapeutischen Sterbebegleitung einer 50-jährigen Krebspatientin und der gleichzeitigen supervisorisch/beratenden Arbeit mit dem betreuenden Krankenhausteam soll die Relevanz des Bion'schen Ansatzes für diese ungeheuer diffizile, anstrengende und bewegende Arbeit demonstriert werden.

Es gibt bei dieser Gelegenheit keinen besseren Ausgangspunkt für meine Ausführungen als die letzten Sätze von Eckard Fricks ausgezeichneter Antrittsvorlesung anlässlich der Einrichtung der Stiftungsprofessur für Spiritual Care an der Medizinischen Fakultät der Ludwig-Maximilians-Universität im Dezember 2010.

> »Am weitesten vorgewagt hat sich wohl der Psychoanalytiker W.R. Bion, der eine Art Mystik des Fehlenden, des Transzendenten, des ›O‹ entworfen hat. Mit dieser Abkürzung meint er das Unbekannte, Nicht-Wissbare jenseits der Grenze. Damit können Arzt und Patient vertrauensvoll umgehen. ›Faith-in-O‹ nannte es Bion, einen authentisch-vertrauensvollen Umgang mit dem Spirituellen möchte ich es nennen.«

Inzwischen kann man sogar diese Formulierung noch ergänzen mit der Frage, bzw. der Feststellung: An welchem »Ort« kann man sich dieses »Geschehen« anders vorstellen als im Übergangsraum zwischen der inneren und äußeren Welt, in dem Zwischenraum, dem »potential space«, wie Winnicott es uns darstellt?

## Bions »Faith-in-O«

Mit dem oben zitierten Statement deutete Eckard Frick an, was Bion mit der Formulierung »Faith-in-O« meint, und zugleich, welche Relevanz das »O« für unser Thema hat. In seinem Werk bietet Bion viele verschiedene Formulierungen an: Bilder, Andeutungen und Umschreibungen für das, was er mit den Kürzeln »O« und »Faith-in-O« bezeichnet. Allerdings trotz seiner Behauptung, dieser Begriff sei ein »wissenschaftlicher«, entzieht er sich doch jeglicher definitorischer Festlegung. Unter anderem aus diesem Grund erlaube ich mir, neben den vielen relevanten Zitaten Bions zum Thema, einige andere Arten von Quellen (z.B. theologisch-religiös-ästhetische) anzuführen, die meines Erachtens allesamt, jede auf ihre Weise versuchen, sich dem anzunähern, was Bion mit »O« umreißen will.

Der Verfasser von einem der großen Bion-Lexika, der brasilianische Psychoanalytiker Paolo Caesar Sandler hilft uns im Umgang mit diesem letztendlich nicht definierbaren Stoff, indem er die diversen Quellen sammelt und kommentiert. Sandler betont z.B., dass mit »Faith-in-O« immer ein »scientific state of mind«, eine *wissenschaftliche Geistesverfassung* gemeint ist und auf keinen Fall irgendein esoterischer, pseudo-mystischer Hokuspokus. In seinem Buch *Attention and Interpretation*, schreibt Bion zum Begriff »O« folgendes:

> » ›O‹ steht für die absolute Wahrheit in einem jeden und eines jeden Objekts; wir nehmen an, dass ›O‹ für kein menschliches Wesen (er)kennbar ist [...,] seine Präsenz kann erkannt und empfunden, aber es kann nicht gekannt werden. Es ist möglich, mit ihm eins zu sein.
>
> Dass es existiert, ist ein Grundpostulat der Wissenschaft, aber es kann nicht wissenschaftlich entdeckt werden. Ohne die Anerkennung seiner Existenz, ohne Eins-Sein mit ihm und ohne seine Evolution ist keine psychoanalytische Entdeckung möglich.
>
> Wahrscheinlich ist es den religiösen Mystikern noch am besten gelungen, der Erfahrung von ›O‹ Ausdruck zu verleihen. Seine Existenz ist für die Wissenschaft ebenso essentiell wie für die Religion. Umgekehrt ist der wissenschaftliche Ansatz für die Religion ebenso unverzichtbar wie für die Wissenschaft« (Bion, 1984, S. 30; Übers. v. Verf.).

Also wie denn? Auf der einen Seite ein »wissenschaftlicher Geisteszustand«, auf der anderen etwas, das dem religiösen Mystiker am nächsten steht! Aber Bions Begriff von »Faith« hat, wie er immer betont, mit den *religiösen* Bedeutungen des Wortes im engeren Sinne zunächst *nichts* zu tun!

> »Ein ›Glaubensakt‹ ist für das wissenschaftliche Vorgehen charakteristisch und muss von der religiösen Bedeutung unterschieden werden, die dem Begriff umgangssprachlich beigelegt ist; der Glaubensakt wird vorstellbar, wenn er im Denken und durch das Denken repräsentiert werden kann. [...] Er muss ›evolvieren‹, bevor er erfasst werden kann, und er wird erfasst, wenn er ein Gedanke ist, wie das ›O‹ des Künstlers erfasst werden kann, sobald es in ein Kunstwerk transformiert wurde« (Bion, 1984, S.34f.; Übers. v. Verf.).

So, jetzt ist die Verwirrung komplett: Ein *wissenschaftlicher* Begriff, *nicht religiös* (obwohl von den religiösen Mystikern am ehesten erkannt) und nun die *Quelle der Inspiration des Künstlers*! Damit nicht genug, will uns Bion klarmachen, dass für ihn – und wie er meint für uns – »Faith-in-O« *die bevorzugte Geisteshaltung* des Psychoanalytikers sei! Aber eins nach dem anderen: Ich fange mit den religiösen Mystikern an.

Bion hatte bekanntlich keine gute Beziehung zu Religion im herkömmlichen Sinne und vor allem zur Anglikanischen Kirche als Institution. Im Gegenteil, er kritisierte sie als snobistisch und verlogen immer wieder aufs Schärfste, denn er hatte in seiner Kindheit sehr darunter gelitten. Diese Erfahrungen hielten ihn allerdings nicht davon ab (vielleicht motivierten sie ihn sogar eher), sich intensiv mit den Denktraditionen und Schriften sowohl von jüdischen wie auch christlichen Mystikern auseinanderzusetzen. Darüber hinaus haben viele Forschende bemerkt, dass seine Ideen vielen östlichen Religionsströmungen, vor allem dem Zen-Buddhismus sehr nahe sind, was man oft mit seiner Kindheit in Indien und seiner indischen »Ajah« (Kindermädchen) zu erklären versucht hat. Er selbst hat allerdings darüber nie etwas verlauten lassen. Ob dieser Bezug tatsächlich vorhanden ist, bleibt also eine Sache der Spekulation.

Laut Paolo Sandler stammt Bions Auffassung von »Faith-in-O« zum einen von dem jüdischen Gelehrten und Mystiker Isaac Luria und zum anderen von den *»Meditationen«* des Heiligen Johannes vom Kreuz (und zwar vor allem aus seinem Gedichtband: *Die Dunkle Nacht.* In diesen Gedichten beschreibt Johannes vom Kreuz eine Geisteshaltung, die vor allem von »Deprivation«, wie er es nennt, gekennzeichnet ist. Bions berühmtes Diktum *»without memory, desire and understanding«*, d.h. ohne Erinnerung, ohne Ersehnen und ohne verstehen zu wollen, leitet sich aus diesem Gedanken ab. Johannes schreibt:

> »Eine Seele behindert also ihren Aufstieg zu diesem erhabenen Stand der Vereinigung mit Gott gar sehr, wenn sie an irgendeinem Verstehen oder Fühlen oder

> Vorstellen oder Meinen oder Wollen nach ihrer Weise festhält oder an irgendeinem anderen ihr eigenen Werk oder Ding, weil sie sich dessen nicht ganz zu entledigen und zu entblößen vermag. Denn, wie gesagt, das, wonach sie strebt, ist über all dies erhaben, auch über das Höchste, das erkannt oder verkostet werden kann. Die Seele hat sich also leer zu halten [...] – gleich einem Blinden –, gestützt auf den dunklen Glauben, durch ihn geführt und erleuchtet, nicht aber auf etwas gestützt, das sie begreift, verkostet, fühlt und ersinnt. Denn all dies ist Finsternis, die irreführt, und der Glaube ist über allem Verstehen und Verkosten und Empfinden und Sich-Vorstellen« (Johannes vom Kreuz, zit. n. Benker, 1991, S. 25).

Von Rabbi Luria, den er neben Meister Eckhart oft zitierte, hat Bion Wesentliches über die Unmöglichkeit, die Essenz der Dinge zum Ausdruck zu bringen, gelernt. Er zitiert die Geschichte von Luria, der, als ihn einer seiner Schüler fragte, warum er nichts von seiner Lehre in Büchern niedergeschrieben habe, antwortete:

> »Das ist nicht möglich, weil alles miteinander verbunden ist. Kaum öffne ich meinen Mund, um die Dinge zu sagen, so ist mir, als öffneten sich die Dämme des Meeres und überfluteten alles. Wie soll ich also das sagen, was meine Seele empfangen hat, und wie soll ich es gar in einem Buch niederschreiben?« (Scholem in Bion, 2006, S. 132).

Hiermit will ich es mit den Mystikern bewenden lassen, um mich dem »wissenschaftlichen Aspekt« zuzuwenden.

Sandler nennt das Zeichen »O« eine »quasi-mathematische Notation«, die den »numinosen Bereich nicht-sinnlicher Erfahrung« bzw. Kants »Ding-an-Sich« symbolisiere, und verbindet es mit den »Idealformen« Platons (2005, S. 527). Weiterhin sei »O« und »Faith-in-O« ein essenzielles Postulat von Wissenschaft, das allerdings mit wissenschaftlichen Mitteln *nicht* entdeckt werden könne. Seine Existenz sei

> »für die Wissenschaft genau so wesentlich wie für die Religion. Umgekehrt sei die wissenschaftliche Vorgehensweise für die Religion genauso wichtig wie diese für die Wissenschaft.«

Und wiederum in Abgrenzung zur Religion heißt es,

> »ein ›Glaubensakt‹ ist speziell der wissenschaftlichen Vorgehensweise zu eigen. Er muss von der religiösen Bedeutung, die damit verbunden ist, unterschieden werden« (Sandler, 2005, S. 528; Übers. v. Verf.).

Als letzter der drei Blickwinkel (Bion nennt sie »*vertices*«), die Bion anführt, um sich seinem Begriff »O« zu nähern, bleibt der »ästhetische« Aspekt. Die Inspiration, die Erfahrung einer Wahrnehmung, die Claude Lorrain, Turner, van Gogh, Cézanne oder Renoir erlebt bzw. empfunden haben, bevor sie ihre zauberhaften Landschaften malen konnten, ist, ähnlich wie ein Traum, von dem anderen *nie wirklich erfahrbar*. Das Bild, das der Künstler malt, das Gedicht, das der Dichter schreibt, die Musik, die der Komponist notiert – alle sind »bloße Abkömmlinge« der jeweiligen Erfahrung eines »O«, die der Künstler nur in dieser Form eines »Derivats« wiedergeben und mitteilen kann. Bions These besagt, dass es in jedem Moment einer psychoanalytischen Begegnung – ja in jedem Moment des Lebens überhaupt – ein »O«, eine »ultimative Wahrheit« gibt, der wir uns zu nähern suchen, wohl wissend, dass sie nie vollends zu erreichen ist.

Damit möchte ich es mit meinen Ausführungen zu Bions »O« belassen und mich als nächstes meinem Fallbeispiel widmen.

## Die Patientin kann weder leben noch sterben – ein erfahrenes Krankenhausteam am Rande des Aushaltbaren

Ich möchte im Folgenden von einem ungewöhnlichen und extrem schwierigen Auftrag in einer kleinen Privatklinik berichten. Da ich der Klinikleitung und einer sehr erfahrenen Schwester dieser Klinik bekannt war und gelegentlich in meiner Rolle als Psychotherapeut auf konsiliarischer Basis dort beansprucht wurde, wusste man auch von meiner Arbeit als Supervisor und Berater. Dennoch war ich überrascht, als eine andere, eine mir unbekannte Stationsschwester mich um Hilfe bei einem äußerst schwierigen Problem bat.

### Die Patientin: Ihre Krankheit und ihre Behandlung

Einige Wochen zuvor war eine Frau mittleren Alters zu ihnen auf Station gekommen, die zur Nachbehandlung einer schweren Krebserkrankung für unbestimmte Zeit aufgenommen worden war. Diese Frau, eine alleinstehende Ausländerin, die im Auftrag einer großen ausländischen Firma als Abteilungsleiterin arbeitete, war im Winter zuvor an einem Unterleibstumor operiert und dann im höchsten zumutbaren Maße bestrahlt worden, weil der Tumor so groß und in einer so ungünstigen Lage war, dass man ihn operativ nicht ganz entfernen konnte. Die Folgen dieser erfolglosen Behandlung waren für die Patientin wie für das Klinikteam verheerend. An dieser Stelle sind folgende Sätze Eckhard Fricks aus seiner Antrittsvorlesung von besonderer Relevanz. Zur Formel *»Leben ist gleich Körper plus X«* sagte Frick:

> »Vielmehr geht die Anerkennung des X durchaus mit der Anerkennung eigener methodischer und theoretischer Grenzen einher, *ganz besonders, wenn die Grenzen der Therapierbarkeit erreicht sind.* Entscheidend ist, wie der Mensch, ob Arzt oder Patient, mit den Grenzen umgeht. Der Mensch ist das ›nicht-feststellbare Wesen‹, sagte Nietzsche. Er entzieht sich unserer Objektivierung, ist unserem Zugriff verborgen, ein ›Geheimnis‹, und zwar ein Geheimnis, das über die eigenen Grenzen hinausgreift, ein Wesen der Transzendenz also« (Frick, 2010, S. 6).

Die Patientin litt unter entsetzlichen Schmerzen, die mit allen Mitteln und Künsten der Schmerztherapeuten nicht zu beseitigen waren. Die Schmerzexperten der Universitätsklinik hatten alles versucht, um der Patientin Linderung zu verschaffen. Trotz großer Mengen von Morphium, Schlaftabletten und anderen Schmerzmitteln litt sie manchmal, aber *nur manchmal*, unter unaushaltbaren Schmerzen. Die Prognose schien hoffnungslos, der Tod aber als einzig mögliche Erlösung noch nicht absehbar. Ein Weiterleben in diesem Zustand schien unzumutbar und für alle unerträglich, aber es gab kein akutes medizinisches Problem, das ihren Tod hätte verursachen können.

Weitere Metastasen wurden nicht festgestellt und die Frau war ansonsten erstaunlich wach und robust. Sie hatte einen guten Appetit und zeitweise sogar Humor, trotz der unglaublichen Schmerzen und der entsprechend hohen Medikationsdosis. Manchmal aber, berichteten die Schwestern, sei sie dem Personal gegenüber absolut unausstehlich. Sie verhalte sich trotz (bzw. *gerade wegen*) ihrer Hilflosigkeit so, dass erfahrene Schwestern sich weigerten, sie zu behandeln, gar zu ihr ins Zimmer zu gehen. Darüber hinaus schien sie überhaupt keine richtige Bewusstheit über ihren wahren Zustand zu haben. Im Gegenteil, sie verleugnete ihn so sehr, dass die Schwestern und Ärzte sich außerstande fühlten, ihr den wahren Stand der Dinge bei allen medizinischen Unklarheiten klarzumachen. Eigentlich konnte sie nicht leben.

Aber sterben konnte sie auch nicht. Ein Ende der Qual war momentan nicht abzusehen.

Das Schlimmste für die Schwestern war das Verbinden der offenen Wunde. Schon bei den Schilderungen der Schwester wurde ein Kollege ohnmächtig. Das Ausmaß an Unerträglichem, nicht Aushaltbarem, kurz *»uncontainable«* überwältigte das Team so sehr und machte es so hilflos, dass es seine Aufgaben, die es bei anderen Patienten mit außerordentlichem Fleiß, Hingabe und Expertise auszuüben gewöhnt war, bei dieser Patientin nicht mehr wahrnehmen konnte. Das Team war am Ende seiner Kräfte. Alle hatten das Gefühl, der Patientin nicht gerecht werden zu können. Sie konnten sie weder richtig pflegen und psychisch betreuen noch verlegen oder nach Hause schicken. Sie kamen miteinander dauernd und unauflösbar in Konflikt – und es bot sich keinerlei medizinische Lösung des Problems. Alle waren sich einig, es müsse ein neuer, ein unkonventioneller Lösungsweg gesucht werden.

In ihrer Verzweiflung kamen die zwei hauptverantwortlichen Schwestern und die Stationsärztin auf die für sie ungewöhnliche, beinahe absurde Idee, einen psychologisch geschulten Außenstehenden zu suchen, der sowohl mit der Patientin Gespräche führen könnte (und zwar in ihrer Muttersprache), als auch parallel dazu dem Team eine Art »Supervision« über Behandlung und Betreuung der Patientin anbieten könnte. Da ich ihnen bekannt war, auf beiden Gebieten etwas Erfahrung hatte und außerdem Englisch, die Muttersprache der Patientin, spreche, baten sie mich, diese Aufgaben zu übernehmen.

Ich selbst war ebenso überwältigt und schockiert über das Schicksal dieser Frau, wie sie es waren, und hatte große Angst, mich auf eine solch hoffnungslose, ja ekelerregende Situation einzulassen. Die gleichzeitige Betreuung des Teams empfand ich als eine zusätzliche – in gewisser Weise eigentlich unmögliche – Herausforderung. So schwierig mir die Rollenüberschneidung und die Grenzziehungen erschienen, sah ich hierin eine andere, zwingende Logik. Irgendwie musste *einer* versuchen, das Ganze zusammenzuhalten, da alle Beteiligten die Angelegenheit eigentlich nur noch verdrängen oder davor flüchten wollten. Ein »Container« wurde gesucht, aber war ich derjenige, der sich dies zumuten könnte, bzw. sollte? Ob ich letztlich in der Lage sein würde, in dem nötigen Umfang dieses Containment zu leisten? Schließlich aber entschied ich mich, es doch zu versuchen.

Die Gespräche mit der Patientin waren so faszinierend wie anstrengend. Ich hatte mit ihr vereinbart, sie zweimal wöchentlich für eine Stunde zu besuchen, um mit ihr zu sprechen, soweit sie dazu in der Lage war und soweit sie es wünschte. Unsere Zusammenkünfte waren sehr strapaziös – teilweise sehr berührend, manchmal sogar heiter, manchmal von tiefer Traurigkeit und manchmal von ebenso großer Wut erfüllt. In keiner meiner bisherigen Behandlungen ist es mir so sehr darum gegangen, »in authentischer Weise« mit der Patientin umzugehen, wie Frick in Anlehnung an Armin Nassehi schreibt. In der Tat ging es um eine Art »gemeinsames Nicht-Wissen«, um die »Absurdität ihres Leidens« und um die »Unausweichlichkeit des Todes« (Frick, 2010, S. 6). Eine Episode aus dieser Behandlung – lieber sage ich *»Begegnung«* – soll etwas von der Atmosphäre, die in dem Raum zwischen uns herrschte, wiedergeben.

## Das »Frühlingsgespräch«

Als ich mit dem Rad zum dritten oder vierten Besuch bei der Patientin fuhr, war ich von der Schönheit des abklingenden Winters und den zarten Ankündigungen des nahenden Frühlings hingerissen. Obwohl noch etwas Schnee am Boden lag, war die Luft durch die Sonne bereits angewärmt, die Vögel zwitscherten in den leicht grünlich gefärbten Bäumen – ein Tag, an dem man sich nur des Lebens freuen konnte. Aber ich musste zur Patientin, hin in diese Kammer des Todes, musste in das nach Putzmitteln und Schweiß riechende, schlimmer noch: das nach der nekrotischen Verwesung der Wunde der Leidenden stinkende Krankenzimmer eintreten.

Sie lag wie immer auf der Seite, das Gesicht zur Zimmerseite (also nicht zum Fenster hin) gedreht, und grüßte mich missmutig. Wie es ihr ginge? »Unverändert.« Wie es mit der Pflege laufe? »Unterschiedlich, ... manche Schwestern sind reizend, manche sind Hexen! Manche können wunderbar massieren und eincremen, manche quälen sie und misshandeln auch vorsätzlich und haben sichtlich ihren Spaß daran.«

Recht entmutigt, etwas verzweifelt, ideenlos und deprimiert nahm ich meinen gewohnten Platz an der Fensterseite des Bettes ein und schwieg eine ganze Weile vor mich hin; die Patientin auch. Es war ganz still bis auf das Gezwitscher der Vögel im Baum vor dem Fenster. Allerdings fühlte ich die Wärme des Sonnenlichts durch das offene Fenster auf meinem Rücken. »Ob sie gemerkt habe, dass der Frühling angefangen habe?« Sie drehte sich zu mir – und damit zum

Fenster und horchte, roch ein bisschen am Duft des Frühlingslüftchens, das durch das offene Fenster kam, und fragte, wie es draußen denn sei. Ich schilderte die Atmosphäre draußen: den noch herumliegenden Schnee, das zarte Grün der Bäume und Pflanzen, das Gezwitscher der Vögel, die Wärme der Sonne. Sie hörte mir aufmerksam zu, wurde wacher, freundlicher, lebendiger und zugewandter.

Es war, als könnten wir in diesem Augenblick an das bisschen Lebenskraft, Lebenslust und Lebensfreude, das in ihr noch schlummerte, näher herankommen, durch die in mir geweckten »Frühlingsgefühle«, die ich von draußen ins Krankenzimmer hineingebracht hatte. Vor allem aber durch die Natur selbst, die zu riechen, zu hören, zu spüren war, nahm die Atmosphäre an Lebendigkeit zu. Gleichzeitig wussten wir beide in dem Moment, dass die Patientin diesen Genuss, ja dieses Lebenselixier des Frühlings nur aus der Ferne, nur von ihrem Krankenbett aus erleben konnte und dass sie den nächsten Frühling höchstwahrscheinlich nicht mehr erleben würde. Wir verabschiedeten uns leise, aber gefühlvoll, und ich hatte zum ersten (und einzigen) Mal das Gefühl, dass die Patientin etwas mehr Ruhe und Zufriedenheit gefunden hatte; dass sie ihren Zustand und ihr Schicksal etwas besser habe wahrnehmen und akzeptieren können.

Nach einigen weiteren Besuchen fand ich die Patientin fast nur noch dösend vor. Sie nahm meine Anwesenheit kaum mehr wahr und bat mich schließlich durch die Schwestern, nicht mehr zu kommen. Ich habe sie nie wieder gesehen. Etwa zwei Monate später starb sie.

Kurzer Kommentar: Ich erlaube mir im Nachhinein zu behaupten, dass ich mich komplett »arglos« und »absichtslos« in dieses Abenteuer begeben habe. Ich hatte zwar große Angst, aber keine *Absichten* – in der Tat keine Ahnung, was oder wie mir geschehen würde. Erst im Nachhinein kam mir der Gedanke, dass es in dieser Begegnung mit Frau S. um eine Annäherung an »O« ging (Bions »*becoming ›O‹*«), um ihr und mein Dasein *als solches* – und dass es zwischen uns unter den Umständen um nichts anderes ging, um nichts anderes gehen konnte.

## Die Teamsitzungen

Die Sitzungen mit dem Team waren ebenso faszinierend wie diffizil. Sie waren spannend wie keine andere Arbeit, die ich bisher gemacht hatte, aber auch schwieriger, schmerzvoller und von einer Brisanz in der Auseinandersetzung über Tod und Leben, wie ich sie mir kaum intensiver vorstellen kann. Teamsitzungen fanden einmal wöchentlich statt und mussten aus technischen Gründen unmittelbar nach der Sitzung mit der Patientin erfolgen. Da nicht einmal ein richtiger Raum für diese Treffen zur Verfügung stand, mussten wir uns im öffentlichen Aufenthaltsraum der Station treffen. Für diese Zeit konnten wir zwar von außen relativ ungestört bleiben, aber optisch saßen wir auf einem Präsentierteller, da die Wände des Raumes aus Glas waren (es ist ein moderner Bau und dieser Raum ähnelt einem Gewächshaus mit Balkon). Da außerdem jeder einen anderen Dienstplan hatte und jeder seine Patienten zu betreuen hatte, gab es ein ständiges Kommen und Gehen – nicht gerade das, was man sich unter einem *»well-contained setting«* vorstellen möchte!

Zehn bis fünfzehn Schwestern und Pfleger nahmen jedes Mal teil: die Stationsärztin, soweit sie Zeit hatte, einige andere Ärzte, manchmal Schwestern von anderen Stationen, Zivildienstleistende und, soweit sie es sich einrichten konnte, eine sehr wichtige Bezugsperson, die Krankengymnastin. Von den äußeren Gegebenheiten her also war das Setting eine einzige Katastrophe, aber bald wurde mir klar, dass ich mich in das gegebene System einzufügen hatte und versuchen musste, das Beste aus der Situation zu machen – eine Alternative dazu gab es einfach nicht.

Die erste Sitzung fing zäh an. Es gab viel Missmut über die Patientin, über die Konflikte im Team bezüglich ihrer Pflege und auch über die Supervision selbst. Einige Schwestern waren sehr skeptisch, konnten sich keine wirkliche Hilfe vorstellen, indem man »nur« mit mir darüber spreche. Die unterschwellige Wut, die Ratlosigkeit und die Depression waren deutlich spürbar. Es war klar, dass mit dieser Patientin die Identität, das Rollenselbstverständnis, ja der *Glaube an die Medizin und die eigene Tätigkeit* vollkommen erschüttert worden war. Eine ältere Kollegin drückte das Hilflosigkeitsgefühl aller in folgenden Worten aus: »Wissen Sie, wir sind gewöhnt zu pflegen, und das können wir! Die einen pflegen wir gesund, die anderen pflegen und begleiten wir in den Tod. Das sind wir gewöhnt, aber mit Frau S. ist das nicht möglich – und das macht uns so hilflos!«

Schuldzuweisungen und gegenseitige Vorwürfe richteten sich teilweise gegen das augenscheinliche Versagen der Ärzte und teilweise gegen die Schwestern untereinander. »Gib ihr *noch* mehr Schmerzmittel!«, lautete die eine Devise.

»Nein, sie muss selbst aktiver werden!«, meinte die Krankengymnastin. »Wir müssen ihr mehr zumuten!«, sagte die eine. »Nein, das ist unmöglich, ich halte es selber nicht aus!«, erwiderte die Nächste. Die einen drückten sich heimlich vor der Konfrontation mit der Patientin und ihrer eigenen Angst, ihrer Wut, ihrer Hilflosigkeit. Die anderen erklärten ganz offen, dass sie das nicht aushielten und wollten mit der Behandlung der Frau S. nichts zu tun haben. Alle hatten diesem Leid, diesem Hass und ihrem eigenen »Versagen« gegenüber immense Schuldgefühle. Im Sinne der Bion'schen Grundannahmen befand sich die Gruppe ohne Supervisor in der Grundannahme *»Kampf/Flucht«*. Allein auf sich gestellt mit diesen Ängsten, diesen Hilflosigkeitsgefühlen, dieser Frustration und Wut konnten die einen nur an Kampflösungen denken, die anderen nur daran, die Flucht zu ergreifen. Mit dem Supervisor zusammen änderte sich die Grundannahme der Gruppe in die der *»Abhängigkeit«*. In diesem Sinne war die – völlig übertriebene, überhöhte – Erwartung an mich gerichtet, *die* Lösung zu diesem unlösbaren Dilemma zu produzieren.

Die Vermutung, dass sogar die Patientin selbst eine gewisse Schuld an ihrem Zustand und Schicksal trage, da sie von der Existenz dieses Tumors schon mindestens ein Jahr zuvor gewusst habe, ohne sich rechtzeitig behandeln zu lassen; und die Tatsache, dass ihre Mutter an derselben Krankheit gestorben sei, machte die Situation nur noch schlimmer. Aber das Zugeständnis solcher Gefühle war für die Betroffenen nahezu unvorstellbar, forderten doch ihre Ausbildung, ihre institutionelle und Gruppenkultur und ihre professionelle Ethik sowie ihre jahrelangen Erfahrungen das Gegenteil. Dennoch waren solch unausgesprochenen, »unerlaubten« Gefühle in der Übertragung und Gegenübertragung in der Supervisionssituation unverkennbar und wurden von mir beim Namen genannt. Die erste Gelegenheit dazu kam am Ende der zweiten Teamsupervision.

Als ich etwas naiv fragte, ob man meine, die Patientin bewege sich zurzeit mehr in Richtung Leben oder mehr in Richtung Tod, brachen plötzlich heftigste Emotionen aus der Gruppe der am meisten ablehnenden Schwestern hervor, die fast einstimmig zugaben, sie hofften, die Patientin würde bald sterben! Die Betroffenheit der anderen war groß, denn so etwas in der Öffentlichkeit der Supervision zu hören anstatt in der Sicherheit eines Zwiegesprächs auf Station, war für alle Beteiligten erschreckend.

Die nächste Sitzung, die dritte, fing in einer sehr depressiven Stimmung an.

Die Situation sei »trostloser denn je«. Die Patientin schlafe nicht, rufe die ganze Nacht stündlich nach einer Schwester und wolle ununterbrochen massiert werden. Sie unterscheide ganz genau unter den Schwestern, wer sie verbinden und massieren dürfe. Die Konkurrenz unter ihnen wurde durch solche Bemerkungen vonseiten der Patientin – ob bewusst oder unbewusst – deutlich angeheizt und alle schimpften auf die Patientin, weil sie es fertig brachte, dieses erfahrene Team gegeneinander auszuspielen, während sie es für sich hervorragend verstand, die Rolle des »verwöhnten Babys« zu beanspruchen.

In der fünften und letzten Sitzung dieser Krisenintervention brach alles, was an negativen und destruktiven, aber auch an depressiven, traurigen und besorgten Gefühlen unterschwellig vorhanden gewesen war, inmitten der Sitzung aus. Endlich konnte zugegeben werden, dass man nicht nur wünsche, die Patientin möge an ihrer Krankheit sterben, sondern dass manche regelrechte Tötungsfantasien hegten. Manche konnten sich sogar eingestehen, sich vorstellen zu können »Hand anzulegen« (eine sehr doppeldeutige Aussage!). Daraufhin konnte jemand seine Fantasie direkt äußern, die Patientin umbringen zu wollen. Die makabren Gedanken und Schuldgefühle massivster Art »purzelten« aus dem Team heraus. Aber die Gelegenheit, im relativ geschützten Setting der Supervision all diese Gefühle und Fantasien auszusprechen, hatten alle soweit schätzen gelernt, dass sie ihre heimlichsten, verbotensten Gedanken »publik« machen konnten.

Ab diesem Punkt ging es mit der Patientin rapide abwärts. Sie fühlte sich zum ersten Mal richtig »krank«, die Medikamente wirkten besser. Sie schlief sehr viel und konnte zum Schluss in Ruhe und Würde bis zu ihrem Tode gepflegt werden. Natürlich blieben viele Fragen offen, viele Fantasien und Gefühle unaufgelöst. Aber das Wesentliche war getan. Das Team konnte wieder wie gewohnt erfolgreich arbeiten und die Patientin konnte in einer liebevollen, umsorgten Atmosphäre human sterben. Außerdem musste keiner mit dem ewig schlechten Gewissen leben, nicht alles getan zu haben, was menschlich machbar gewesen wäre.

Der Mut, sich so in die Tiefe der eigenen Seele einzulassen, die eigene berufliche Identität sowie die eigene Beziehung zum Leiden und Sterben so infrage zu stellen, hat uns alle beeindruckt, erschüttert und zutiefst berührt. Die Entwicklung, die sich hier vollzog, war nicht geplant oder beabsichtigt. Aber alle haben dazu beigetragen, dass es geschehen konnte. Das Schicksal der

Patientin hat uns dazu gezwungen, und die glückliche Kombination von inneren Faktoren, sowohl in den Teammitgliedern als auch in der Patientin und im Supervisor, hat – trotz der vielen ungünstigen äußeren Faktoren – zugelassen, dass »katastrophische Ängste« erlebt und ausgehalten werden konnten und »katastrophische Änderung« in uns allen stattfinden konnte. Waren wir in diesem Prozess auf dem Weg zu *»becoming O«*? Ich weiß es nicht. Man wird es nie wissen, kann es nicht wissen, aber so stelle ich es mir vor.

Aber warum, fragte ein Kollege, müssen wir diesem Vorgang einen so schwierigen, »nicht festzulegenden« Begriff wie »becoming O« geben? Warum genügt es nicht, die gewohnten Begriffe zu Themen wie Spaltung, Projektion, Idealisierung, paranoide und depressive Positionen, projektive Identifikation, Übergangsraum, usw. zu benützen, die uns vertraut sind und die uns insgesamt sehr wohl genügen, selbst wenn wir mit schwer gestörten, traumatisierten und anderweitig beschädigten Persönlichkeiten zu tun haben? Diese Frage fand ich besonders herausfordernd und anregend zugleich. Ja warum eigentlich? Welchen »Mehrwert« bringt es, solche Phänomene von dieser Warte aus zu betrachten? Meine kurze Antwort darauf ist: Die genannten Begriffe aus unserer alltäglichen Arbeit sind einfach nicht ausreichend – sie kommen dem »Unbekannten«, den unermesslichen und erschreckenden Tiefen der Nähe zu Sterben und Tod nicht nahe genug.

Ohne esoterisch oder mystisch sein zu wollen, scheint mir, dass wenn man dem Tod so nahe ist, man ein Gebiet erreicht, wo jedes konventionelle Wissen, selbst das gelehrteste, einfach nicht genügt. Bion würde argumentieren, dass dies sogar für die alltäglichsten Situationen, Settings und Sitzungen zutrifft. Aber erst während dieser meiner Arbeit wurde mir bewusst, dass hier so viel mehr passiert als irgendein »gewöhnliches (bekanntes) Konzept umfassen kann. Denn wie Joan und Neville Symington ausführen, war Bions Ausgangspunkt gänzlich anders als der von Freud, von Melanie Klein, aber auch von D. W. Winnicott. Entgegen der Hypothese, dass psychisches Leben mit einer« »Rohmasse instinktiver Impulse« anfängt, war Bion überzeugt, dass es einen ultimativen, transzendentalen und letztlich nicht erkennbaren Ursprung hat (Symington & Symington, 1996, S. 12).

Natürlich vollzog sich meine Arbeit nicht in einem psychoanalytischen Setting im engeren Sinn, und selbstverständlich war das Pflegepersonal, das Frau S. in der Klinik versorgte, an solche Erwartungen nicht gewöhnt noch waren sie auf eine derartige Konfrontation vorbereitet. Im Gegenteil, sie fanden sich unabsichtlich mit dem Dilemma konfrontiert, das wir laut Bion alle haben, wenn wir unserem sterblichen Schicksal gegenüberstehen: Wir hassen es und tun alles, um nicht daran zu denken. »Faith-in-O«, sagt Bion, »macht Erfahrungen deutlich und möglich, die oft schmerzhaft und für den Einzelnen [und die Gruppe] schwer erträglich sind« (Bion, 1970, S. 46).

Nur weil Phrasen wie »wirklich werden«, »werden, was man ist« oder »seinem Wesen treu sein« von so vielen selbst ernannten Hexen und Zauberern der esoterischen Szene missbraucht werden, heißt das nicht, dass ihre Relevanz, ihre Wahrheit geschmälert sind. Wenn wir solch eine »transzendente« Ebene in unsere Arbeit mit Einzelpersonen, Gruppen und Institutionen einführen, mag das als gewagt und sogar unwillkommen gesehen werden, gar bedrohlich für manchen. Andere mögen es als Einladung und Herausforderung auffassen, einen *kreativen* Sprung zu wagen, ein Risiko in unbekanntes Territorium. Man kann nur »faith« haben, nur daran glauben und darauf vertrauen, dass der Nutzen größer ist als die Lasten, vor allem im Angesicht der ultimativen Realität des Todes.

Sein Leben im Schatten des drohenden Todes zu leben, ist eine riskante Sache. Dieses Leben *kreativ* und in aller Fülle zu leben, ist die größte Herausforderung, die uns alle betrifft. In diesem Punkt kann ich mir vorstellen, dass Donald Winnicott der gleichen Meinung gewesen wäre. Das Risiko, zu scheitern, ist hoch. Bion ermutigt uns als Psychoanalytiker und Berater, ja als Menschen ganz allgemein, anzuerkennen, dass unser Leben auf einem verborgenen Bett von letzter, absoluter Wahrheit, die wir allerdings nicht »kennen« können, ruht. Wir können uns nur mit ihr vertraut machen. Er fordert uns auf, diese Wahrheit zu »werden« und dadurch unser Leben und das Leben derer, mit denen wir verbunden sind, zu bestätigen und zu bereichern mit einem kleinen bisschen mehr »emotionaler Wahrheit«, mit der »Milch«, wie Bion es ausdrückt, durch die unsere Seele wächst und gedeiht, auch im Angesicht des Todes.

Einige letzte Formulierungen Bions sollen uns schließlich in Erinnerung rufen, was er uns mit »O« und »Faith-in-O« näher bringen will:

> »›O‹ bedeutet eine Erfahrung von der Existenz der Realität und Wahrheit. ›Faith-in-O‹ gibt uns einen Sinn dafür, dass Wahrheit, obwohl nicht erreichbar, verstehbar, aussprechbar oder Besitz sein kann, in ihrer Existenz intuitiv erkannt werden kann.

Die Erfahrung einer sich evolvierenden Wahrheit oder Realität ist vorübergehend, aber nicht verkennbar. ›Faith-in-O‹ stellt keine ›mystische‹ Position dar, sondern die Anerkennung, dass eine *geschulte Intuition entwickelt und ausgeübt werden kann, die dazu führen kann, sich ›O‹ zu nähern, ›O‹ zu ›werden‹*. ›Faith-in-O‹ ist ein Ausdruck dafür, dass diese ›Wahrheit‹ existiert, dass es aber einer Disziplinierung von Erinnerung, Ersehnen [desire] und Verstehen bedarf, um sich ihr zu nähern« (Bion, 1984, S. 35).

»Man kann daraus oder dahin, ›evolvieren‹, kann aber nicht damit identifiziert sein, kann es nicht ›kennen‹, man kann es nur ›werden‹« (ebd., S. 26).

## Literatur


Benker, G. (1991): *Loslassen können – die Liebe finden. Die Mystik des Johannes vom Kreuz.* Bad Schwalbach: Grünewald.

Bion, W.R. (1970): *Attention and Interpretation.* London: Karnac.

Bion, W.R. (2006): *Aufmerksamkeit und Deutung.* Tübingen: edition discord.

Frick, E. (2010): Antrittsvortrag bei seiner Ernennung zum Professor für Spiritual Care, Tagung der Hochschule für Philosophie, München. (unveröffentlicht) (s. Frick, E. (2009): Spiritual Care: ein neues Fachgebiet der Medizin. *Z Med Ethik 55,2,* 145–155.)

Frick, E. & Vogel, R.T. (Hrsg.) (2012): *Den Abschied vom Leben verstehen. Psychoanalyse und Palliative Care.* Aus der Münchner Reihe Palliative Care, Band 8. München: Kohlhammer.

Lazar, R.A., Oechslen, R. & Joergensen, K. (2012): Bions »Faith-in-O« und der Umgang mit der Unbestimmtheit des Todes. In E. Frick & R.T. Vogel (Hrsg.), *Den Abschied vom Leben verstehen. Psychoanalyse und Palliative Care.* Aus der Münchner Reihe Palliative Care, Band 8 (S. 64–79). München: Kohlhammer.

Lazar, R.A. (2002): Bions Modell »Container–Contained« und seine Implikationen für die Praxis der Supervision. In H. Pühl (Hrsg.), *Supervision – Aspekte organisationeller Beratung* (S. 165–178). Berlin: Ulrich Leutner.

Sandler, P.C. (2005): *The Language of Bion. A Dictionary of Concepts.* London: Karnac.

Symington, N. & Symington, J. (1996): *The Clinical Thinking of Wilfred Bion.* London: Routledge.

Winnicott, D.W. (1960): The Theory of the Parent-Infant Relationship. *Int. J. Psycho-Anal. 41,* 585–595.

# Spielverderber – Von der Schwierigkeit, innere und äußere Realität spielerisch zu erfahren[1]

*Grit Jahn-Jokschies*

## 1. Beginn einer Studie

Wieder einmal mache ich mich mit einem Tonbandgerät und Testmaterialen auf den Weg in die Jugendhaftanstalt Berlin-Plötzensee für den empirischen Teil meiner Studie, die sich mit Bindungsrepräsentationen und reflexiver Kompetenz bei jungen Gewalttätern befasst (vgl. Jokschies, 2005).

In einem eigens für meine Untersuchung bereitgestellten Raum treffe ich heute den 19-jährigen Tom. In den Vorgesprächen, die durch die Psychologin und den Psychologen dort vermittelt wurden, konnte ich die jungen Männer kennenlernen und sie um die Teilnahme an meiner Studie bitten. Ausnahmslos waren alle jungen Männer bereit, mitzuwirken. Als ich das Tonbandgerät aufbaue und die Tests und Fragebögen bereitlege, wird Tom vom Vollzugsbeamten gebracht. Tom, ein großer, merkwürdig gebräunter junger Mann steht vor mir; er begrüßt mich freundlich und setzt sich mir gegenüber. Der Vollzugsbeamte schließt die Tür – wir sind allein. Gleich hinter mir, in Griffnähe, befindet sich ein Notrufknopf. Sollte ich mich bedroht fühlen, werde ich ihn drücken. In keinem der Interviews habe ich an den Notrufknopf auch nur gedacht – im Gegenteil. Die Begegnungen mit den jungen Gewalttätern waren von einer sehr positiven Atmosphäre bestimmt. Ich spürte eine große Offenheit, ein starkes Interesse an den Geschichten der jungen Männer und sogar eine Art Hingezogenheit. Dies scheint fast befremdlich, da es sich bei ihren Straftaten

1 Die Originalversion dieses Vortrags wurde in der Zeitschrift »Analytische Kinder- und Jugendlichenpsychotherapie« Heft 157, XLIV. Jg. 1/2013, S. 143–163 veröffentlicht.

ausnahmslos um Verbrechen wie Mord, Raub, schwere Körperverletzung mit Todesfolge, Vergewaltigung und Totschlag handelt. Meine Erfahrungen im Kontakt mit den jungen Männern korrespondieren mit denen anderer Wissenschaftler (Ermann, 1985; Aigner, 2002) und werden mit dem »starken Beziehungs- und Identifizierungshunger« (Aigner, 2002, S. 87) der Jugendlichen begründet. Bei vielen Interviews habe ich vor Anteilnahme an den Biografien fast gezittert – anders kann ich es nicht ausdrücken und dies war sicherlich auch ein Zeichen für unmentalisierte, ungedachte Affekte, die die jungen Männer in mich projizierten.

## 2. Der Interviewleitfaden

Aus forschungstechnischen Gründen habe ich mir den Grund auch für Toms Inhaftierung vor dem Interview nicht sagen lassen. Wir beginnen mit dem Erwachsenen-Bindungsinterview (George et al., 1985), einem halbstrukturierten, klinischen Interview, das mit 20 Fragen und Nachfragen einen Zugang zu aktuellen inneren Repräsentationen von frühen Beziehungserfahrungen ermöglicht. Das Ziel besteht darin, über Bindungserfahrungen nachzudenken und zu reflektieren und zugleich eine kohärente und stimmige Geschichte zu erzählen. Winnicott spricht von einem »intermediären Bereich von Erfahrungen, in dem in gleicher Weise innere Realität und äußeres Leben einfließen« (1971, S. 11). Eben dieser Bereich zwischen dem Subjektiven und dem objektiv Wahrnehmbaren wird im AAI abgefragt.

### Das Erwachsenen-Bindungsinterview (AAI)

1. Orientierungsfrage zu allgemeinen Familienverhältnissen
2. Beziehung zu den Eltern (allgemein)
3. Fünf Adjektive – Beziehung zur Mutter
4. Fünf Adjektive – Beziehung zum Vater
5. Wem näher gefühlt?
6. Kummer
7. Trennung

8. Ablehnung
9. Bedrohung/Misshandlung durch Bezugsperson
10. *Einfluss der Kindheitserfahrungen auf die Persönlichkeit aus heutiger Sicht*
11. *Gründe für das Verhalten der Eltern*
12. *Veränderung der Beziehung zu den Eltern über die Jahre*
13. *Bewertung der aktuellen Beziehung zu den Eltern*

14.–18. Fragen zu eigenen Kindern/Wünschen/Zukunft

Bei den kursiv gedruckten Fragen (10–13) handelt es sich um sogenannte »demand«-Fragen, die nicht gut ohne reflexive Kompetenz beantwortet werden können. Die anderen Fragen sind sogenannte »permit«-Fragen; sie erlauben Reflexivität.

Leider ist das AAI für eine analytische Auswertung zu strukturiert und lässt wenig Raum für Assoziationen des Interviewten. Dennoch lässt sich trotz der Strukturiertheit etwas erfahren über die Fähigkeit, »innere und äußere Realität voneinander getrennt und doch in wechselseitiger Verbindung zu halten« (Winnicott, 1971, S. 11), also mit der Realität zu spielen.

## Reflexive Kompetenz

Reflexive Kompetenz ist der für die Forschung operationalisierte Begriff für die früh erworbene (oder nicht genügend gut erworbene) Fähigkeit, über eigene Gedanken, Gefühle, Wünsche und Absichten (mental states) und die anderer »nachzudenken« und zwischenmenschliches Verhalten vor dem Hintergrund psychischer Zustände zu interpretieren. Die Ursprünge dieser Kompetenz leiten sich aus multiplen wissenschaftlichen Diskursen her: aus der Philosophie (Hegel, Mead, Dennett), aus der kognitiven und experimentellen Psychologie (Piaget, Selman), aus der Autismusforschung (Theory of mind-Forschung, Baron-Cohen), der Säuglingsforschung und der Bindungstheorie. Ich bin mir bewusst, dass es sich bei dieser Kompetenz, die von Fonagy und Target als Mentalisierung bezeichnet wird, lediglich um *eine* theoretische Konzeptualisierung handelt.

Mentalisierung hat großen Einfluss auf die emotionale und soziale Kompetenz. Sie dient der Orientierung bei jeder Art zwischenmenschlicher Kommunikation und Beziehungsgestaltung, der eigenen Affekt- und Selbstregulation und der Impulskontrolle: alles Fähigkeiten, die bei Gewalttätern nur unzureichend ausgebildet sind.

Das Mentalisierungskonzept lehnt sich sehr an Winnicotts Konzept des intermediären Bereichs an, der sich zwischen dem Selbst und der äußeren Realität ansiedelt. In diesem Raum findet Winnicott zufolge Symbolisierung statt; in ihm entwickelt sich ein bedeutsamer, lebendiger Kontakt zwischen getrennten, aber miteinander verbundenen Individuen, in ihm finden Spiel, Illusion und Kreativität ihren Platz (Winnicott, 1971). Die Fähigkeit, zwischen Subjektivem und objektiv Wahrnehmbaren innerlich zu vermitteln, entsteht in der frühen zwischenmenschlichen Interaktion, insbesondere durch die Affektspiegelung und findet eine Fortsetzung in der Kompetenz, symbolisch zu spielen. Fonagys und Targets Konzepte beziehen sich nicht nur auf Winnicott, sondern auch auf Kleinianische Theorien des Denkens. Konzepte wie die paranoid-schiziode versus depressive Position (Klein, 1935) tauchen auf, Bions Containment-Modell (1962) oder etwa Hannah Segals (1957) Überlegungen zur symbolischen Gleichsetzung versus reifer, symbolischer Darstellung. An dieser Stelle möchte ich die *Affektspiegelung* und das *Spielen mit der Realität* innerhalb der Theorie von Peter Fonagy und Mary Target (1996, 2000), auf die sich das Konzept der Reflexiven Kompetenz bezieht, kurz in Erinnerung rufen. Im Anschluss sollen einige Auszüge aus Toms Erwachsenen-Bindungsinterview angeschaut werden.

## Affektspiegelung

Innerhalb des Affektspiegelungsmodells ermöglicht eine kongruente und »markierte« Reaktion der Bezugsperson auf die Affekte des Säuglings diesem, ein Bild von seinen eigenen Zuständen zu gewinnen *(Bsp. Säugling schreit vor Hunger, Mutter wird jeden Moment ihr Kind füttern, reagiert mit einfühlsamer, jedoch leicht vom Affekt des Babys abweichender Stimme: »Ist es denn so schlimm? Gleich ist es ja soweit, du wirst ja nicht verhungern ...«).* Ist die Affektspiegelung gelungen, d.h. ist die Reaktion der Bezugsperson auf den Affekt des Säuglings kongruent (in der passenden Affektkategorie) und markiert (Mutter reagiert ernsthaft auf den Affekt, aber gleichzeitig spielerisch), dann bilden sich beim Säugling sekundäre Repräsentanzen. Diese entsprechen den primären Zuständen oder kommen ihnen zumindest nahe. Nach dieser Theorie erkennt das Kind im Verhalten der Mutter deren Reflexivität und auch ihr Bild von ihm als wünschendes, denkendes, fühlendes Wesen. (Zur llustration: »Sie denkt mich als denkend, und also existiere ich als denkendes Wesen.« Fonagy, 1998, S. 366) Diese dialogähnlichen, affektspiegelnden Interaktionen bilden die Wurzel der Fähigkeit des Säuglings, Empfindungen über Äußerungen und Absichten eines anderen zu entwickeln. Es erwirbt eine Selbststruktur, in der es Konflikte und Störungen in sich behalten, containen, kann.

## Das Spiel mit der Realität

Bevor das Kind innere Zustände als Repräsentationen (Abbilder) der Realität erkennt, setzt es die innere Welt mit der äußeren Welt gleich (zur Illustration: »Die Welt ist so, wie ich mich fühle.«). Dieser Modus der psychischen Äquivalenz (innen=außen) kann bei Kindern große Angst auslösen, weil projizierte Gedanken als real erlebt werden. Wenn das Kind die wiederholte Erfahrung macht, dass seine Affekte regulierend gespiegelt werden, und wenn es Eltern hat, die spielerisch zwischen äußerer und innerer Realität unterscheiden können, also etwa durch Kommentare im Spiel mit dem Kind innere Zustände des Kindes und anderer Akteure im Spiel möglichst korrekt benennen, dann ist das Kind frei zu spielen (z. B. schießen). Es muss dann nicht befürchten, dass wirklich eine Bedrohung besteht (dies entspräche dem Als-ob-Modus). Das affektregulierende Spiegeln im Spiel hilft dem Kind zu verstehen, dass seine inneren Zustände nicht dem Zustand der Welt entsprechen; sie werden von der äußeren Realität entkoppelt. (Eltern würden etwa zum Kind sagen: »Nun komm, du bewaffneter Krieger, es ist Zeit ans Abendessen zu denken.«) Bei einem Kind, das eine relativ gelungene Affektregulierung und -spiegelung erfahren hat, kommt es zur Internalisierung der Fähigkeit, Affekte und andere innere Zustände zu containen. Der Äquivalenzmodus und der »Als-ob«-Modus werden integriert zum sogenannten Reflexionsmodus.

In einer familiären Atmosphäre hingegen, in der Gewalt-, Vernachlässigungs- oder Missbrauchserfahrungen an der Tagesordnung sind, müssen die Kinder einen unverhältnismäßig großen Anteil ihrer Ressourcen aufwenden, um die inneren Zustände der Eltern zu entziffern. Es gibt keinen »Spielraum«. Jede Regung der Eltern muss ernst genommen werden, denn sie kann ernste Folgen haben. Diese Kinder sind oft hochgradig sensibel für die inneren Zustände ihrer Bezugspersonen, aber diese Anstrengung geht auf Kosten der Wahrnehmung ihrer eigenen inneren Zustände (Fonagy/Target, 2006, S.372).

»Der Säugling, der sich selbst in der Mutter nicht finden kann, findet stattdessen die Mutter«, sagte Winnicott (1971, S. 130). Er meinte, dass der Säugling nicht zu früh mit der »Realität« der Mutter und mit der Notwendigkeit konfrontiert werden sollte, zwischen Ich und Nicht-Ich zu unterscheiden, weil in der ersten Phase der Omnipotenz Ich-Kerne entstehen, die mit der Zeit in die reale Ich-Erfahrung, in das »wahre Selbst« integriert werden. Werden Ich-Bedürfnisse zu früh oder zu massiv frustriert, führt dies zu Desintegration und einem traumatischen Gefühl der Vernichtung (Fonagy/Target, 2006).

Wenn eine Mutter etwa die unerträglichen Erfahrungen ihres Kindes nicht aufnehmen und spiegeln kann, weil sie sie nicht anerkennen kann – vielleicht wecken sie eigene schmerzhafte Gefühle –, muss das Kind das Abwehrverhalten der Mutter introjizieren. Es muss den *mentalen Zustand der Mutter* als Kern seiner selbst internalisieren. Ein anderer Fall wäre, dass die Mutter übergenau den Affekt des Säuglings spiegelt, ohne Distanz und ohne Markierung. Sie kann ihn so nicht durch Abstand, durch spielerisches Nachdenken mildern. Wenn also statt einer verstehenden Antwort nur das Echo des Projizierten zurückkommt oder eine Antwort gänzlich ausbleibt, muss das Kind sein unreifes Selbst schützen und etwas am *eigenen* Zustand verändern. Es muss also selbst versuchen, ein inneres Gleichgewicht zu finden, oder die Antwortbotschaften verändern, abspalten oder verleugnen (Israel, 2007, 2011). Diese frühen pathologischen Abwehrformen wurden von Selma Fraiberg (1982) beschrieben. Ein weiteres Risiko stellt die Missinterpretation von lebhaftem, assertivem Verhalten der Kleinkinder durch die Eltern dar. Wenn der Selbstausdruck des Säuglings, der etwa hungrig und gierig an der Brust saugt, oder des Kleinkindes, das beharrlich auf den Tisch trommelt, immer wieder als destruktives, aggressives Verhalten missinterpretiert wird, dann kann es zu einer Verschmelzung von Selbstausdruck und Aggression kommen. Das Kind sieht sich dann selbst als zerstörerisch (diese Form von Fehlinterpretation wird gleich noch Thema sein).

## Trialogfähigkeit der Eltern

Kritische Stimmen hinterfragen, ob die Entwicklung reflexiver und symbolischer Fähigkeiten (sprich: spielerisch mit der Realität umzugehen) wirklich so stark von der Affektspiegelung abhängig gemacht werden sollte. Hierin liegt auch ein sehr wichtiger Kritikpunkt an Fonagys Mentalisierungsmodell: Es bleibt der ursprünglichen psychoanalytischen Theorie zu sehr verhaftet, in der der Vater als Dritter für die frühen Vorgänge sekundär bleibt. Sinnvoll könnte eine Erweiterung der Affektspiegelungstheorie um die Idee der Trialogfähigkeit der Eltern sein. Psychisches Erleben ist von Beginn an ein Wechselspiel zwischen dyadischem und triadischem Geschehen (Bürgin, 1998; Metzger 2002). Das Kind verinnerlicht nicht nur die Repräsentation der Mutter, sondern von Beginn an auch die beobachtete und erspürte Beziehung zwischen den Eltern. Besonders Jungen – und die von mir untersuchten Gewalttäter waren allesamt männlich – sind auf einen männlichen Dritten zur Spiegelung des männlichen Selbstanteils angewiesen. Die Wertschätzung des Männlichen durch die Mutter in Verbindung mit einem körperbetonten und symbolisch-spielerischen Dialog mit dem konkret anwesenden Vater bildet den Kern einer reifen männlichen Geschlechtsidentität (Metzger, 2008, S. 243). Bürgin und von Klitzing verweisen in diesem Zusammenhang auf die von den Eltern »lebendig gelebte Triade« (von Klitzing, 2002, S. 884). In dieser Triade erlebt das Kind Unterschiede zwischen den wichtigen Bezugspersonen, Unterschiede in ihren Interaktionsstilen und im Umgang mit den kindlichen Bedürfnissen. Es spiegelt sich nicht einfach nur im Gegenüber, sondern kann sich im Umgang mit den unterschiedlichen Beziehungspersonen selber finden (von Klitzing, 1999, S. 73). Die physische Präsenz von Vater und Mutter, die eine libidinöse Verbindung zueinander haben und als Elternpaar auch eine innere Fähigkeit zur Triangulierung besitzen, spielt für die Entwicklung der Kinder eine wesentliche Rolle.

## Das Manual der Reflexiven Funktion

Das Bindungsinterview mit Tom habe ich mit dem Manual der Reflexiven Funktion (RF), einem von Mary Target und Peter Fonagy (1998) entwickelten Instrument, ausgewertet. Das Manual wird auf die Aussagen Toms im Bindungsinterview angewendet und soll folgende Fragen beantworten:

- Erwähnt Tom innere Zustände?
- Kann er sich in die Komplexität und Vielfalt innerer Zustände einfühlen?
- Bemüht sich Tom, beobachtbares Verhalten mit inneren Zuständen zu verknüpfen?
- Kann Tom anerkennen, dass sich innere Zustände und damit auch entsprechendes Verhalten verändern können?

Für jedes Thema innerhalb des Interviews wurde ein spezieller Wert vergeben. Aus den Einzelauswertungen wurde am Schluss der Gesamtscore ermittelt.

### Gesamtscores

- 1 feindselige Ablehnung von RF bzw. unangemessene, bizarre Antworten
- 1 fehlende RF: konkretistische, verallgemeinernde Erklärung von Verhalten, keine Bezugnahme auf inneres Befinden
- 3 fragwürdige, niedrige RF: Bemühen um reflektierte Sprache, klischeehafte, nicht integrierte Einsichten, fehlende Affektivität
- 5 mittlere, aber eindeutige RF: explizite Bezugnahme auf innere Zustände, Einsicht, dass Verhalten durch innere Zustände bestimmt wird
- 7 deutliche bzw. hohe RF: Verknüpfung von Verhalten und inneren Zuständen, Inbetrachtziehen der Perspektive anderer Menschen
- 9 außergewöhnlich hohe RF: explizite, differenzierte und elaborierte Bezugnahme auf innere Zustände, interaktionale und intergenerationale Perspektive, Anerkennung der Veränderungsmöglichkeit innerer Zustände

Alle von mir interviewten jungen Männer erhielten durchgängig sehr geringe Werte. Hierin besteht ein deutliches Problem des Manuals: Es stellt sehr hohe Ansprüche an den Interviewten, weil explizite verbale Aussagen zu inneren Zuständen bei sich und anderen Menschen zu finden sein müssen. Für diesen niedrigen Bereich aber, zwischen –1 und 3, unterscheidet das Manual nicht differenziert genug. Zudem erwähnt das Manual den Bereich der Abwehr nur am Rand – aber gerade die Beachtung der verschiedenen (oft primitiven) Abwehrformen scheint bei jungen Gewalttätern besonders interessant.

## Auszüge aus dem Erwachsenen-Bindungsinterview mit Tom

Die folgenden Auszüge aus dem Erwachsenenbindungsinterview treffen eine Aussage über Toms Schwierigkeiten, mit der Realität zu spielen. In seiner Antwort auf meine »Orientierungsfrage« erfahre ich, dass er mit beiden leiblichen Eltern und seinem zwei Jahre jüngeren Bruder in Ostdeutschland aufwuchs und seine Eltern sich in seinem 12. Lebensjahr trennten. Sein Vater war in Toms Kindheit sehr krank, über einen längeren Zeitraum arbeitsunfähig und stark alkoholabhängig.

Als ich Tom nach fünf Adjektiven frage, die die Beziehung zu seinem Vater in der Kindheit beschreiben würden, sagt er als erstes »sympathisch«.

**J:** Das erste Wort, mit dem Sie die Beziehung zu Ihrem Vater beschrieben haben, war »sympathisch«, haben Sie da eine ganz konkrete Erinnerung, ein ganz konkretes Ereignis aus dieser früheren Zeit?

**Tom:** Na, wie ich schon gesagt hab, mit meiner Mutter so, wenn die z.B. Stubenarrest gegeben hat, und sie war arbeiten gewesen, mein Vater war sehr krank gewesen früher, so mit Kreislauf und hohem Blutdruck, hatte schon so was wie Herzinfarkt gehabt, und da war er oft zu Hause gewesen, weil er durfte ja nicht mehr arbeiten gehen (...) meine Mutter war dann ja immer arbeiten gewesen (...) und die kam immer erst so um 17.00 Uhr nach Hause, und dann durfte ich immer wenn ich aus der Schule komme, hat er mich dann trotzdem raus gelassen, das war sympathisch, wissen Sie, wie ich das meine?

**J:** Der war weniger streng als Ihre Mutter.

**Tom:** Ja ja, der war weniger streng. Er hat viel durchgehen lassen.

An auffällig vielen Stellen sagt Tom, »wenn Sie wissen, was ich meine«. Ich soll intuitiv verstehen, was er denkt und fühlt, ohne dass er sich mit Worten erklären muss. Vermutlich kommt hier ein früher Wunsch Toms nach Spiegelung, nach Verstandenwerden zum Ausdruck. Tom beschreibt das permissive Verhalten des Vaters als sympathisch. Es ist anzunehmen, dass es dem von

Tom als krank und schwach beschriebenen Vater schwerfiel, seinem Sohn wirkliches Interesse entgegenzubringen, ihm ein Gegenüber zu sein, das Halt und Struktur vermittelt. Nach dem RF-Manual gibt es in den Aussagen Toms keinen Hinweis auf Reflexivität. Er konnte auch keine konkrete Erinnerung aufrufen.

Ein weiteres Adjektiv zur Beschreibung der Beziehung zum Vater war »vom Alkohol beeinflusst«.

**J:** Können Sie sich da noch an eine konkrete Situation erinnern?

**Tom:** Ja so, wenn er sich gestritten hat mit meiner Mutter, so ist er dann, mit meiner Mutter ist er dann so aufbrausend, wissen Sie so, äh, und, schreit rum, da hat er schon Scheiße gemacht, als Kind, wenn man so als kleiner Junge ist, na was ist denn jetzt los, so, da war er manchmal so, da hat er in so 'ner Gaststätte gesessen, noch. »Zur Freundschaft« hieß die, war noch in Ort H. unten gewesen, und da bin ich da mal so reingegangen, da hat er da immer mit seinen ganzen Kumpels da, und die zum Fußball manchmal mit ihm gefahren sind, da war ich ja noch jung so gewesen, vier, fünf Jahre alt, und da war so ein Dorf, man geht da rin und man kennt die dann, dann waren die auch alle besoffen und mein Vater sagt so: »Äh, das ist mein Sohn«, und äh, so was habe ich überhaupt nicht gemocht, so ein blödes Gerede und so, *alle* waren an dem Tisch betrunken, da haben ja alle so blöd geredet, Alkohol hat so viel schon ausgemacht, fand ich, in der Kindheit so, die Beziehung zu den Eltern. Ja, da gibt es richtig viele so Situationen, er hat viel Alkohol getrunken, meistens waren so die Streits, so zwischen meinen Eltern und also meiner Mutter und meinem Vater, wenn der schon, wenn man schon so sieht, der kommt besoffen so nach Hause, man merkt das ja so, ist gleich so ne komische Stimmung so, wissen Sie, was ich meine, dann so dieser Streit so, das war- das war Scheiße gewesen. Na ja, ich bin dann immer in mein Zimmer so gegangen, was soll ich denn da machen, wenn die sich- man hat ja auch so *Angst* als Kind, oder ziellos, da bin ich immer in mein Zimmer, weil ich war ja noch ziemlich jung, vier, fünf Jahre alt, dann so mit meinem Bruder da so gesessen, und so.

Nach dem RF-Manual erhält Tom bis hierher Werte zwischen 1 und 2 (fehlende bis geringe Reflexivität). Tom sucht vergeblich nach treffenden Worten für seinen Affekt: »Na was ist denn jetzt los?« An einer Stelle erwähnt er, dass er es »nicht gemocht hat«, wenn sein Vater betrunken war. Er beschränkt sich jedoch auf eine Beschreibung dieses Gefühls. Die Kneipenszene hat vermutlich intensive Schamgefühle bei Tom ausgelöst. Die Demütigung durch den Vater hat Tom so intensiv erlebt, weil er diese Erinnerung nicht durch Reflexion, Mentalisierung mildern und verarbeiten konnte. Im Narrativ zeigt sich, dass Tom in den ca. 15 Jahren, die zwischen der Kneipenszene und dem Interview liegen, keine Distanz zwischen Gefühlen und objektiver Realität schaffen konnte. Tom gibt eins zu eins wieder, was er mit vier Jahren erlebt hat. Er ist während des Interviews wieder der Vierjährige, der nicht versteht, was die Besoffenen erzählen: »alle so blöd geredet«. Es gibt keinen intermediären Raum, in dem er mit den Erinnerungen spielen, Variationen denken, andere Worte finden könnte. Er bleibt an der konkreten Erinnerung kleben. Das sinnlose Gerede seines Vaters und sein unberechenbares Verhalten machten Toms Nachdenken – seinen spielerischen Umgang mit der Realität – unmöglich. Der vierjährige Tom musste wachsam sein und viel Energie aufwenden, um die Reaktion seines Vaters zu erforschen, und sich gleichzeitig schützen, um der sinnentleerten Situation standzuhalten.

**J:** Hatten Sie jemals Angst als Kind oder haben sich Sorgen gemacht?

**Tom:** Na, so Angst hatte ich immer, ähm, so wenn man alleine im Zimmer war so, wenn es dunkel gewesen war, da hatte ich immer Angst, als wenn, war bestimmt eine Einbildung gewesen, aber ich hab immer so, so voll die komischen Geräusche gehört, wenn ich geschlafen hab, so draußen, so die Geräusche, die so sind in so einem Dorf, und da gab es immer so einen, ähm, den haben sie immer Walter Brehmer genannt, der war immer besoffen, und dann ist der durch die Straßen gezogen, und dann hat er gesungen, *alleine* auch, wenn der immer vorbei kam an unserm Haus, da hab ich immer Angst gehabt so, als Kind, immer so hinter der Gardine geguckt, also das ist so ne Situation ((lacht)), die mir jetzt einfällt. ((Lachen)) Das ist schon ganz schön krass, nich?

**J:** Mhm, und haben Sie sich auch Sorgen gemacht als Kind?

**Tom:** Was haben Sie jetzt gefragt?

**J:** Sorgen, ob Sie sich Sorgen gemacht haben?

**Tom:** Ja, so wenn meine Eltern sich so gestritten haben, da hat man sich Sorgen gemacht, so wegen dem Alkohol, wenn er dann besoffen war.

Diese Szene verdeutlicht ein weiteres Mal Toms Einsamkeit und sein Verlassensein. Es ist kein Objekt da, das sich als Projektionsfläche für seine Ängste anbieten oder seine Angst containen könnte. Die Erinnerung an Walter Brehmer zeigt den Zustand seiner Objektbeziehungen: unverbunden, nicht bezogen und allein. Vermutlich sieht Tom in Walter Brehmer auch seinen Vater, der durch seine sinnlosen Worte im alkoholisierten Zustand bedrohlich für Tom wirkt. Tom hat Angst vor der Unberechenbarkeit – in dem Moment kommt Toms Lachen, seine manische Abwehr, in die ich sofort mit einstimmen muss.

Meine nächste Frage aus dem Interviewskript, ob er sich Sorgen gemacht habe als Kind, kann er nicht hören (»Was haben Sie jetzt gefragt?«), weil er noch so mit der Angstabwehr befasst ist – hier ist ein tiefer Moment im Interview und es dauert eine Weile, bis Tom sich auf weitere Fragen einlassen kann. Dies zeigt auch die nächste Frage:

**J:** Gibt es etwas an Ihren Kindheitserlebnissen, das sich negativ auf Ihre Entwicklung ausgewirkt haben könnte?

**Tom:** Na, das so mit meinem Vater, wat da war so, mhm, das bestimmt ((räuspern)), ja, ((Pause)) sonst eigentlich nichts so.

**J:** Mhm, mit Ihrem Vater meinen Sie das mit dem Alkohol?

**Tom:** Ja, ja, das also das-

**J:** Und inwiefern?

**Tom:** Also man denkt da oft dran so, also ich denke da *heute* noch dran, wie das damals so war, so die Situation, na negativ entwickeln also, so meine negative Entwicklung kam so, ähm, ich hab so viele falsche Freunde kennen gelernt, dadurch ist das auch alles hier passiert so die ganze, die ganzen Strafen, die ich bekommen habe, und so, ja, da haben eigentlich so meine Eltern, so gar nix damit zu tun, also vielleicht ist mir das unbewusst oder so, dass meine Eltern damit was zu tun haben, aber ich kann das schlecht erklären, ich hatte eine gute Kindheit, sagen wir mal so, außer jetzt das abgesehen von diesen Alkoholgeschichten, hatte ich eigentlich eine gute Kindheit.

Der Interviewleitfaden zwingt mich, Toms Reflexionsfähigkeit zu prüfen. Aber ich fühlte mich unangenehm, wie ein Eindringling, der unsensibel und übergriffig weiterfragen muss. Tom erlebt mich als verfolgend. Er überlegt, schweigt, will weg, muss erst seine Stimme wiederfinden. Hier hätte Tom eine

Möglichkeit gehabt, die Widersprüche zusammenzubringen und reflektierend Verbindungen herzustellen. Das kann Tom ohne Hilfe nicht gelingen. Er muss zu seiner gewohnten Abwehr zurückkehren. Er muss seine Eltern retten, schmerzliche Gefühle verleugnen und Freunde verantwortlich machen, um das Bild seiner Eltern nicht ganz zu beschädigen.

Von Tom erfahren wir einiges über seine Schwierigkeit zu reflektieren und mit der Realität zu spielen. Wir erfahren etwas aus seiner Biografie, aber eben aus der erinnerten Biografie. Wir können sehen, dass der erwachsene Tom keinen Abstand zu seinem kindlichen Selbst hat. Er *ist* in seiner Erinnerung der kleine Junge von damals. Er vermag nicht, mit den Erinnerungen zu spielen und durch eine reflektierte Repräsentation der konkreten Erinnerung einen Abstand, eine gesunde Distanz zwischen innerer und äußerer Realität zu schaffen. Dadurch werden der Schmerz und die Scham in Verbindung zum Erinnerten nicht abgekoppelt von der Realität – *innere und äußere Welt sind identisch*. Schmerzliche Affekte können daher nicht gelindert werden, weil er diese Funktion nicht verinnerlicht hat. Toms Schwierigkeit, andere Menschen als von ihm getrennte, psychische, absichtsvolle, mit Gefühlen versehene Wesen wahrzunehmen, lässt ihn andere wie unbelebte Objekte behandeln (deins = meins, es steht mir zu!). Tom sucht Abbilder innerer Zustände durch den Körper, d. h. er benutzt seinen Körper als Behälter für psychische Erfahrungen[2]. Seine Gewalttaten – es waren in seinem Falle mehrfache schwere Körperverletzung und schwerer Raub – könnten für Tom ein Versuch gewesen sein, die destruktiven Gedanken seiner Mutter anzugreifen und Rache an seinem schwachen, von der Mutter gedemütigten Vater zu üben. Nun im Gefängnis selbst schwach, eingesperrt und gedemütigt zu sein, stellt in gewisser Weise eine Nähe zu seinem Vater her.

## 3. Möglichkeiten der Säuglings-Kleinkind-Eltern-Psychotherapie

Über die frühen Erfahrungen Toms können wir nur spekulieren. In der Säuglings-Kleinkind-Eltern-Psychotherapie (SKEPT) aber haben wir als The-

2 Mc Dougall (1989) beschrieb den Körper als Bühne, auf der das Funktionieren des Denkens verwirklicht und inszeniert werden kann.

rapeuten die einmalige Chance, daran teilzuhaben, wie sich die Psyche des Säuglings entwickelt. Ich möchte versuchen, anhand zweier kurzer Sequenzen einer Babybehandlung, die einige Jahre zurück liegt, thematisch einen Bogen zu Tom und dem bisher Diskutierten zu schlagen.

## Klinische Vignette: Jasper

Die Mutter rief, vermittelt durch die behandelnde Kinderärztin, in meiner Praxis an. Ihr sechs Wochen alter Sohn schreie nur und lasse sich durch nichts beruhigen. Er würde »entweder schlafen oder schreien«, es gebe keine Situation, in der ihr Kind friedlich wach sei. Die Mutter habe außerdem starke Schmerzen beim Stillen, die durch nichts erklärbar seien (»er ist wie ein Tiger, der an einer klaffenden Wunde reißt«). Sie habe schon ihre Hebamme und die Stillberaterin aufgesucht, die ihr bestätigt hätten, dass die Technik des Babys beim Saugen »richtig« sei und sie auch weder entzündete Brustwarzen noch eine Brustentzündung habe.

### Die Erstbegegnung – Der sechs Wochen alte Jasper

Die Mutter klingelt, ich bitte sie und ihren Sohn noch kurz in den Warteraum. Ich kann hören, wie Jasper weint. Kurz darauf bitte ich die beiden herein. Die Mutter stellt die Tragetasche neben sich, das Baby weint nicht mehr. Es ist ein sehr hübscher, kräftiger Junge. Die Mutter sagt auf das Weinen im Warteraum bezogen: »Babytragetuch oder Babybjörn sind fast immer eine Garantie [dass er nicht weint], aber wir sind heute mit dem Kinderwagen gekommen.« Ich spüre die Anspannung der Mutter: Jasper soll hier bloß nicht weinen! – und denke, dass sie mir mitteilen will, wie schwer es doch ist, zu mir zu kommen: Sicherheit schien es eher in äußeren Objekten (Babytrage) zu geben – es war keine zu ihr gehörende Sicherheit. Die Mutter fragt mich, ob sie stillen dürfe und ich erwidere: »Natürlich dürfen Sie stillen«. In meinen Aufzeichnungen stand: »große, laute Schlucke«, aber ich hatte kein inneres Bild mehr vom »Ansaugen« und fragte mich, wie das sein kann: Durfte ich das Stillen (noch) nicht sehen? Die Mutter berichtet von der Neugeborenengelbsucht und dass sie anfangs, weil Jasper nicht trinken wollte, mit Stillhütchen »nach Uhr stillen« musste – seit Jasper aber »richtig« an der Brust trinke, habe sie starke Schmerzen. Ich denke, dass es leichter ging, als das Timing des Stillens für sie entschieden wurde. Nun, da sie nach Bedarf stillt, ist es viel schwieriger für die Mutter. Sie berichtet von unerträglichen Schmerzen beim Ansaugen, sie müsse sich zusammenreißen, um nicht zu schreien vor Schmerz. Jasper mache eigentlich alles richtig, es gibt keinen Pilz, keinen Milchstau, keine entzündete Brust, nichts. Ich finde es auch ungewöhnlich, denke noch, dass es eher psychische Schmerzen sein müssen, und sage: »Sie wollen unbedingt weiterstillen, trotz der Schmerzen.« Die Mutter spricht von der Bedeutung des Stillens, von Allergieprophylaxe etc. und ich schalte innerlich etwas ab, mich sollen die Argumente überzeugen, aber nun scheint die Mutter eher sich selbst überzeugen zu müssen. In diesem Moment fällt das Spucktuch herunter, Jasper saugt noch. Die Mutter beugt sich mit ihrem Sohn an der Brust herunter, um das Tuch aufzuheben. Jasper fühlt sich gestört und protestiert sofort laut, beginnt zu weinen. Ich frage mich: Warum tut die Mutter das? Sie braucht doch das Tuch erst später, wenn überhaupt. Will sie einem Ideal entsprechen, soll Ordnung herrschen? Sie hält sich an einem Schema fest und verlässt die Beziehung, die in ihrer beidseitigen Abhängigkeit vermutlich schwer auszuhalten ist. Steht das Tuch stellvertretend für ihr Baby, das sie fallen lässt – dann muss sie es aufheben. Oder beugt sie sich, weil sie in ihrer Fantasie noch schwanger ist, die Trennung noch gar nicht stattgefunden hat? Jasper jedenfalls reagiert adäquat: Sein Weinen aus Protest ist sehr verständlich. Nun schaut mich die Mutter unsicher und fragend an. Ich halte meine Gedanken bei mir und sage etwas Beruhigendes, vielleicht »Markiertes« wie: »Es ist ja wieder gut«, woraufhin die Mutter erwidert: »Es ist gut, dass Sie das sagen.« In meiner Erinnerung schläft Jasper zu diesem Zeitpunkt in ihren Armen ein. Nun spricht die Mutter von ihren Vorstellungen vom Muttersein vor der Geburt, dass doch eigentlich »alles flutschen« sollte: »Ich stille, er wickelt, alles andere teilen wir uns«, und dass sie in der Realität »nur Schmerzen« habe. Ich nicke nur und die Mutter öffnet sich für ihre Verhältnisse sehr, sie sagt leise: »In der einen Nacht hat er so geschrien und beim Stillen hatte ich so große Schmerzen, da bin ich raus aus dem Zimmer und habe mit Kissen geworfen, als Ersatz. Ich kann mir gut vorstellen, dass Mütter gewalttätig werden. Ich wusste nicht, was es bedeutet, diese enge Beziehung.« Ich erwidere: »Wie sehr Jasper von Ihnen abhängig ist, das ist Ihnen erst jetzt klar geworden.« Die Mutter sagt leise, dass ihr das wirklich alles zu viel ist. Dann beginnt sie, über die Geburt zu erzählen, die ganz anders war, als das, was die »Werbeveranstaltung« in der Klinik versprach.

Offenbar hatte die Mutter die Vorstellung von Geburt und Mutterdasein, dass sie glücklich gemacht wird – stattdessen muss sie so viel (auf-)geben und bekommt scheinbar nichts zurück. Hier wird auch das narzisstische Grundthema mit den überlagerten, immensen Erwartungen deutlich. Der Umstand, dass es bei einer Geburt immer um Leben und Tod geht, war der Mutter nicht klar. In der Behandlung wurde auch deutlich, dass sie keine Vorstellung von sich als guter Mutter hatte und sich sehr versagend fühlte. Der Dialog mit der eigenen Mutter war nicht kohärent – ihre Mutter idealisierte den Lebensanfang »ruhiges, unkompliziertes Baby«, für Konflikte und Ambivalenzen gab es keinen Raum.

Jasper »grunzt« nun auf der rechten Schulter seiner Mutter, er räkelt sich, wird langsam wach. Seine Mutter nimmt ihn vorsichtig von der Schulter in den Arm. Er dreht den Kopf zur Brust, an der er vorher getrunken hatte. Die Mutter beendet diese schöne Szene, indem sie sagt: »Sobald ich ihn weg lege, schreit er. Die Stillberaterin hat ihn genommen und dann weggelegt und Jasper hat nicht einmal geschrien. Bei meinem Mann ist es ähnlich. Bei mir selbst verstärkt sich sein Weinen noch. Mein Mann kann das Schreien auch viel besser ertragen als ich: er bleibt ruhiger.« Ich fragte mich, ob die Mutter das Schreien des Kindes missinterpretiert und auf ihre eigene innere Not reagiert, also an Jasper zurückgibt, was sie selbst empfindet, wodurch der Schrei ein anderer wird: er erhält Beziehungsbedeutung. Weil der Säugling noch so klein ist und sich (noch) nicht mit den Projektionen der Mutter identifiziert, können Dritte (Stillberaterin, Vater) Jasper besser beruhigen und sein Weinen containen. Sie gehen befreiter von Projektionen mit ihm um. Jasper kann dieses »Missverständnis« – die mit projektiven Tendenzen behaftete Beziehung – nicht aufklären, er muss somatisch reagieren. Während die Mutter spricht, nimmt sie Jasper an die Brust. Sie reagiert nicht (für mich sichtbar) mit Schmerzen auf das Ansaugen und Jasper trinkt nun bis zum Ende der Stunde ganz ruhig.

### Ein Eindruck aus der zweiten Stunde, Jasper ist neun Wochen

Mutter und Sohn kommen zehn Minuten zu spät. Die Mutter entschuldigt sich und kommt herein. Jasper schläft friedlich in der Tragetasche. Die Mutter stellt die Tragetasche neben ihren Stuhl und beginnt, ihren Sohn auszuziehen, was ihn in seinem Schlaf stört. Ich empfinde es nicht als zu warm und nehme die Mutter als ungeschickt und unsensibel wahr. *Vielleicht ist der Mutter die angebotene »Beziehungswärme« zu viel und sie braucht Abstand. Es ist möglich, dass sie die Diskrepanz spürt, denn nach der Stunde ist sie wieder allein mit ihrem Sohn – ein kaltes, dunkles Gefühl.* Ich frage: »Wäre es Jasper zu warm, wenn Sie ihn noch ein Weilchen so ließen?« Die Mutter erwidert: »Ja, es ist so kalt draußen, er würde dann sehr frieren.« Sie öffnet seinen dicken Overall, setzt die Mütze ab und Jasper dreht den Kopf schnell von rechts nach links und wieder nach rechts. Für mich sieht es so aus, als wolle er unbedingt weiterschlafen. Ausgepackt wacht er nun ganz auf, macht Geräusche dabei, die sich quietschend und dann wieder kehlig anhören. Er braucht ein Weilchen, um sich zu orientieren. Seine Äuglein sind nun offen und er schaut irritiert, fast erschrocken in alle Richtungen. Seine Mutter sitzt auf ihrem Stuhl und schaut ihr Kind an, aber sie ist scheinbar zu weit weg für seine Augen. Als Jasper nun zu jammern beginnt, nimmt ihn die Mutter heraus und hält ihn vor sich, schaut ihn an. Jasper aber dreht sein Köpfchen zu mir und lacht. Ich begrüße ihn. Die Mutter wendet daraufhin den Körper des Kindes von mir weg, zu sich, aber der Kleine wendet sich wieder mir zu und strahlt abermals, woraufhin sie ihn wieder von mir ab- und sich zuwendet. Ich fühle mich beklommen. Will die Mutter mich alleine für sich? Will sie, dass ihr Baby nur sie anschaut? Meine Reaktion besteht in deutlicher Zurückhaltung, weil ich sonst die Befürchtung habe, zur rivalisierenden Dritten zu werden und nicht die hilfreiche Dritte sein zu können, die die Mutter-Kind-Einheit schützt. Etwas später in der Stunde sagt die Mutter: »Jasper wirft sich ran an die Brust wie ein Haifisch … wenn er dann so um sich schlägt … ich weiß ja, dass er mich nicht meinen kann mit seinen Schlägen, aber wenn er dann meine Brust voll trifft, die sowieso schon weh tut, dann fühle ich mich so angegriffen und merke, wie ich richtig wütend auf Jasper werde.«

**J:** Können Sie beschreiben, was dem vorausgeht, wie es zu so einer Situation kommt?

**Mutter:** Wenn ich zu lange warte mit dem Stillen und ihn erst anlege, wenn er schreit, dann ist er so heftig. Er haut dann mit dem Arm, der oben liegt, auf meine Brust.

**J:** Da musste der Jasper auch lange warten.

**Mutter:** Hm.

Es entstand eine Pause, in der ich *dachte* (nicht sagte), ja, Säuglinge können heftig sein. Vielleicht kommen diese überschießenden Bewegungen Jaspers durch seinen Hunger. Sie können eine Art Affektabfuhr sein, ausgelöst durch ein Gefühl der Verzweiflung. Denn Jasper weiß noch nicht, dass er gleich gestillt wird. Die Mutter projiziert ihre eigene Gier in ihr Baby und kann im realen Verhalten des Babys nur Ablehnung und Angriff sehen, nicht den Versuch ihres Kindes, sich mitzuteilen. Diese Gedanken kann ich der Mutter zu diesem Zeitpunkt der Behandlung aber noch nicht mitteilen, weil ich in der Gegenübertragung das Gefühl habe, eine feindliche, kritische Dritte zu sein. Nach der Stunde fragte ich mich, was wohl mit dem Selbstbild des kleinen Jungen geschieht, wenn er als Tiger oder Haifisch wahrgenommen wird. Das aktuelle Erleben des kleinen Jasper wird von seiner Mutter nicht adäquat aufgenommen bzw. »gespiegelt«. Vielmehr besteht die Gefahr, dass er die »Realität« der Mutter, den tatsächlichen Zustand seiner Mutter, etwa ihre abgewehrten destruktiven Gefühle, Gier, Hass, als Teil seiner Struktur verinnerlicht und auch zusätzlich das mütterliche Bild von ihm (gierig, gefährlich, räuberisch) als Teil seines Selbst übernimmt. Das Stillen wird als Angriff und Zerfleischen beschrieben. Die natürliche Reaktion Japsers auf Hunger, auf seine natürliche Gier und auch auf seine Angriffslust wird in den Augen der Mutter pervertiert zu einem sadistischen Überfall (Haifisch, Tiger).

## Die nächsten Wochen

Innerhalb der nächsten Wochen intervenierte ich sehr wenig und teilte der Mutter, wenn es sich anbot, mein Beobachtetes vorsichtig mit. Allmählich öffnete sie sich und erzählte mir von der schwierigen Geburt (das Kind war verkeilt, sie hatte nur Erinnerungen an das Nähen) und ihrer Ambivalenz (Ablehnung) gegenüber Jasper. Es wurde deutlich, dass die Mutter seit der traumatischen Geburt ihres Kindes von der Idee ihrer eigenen Minderwertigkeit und des Mangels beherrscht war. Sie hatte Angst vor ihrem eigenen Mangel in der Zukunft und verdarb somit auch die genügend guten Momente. Auch ich als Therapeutin war zeitweise angesteckt von dieser Mangelidee und konnte die Mutter nicht als gute Mutter wahrnehmen. Es wurde klar, dass sie sich den Trost nicht aus ihrem inneren Mutterobjekt holen konnte. Die Mutter hatte eine »Lücke« (Trauma), immer wenn sie etwas »Gutes« in Bezug auf ihr Kind schaffte, z. B. dass sie ein verkeiltes Baby zur Welt brachte oder gelungene Interaktionen mit ihrem Kind initiierte. Genau hier setzte die Intervention an, indem ich ihr meine Beobachtungen mitteilte.

Ich hatte das Gefühl, allmählich *mit* der Mutter und auch *für* die Mutter ein Stück Übersetzungsarbeit für die Zustände des Säuglings leisten zu können. Dies wurde erst möglich, nachdem ich die Projektionen, die von der Mutter ausgingen, aufnahm und sie in der Gegenübertragung spürbar wurden. Die Szene am Anfang, als sich der acht Wochen alte Säugling mir zuwendet und die Mutter ihn von mir ab- und sich zuwendet, zeigte, dass der Säugling aus dem Projektionsfeld heraus wollte. Die Szene zeigte auch, dass Jasper sehr wohl in der Lage war, sich einem Dritten zuzuwenden, aber diese Dreiersituation durfte er noch nicht erleben. Die Mutter konnte einen Dritten noch nicht hineinlassen. Das vorsichtige Zuhören, mein Dasein als haltende und aufnehmende Dritte bewirkte, dass die Mutter allmählich ein Zusammensein zu dritt annehmen und auch benutzen konnte, ohne sich ausgeschlossen zu fühlen oder mich auszuschließen. (Dass sie ein drittes Element in sich hatte und zur Reflexion fähig war, zeigte ihre Beschreibung, ihr Sohn sei »*wie ein* Haifisch, *wie ein* Tiger« – Als-ob-Modus). Wir dachten gemeinsam über Jaspers Verhalten und seine Affekte nach. Die Atmosphäre zwischen uns dreien wurde entspannter und *spielerischer*. Vermutlich entstand der intermediäre Spielraum, weil die Mutter jetzt deutlicher das reale Baby mit seinen vielfältigen, auch liebenden Absichten, sehen konnte. Erst zu diesem Zeitpunkt konnte die Mutter es zulassen, dass der Vater regelmäßig zu unseren Sitzungen kam. Die Mutter konnte nun den Vater als natürlichen Dritten besser dulden. Der Vater wiederum konnte die haltende Funktion als natürlicher Dritter in der Familie übernehmen und seinen Platz finden. Die Mutter fühlte sich nicht mehr so überwältigt von ihrem »Haifisch«-Sohn und ihre Position als Mutter wurde klarer. Die Eltern erzählten, dass das Schreien Jaspers wesentlich besser geworden sei. Jasper sei nun auch oft friedlich wach. Wir besprachen, dass aus zwei Zuständen, von denen sie anfangs erzählte (Schreien oder Schlafen), nun drei Zustände geworden seien – er sei auch manchmal friedlich wach. Nach 16 Terminen verabschiedeten sich die Eltern.

## 4. Risikofaktoren und die Chancen einer frühen therapeutischen Intervention

Der gewalttätige Tom und das Baby Jasper – Welten scheinen die beiden Jungen voneinander zu trennen. Wir wissen nicht viel aus der frühen Zeit von Tom, welche inneren Bilder seine Eltern von ihm hatten, wie sich die frühe

Interaktion gestaltete. All das ist Spekulation. Anzunehmen ist, dass es in dieser Familie nur eine sehr schwache Repräsentation mentalen Lebens gab und seine Eltern nicht vermochten, eine lebendig gelebte Triade zu vermitteln und mit der Realität zu spielen. In Toms Kindheit waren einige sogenannte Risikofaktoren anzutreffen, die in Wechselwirkung miteinander Dispositionen für eine delinquente Karriere ausbilden können: Alkoholismus und Arbeitslosigkeit in der Familie, Disharmonie in der elterlichen Beziehung und auch eine defizitäre Bindung an die Schule und Gleichaltrige sind einige Beispiele. Vielleicht spielten auch ein schwieriges Temperament und neurophysiologische Veränderungen, die mittlerweile recht gut erforscht sind, für Toms wiederholte Gewalttätigkeit eine Rolle.

Jasper hingegen ist das erste Kind zweier Akademiker-Eltern, die sehr um ihren Sohn bemüht sind und aufgrund der beschriebenen Symptomatik psychotherapeutische Hilfe suchten. Diese Eltern waren offen und wollten ihr eigenes Erleben und das Erleben ihres Kindes verstehen. Sie waren bereit, mithilfe der frühen Behandlung projektive Verzerrungen, die zu einer Risikoentwicklung im weitesten Sinne beitragen können, zu erkennen.

Diese besondere Feinfühligkeit und Offenheit in der frühen Elternschaft, die eigene Kindheitserinnerungen lebendig werden lässt, scheinen die Wirksamkeit einer frühen Intervention zu fördern. In der besonderen psychotherapeutischen Situation der SKEPT richtet sich die Aufmerksamkeit der Therapeutin in Anwesenheit der Eltern *auf das Kind*. Das Kind ist die Leitfigur der Szene und führt uns zur unbewussten Dynamik in der Familie. Projektive Tendenzen und Störungen der Interaktion können so beobachtet, affektiv benannt und mit Sinn versehen werden. Die therapeutische Erfahrung entspricht auch hier einer Triangulierungserfahrung, die zur Entlastung führt und trianguläre Prozesse bei den Eltern anregen kann (Cierpka/Windaus, 2007, S. 118).

Ein Kind, das frühzeitig Beziehungen in einem triangulären, dreidimensionalen Raum erleben kann, wird es vermutlich leichter haben, einen inneren Fantasieraum, einen Spielraum auszubilden. Wird es als absichtsvolles, denkendes, wünschendes Wesen wahrgenommen, ist es vermutlich besser in der Lage, spielerisch zwischen innerer und äußerer Realität zu unterscheiden.

## Literatur

Aigner, J.C. (2002): *Der ferne Vater. Zur Psychoanalyse von Vatererfahrung, männlicher Entwicklung und negativem Ödipuskomplex*. Gießen: Psychosozial-Verlag.

Bion, W.R. (1962a): *Learning from Experience*. London: Heinemann.

Bion, W.R. (1962b): A theory of thinking. *Int. Journal of Psychoanalysis, 43*, 306–310.

Bürgin, D. (1998): Psychoanalytische Ansätze zum Verständnis der frühen Eltern-Kind-Triade. In: K. von Klitzing (Hrsg.), *Psychotherapie in der frühen Kindheit* (S. 15–31). Göttingen: Vandenhoeck & Ruprecht.

Cierpka, M. & Windaus, E. (Hrsg.) (2007): *Psychoanalytische Säuglings-Kleinkind-Eltern-Psychotherapie. Konzepte. Leitlinien. Manual*. Frankfurt a.M.: Brandes & Apsel.

Ermann, M. (1985): Die Fixierung in der frühen Triangulierung. *Forum der Psychoanalyse, 2*, 93–110.

Fonagy, P. (1998): *Reflective Functioning Manual*. Version 5, For Application to Adult Attachment Interviews.

Fonagy, P. (2003): Die Bedeutung der Entwicklung metakognitiver Kontrolle der mentalen Repräsentanzen für die Betreuung und das Wachstum des Kindes. In P. Fonagy & M. Target (Hrsg.), *Frühe Bindung und psychische Entwicklung*. Gießen: Psychosozial-Verlag.

Fonagy, P. & Target, M. (1996): Playing with reality I: Theory of mind and the normal development of psychic reality. *Int. Journal of Psychoanalysis, 77*, 217–233.

Fonagy, P. & Target, M. (2000): Playing with Reality III: The persistence of dual psychic reality in borderline patients. *Int. Journal of Psychoanalysis, 81*, 853–873.

Fonagy, P. & Target, M. (2006): *Psychoanalyse und die Psychopathologie der Entwicklung*. Stuttgart: Klett-Cotta.

Fraiberg, S. (1982): Pathological Defenses in infancy. *Psychoanalytic Quarterly, 51*, 612–635.

George, C., Kaplan, N. & Main, M. (1985): *The Adult Attachment Interview Protocoll*. Unpublished Manuscript. University of California: Berkeley.

Gergely, G. & Watson, J. (1996): The social biofeedback model of parental affect mirroring. *Int. Journal of Psychoanalysis, 77*, 1181–1212.

Israel, A. (2007): *Der Säugling und seine Eltern*. Frankfurt a.M. Brandes & Apsel.

Israel, A. (2011): Das Dritte in der inneren und äußeren Welt des Kindes, dargestellt am Beispiel einer Säuglings-Eltern-Psychotherapie. In P. Diederichs, J. Frommer & F. Wellendorf (Hrsg.), *Äußere und innere Realität* (S. 239–257). Stuttgart: Klett-Cotta.

Jokschies, G. (2005): *Bindungsrepräsentationen und metakognitive Fähigkeiten bei jugendlichen und heranwachsenden Gewalttätern*. Dissertation FU Berlin. URL: http://www.diss.fu-berlin.de/2005/253/ (Stand: 29.05.14).

Klein, M. (1935): A contribution to the psychogenesis of manic-depressive states. In: *Love, Guilt, and Reparation and Other Works: The writings of Melanie Klein* (S. 262–289). London: Hogarth 1975.

Klitzing, K. von (1999): Child development and early triadic relationships. *Int. Journal of Psychoanalysis, 80*, S. 71–89.

Klitzing, K. von (2000): Repräsentanzen der Vaterschaft, Triadische Fähigkeit und kindliche Entwicklung. In H. Bosse & V. King (Hrsg.), *Männlichkeitsentwürfe. Wandlungen und Widerstände im Geschlechterverhältnis*. Frankfurt, New York: Campus Verlag.

Klitzing, K. von (2002): Frühe Entwicklung im Längsschnitt: Von der Beziehungswelt der Eltern zur Vorstellungswelt des Kindes. *Psyche – Z. Psychoanal., 56* (Sonderheft September/Oktober), 863–887.

Lazar, R.A. (1986): Die psychoanalytische Beobachtung von Babys innerhalb der Familie. In J. Stork (Hrsg.), *Zur Psychologie und Psychopathologie des Säuglings*. Stuttgart, Bad Cannstatt: frommann-holzboog.

Mc Dougall, J. (1989): *Théatre du corps*. Paris. (Dt.: Theater des Körpers. Ein psychoanalytischer Ansatz für die psychosomatische Erkrankung. Stuttgart: Verlag Internationale Psychoanalyse).

Metzger, H.-G. (2002): Zwischen Dyade und Triade. Neue Horizonte und traditionelle Rollen für den Vater. In K. Steinhardt, W. Datler & J. Gstach (Hrsg.), *Die Bedeutung des Vaters in der frühen Kindheit* (S. 29–42). Gießen: Psychosozial-Verlag.

Metzger, H.-G. (2008): *Psychoanalyse des Vaters. Klinische Erfahrungen mit realen, symbolischen und phantasierten Vätern*. Frankfurt a.M.: Brandes & Apsel.

Segal, H. (1957): Notes on symbol formation. *Int. Journal of Psychoanalysis, 38*, 391–397.

Winnicott, D.W. (1971): *Playing and reality*. London: Tavistock.

Winnicott, D.W. (1989): *Vom Spiel zur Kreativität*. Stuttgart: Klett-Cotta.

# »Ungeheuerlich«

## Mit Winnicott durch die Welten von Milnes *Winnie the Pooh* und Wattersons *Calvin & Hobbes*

*Ulrich A. Müller*

> *»Ungeheuer ist viel. Doch nichts ungeheurerer als der Mensch.«*
>
> Sophokles: Antigone

Bevor ich mich ins Zentrum meines Beitrags begebe, möchte ich ein paar Überlegungen vorausschicken, die m.E. sehr eng an den Darstellungen von Winnicott orientiert sind, die jedoch auch zu Missverständnissen verleiten könnten.

In unserer analytischen Arbeit werden wir durch die Geschichten unserer Patienten oft zu Zeugen von äußerst dramatischen und existenziellen Situationen. Es stellt sich dann die Aufgabe, mit dem Erleben der Patienten mitzugehen, wie zugleich dabei die nötige Distanz zu halten, um die ergreifende Dynamik von einem externen Standpunkt betrachten zu können.

Ich habe mir nun im Folgenden etwas vorgenommen, wodurch ich mich unter anderem auch durch die Arbeiten von Winnicott herausgefordert sah: Die analytische Arbeit mit Kindern und Jugendlichen hinterlässt beim Therapeuten im gleichen Zug oft Spuren tiefer Trauer und ruft ein Erstaunen darüber wach, wie es vielen der Patienten gelingt, die schwierigen Situationen zu bewältigen – nicht unbeschadet, aber doch zuversichtlich. Dass sie diese oftmals schweren Krisen bewältigen, sehe ich als Ausdruck einer psychischen Leistung, die auch für die weitere analytische Arbeit Hoffnung macht. Oft muss ich hierbei auch über Umstände lachen, die mich vorher mit den Patienten betrübt haben.

Wenn ich mich daher im Folgenden damit beschäftige, wie sich dramatische Erfahrungen in Literatur und Bild in komische oder oft auch amüsante Worte und Bilder übertragen lassen, so ist dies der Haltung geschuldet, dass die Dramatik in der nachträglichen Bearbeitung oft einen anderen Zug bekommt, der mir ebenso wichtig ist wie der Nachvollzug des Dramas. Ich halte dies für eine wichtige Form der nachträglichen Bearbeitung konfliktreicher Erlebnisse, die ich auch als ausgesprochen bereichernd erlebe. Winnicott bezieht sich womöglich aus ähnlichen Gründen manchmal auf *Winnie The Pooh* von A.A. Milne oder auf die *Peanuts* von Charles M. Schulz, weil er – so glaube ich – in den Darstellungen dieser beiden Schrift- und Bildsteller das innere Erleben der Kinder wiedererkennt. Vielleicht kennen Sie die »schweren« Gedanken, die sich Snoopy manchmal auf dem Dach seiner Hütte macht, Charlie Browns verzweifelte Versuche, seine depressiven Verstimmungen zu bekämpfen, oder Linus mit seiner Decke, die zweifellos für viele Betrachter die erste anschauliche Darstellung eines Übergangsobjekts gewesen sein mag.

Das ursprüngliche Erleben und seine Wiederholung in einem Text oder auch im Bild erzeugen nicht zwangsläufig die gleichen Affekte. Freud weist darauf hin, dass uns die Wiederholung auch oft komisch vorkommen könne. Die Dramatik der Märchen, so führt er an, macht nicht unbedingt Angst, doch sie lässt Erinnerung wach werden an Ängste, die überwunden sind.

Für mich tritt dabei noch etwas hinzu, was Freud als das »Prinzip der Ersparung« im Witz bezeichnet hat (vgl. Freud, 1905c, S. 133). Ich bin überzeugt, dass manche erhellende Einsicht in der Pointe einer kleinen Anekdote unmittelbarer gewonnen werden kann. Für Freud hat dies seinen Grund in der Umgehung der Zensur, die durch das Komische subvertiert wird und uns hierdurch auch oftmals die Lektüre längerer Abhandlungen ersparen kann.

## Heimat ist geheuer

Lassen Sie mich ein Wort von Winnicott an den Anfang stellen, das Ihnen womöglich befremdlich vorkommt, weil es in Widerspruch tritt zu dem Thema, das der Tagung ihren Titel gab: »Home is where we start from.« Heimat ist unser Anfang – und dass wir davon ausgehen können, ist eine Grundvoraussetzung, die es überhaupt erst möglich macht, auch gehen zu können. Dass dies keine Selbstverständlichkeit ist, wird aus den Erfahrungen des Kinderanalytikers deutlich, der aus seinen Behandlungen weiß, dass ein zerrüttetes, unsicheres Heim kein guter Ausgangspunkt dafür ist, sich nach draußen zu begeben.

Kürzlich kam eine Mutter mit ihrer vierjährigen Tochter in meine Praxis, um von mir eine Diagnose zum Zustand ihres Kindes zu bekommen, weil sie selbst jahrelang unter einer Essstörung gelitten habe und jetzt befürchte, die Tochter habe es womöglich von ihr »geerbt oder so«. Im Verlauf der Probatorik zeigte sich, dass sich das freundliche Mädchen bei mir sehr liebenswürdig benahm. Sobald die Mutter auftauchte, schmiegte sie sich aber an sie und behandelte mich ziemlich mürrisch. Ohne das mimische Einverständnis der Mutter hätte ich vermutlich überhaupt keinen Zugang zu dem Kind bekommen, wurde mir klar.

Nun, ich kürze ab, im Gespräch mit beiden Eltern zeigte sich, dass der psychotherapieskeptische Vater beschrieb, wie er regelmäßig, wenn er heim kam, die Mutter in einem schwermütigen Zustand antraf, während die Tochter entweder aufgeregt um sie herum hüpfte und versuchte, ihre Mutter bei Laune zu halten, oder zurückgezogen und apathisch in einer Ecke des Zimmers bei der Mutter saß, während die Mutter mit ihrem Smartphone spielte.

Er wisse gar nicht, ob da eine Therapie für die Tochter nützlich sei, äußerte sich der Vater vorsichtig, weshalb er sich auch gefragt habe, ob er überhaupt zum Elterngespräch mitkommen solle. Nicht schwer zu prognostizieren, dass das Mädchen es schwer haben würde, von zu Hause zu starten, weil sie sich im Grunde den Raum für eine eigene Entwicklung nicht zugestehen konnte, solange sie sich um den Zustand der Mutter Sorgen machte, die ja wohl nicht gut für sich selbst sorgen konnte. Die Mutter gestand ein, dass sie oft in Depressionen versinke und ihr dann im Haushalt nichts mehr gut gelinge. Sie fühle sich von ihrer Umgebung im Stich gelassen.

Das Heim als Ausgangspunkt für weitere Entwicklungsschritte steht dem Mädchen nur sehr rudimentär zur Verfügung. Um sich von der Parentifizierung zu lösen und sich so aus ihrer Mutterumklammerung herauswinden zu können, bräuchte sie eine belastbare Beziehung, von der aus sie dem Impuls zur Exploration der Welt außerhalb dieses Heims folgen könnte.

Es fehlt der Kindsmutter die Fähigkeit, Halt geben zu können, da sie sich selbst offensichtlich in Krisen im Stich gelassen erlebt. Zweifellos ist eine der zentralen Erfahrungen, die Winnicott zwischen Mutter und Kind als fundamental für eine reife Entwicklung – ja vielleicht sogar für das psychische und psychosoziale Überleben – ansieht, »das Halten«. Das »Gehaltenwerden« ist der paradoxe Ausgangspunkt, um sich den Übergang erarbeiten und später gehen zu können. Das Gehaltenwerden verleiht dem Kind die notwendige Schwerkraft als Ausgangspunkt, um in dieser Welt zur Mutter als Primärobjekt, zu sich selbst als »Ich bin« und zu allem, was da noch kommen wird, finden zu können.

## Übergang braucht Ausgang

In die Welt gehen zu können, das findet bei *Winnie the Pooh* seinen Ausdruck in dem Plan, eine Expedition an den Waldrand und darüber hinaus zu unternehmen. Das, »was da noch kommen wird«, zeigt sich darin, dass die Beziehung zwischen Christopher Robin und seinem Bär stetig durch das Hinzutreten weiterer sprechender Tiere mit neuen unbekannten Eigenschaften bereichert wird. Diese Erweiterung der Gesellschaft bringt somit neue Charakteristika, d.h. Lebenserfahrungen mit in den Wald von Christopher Robin. Beim Lesen der ersten Passagen des Buches fällt jedenfalls auf, dass nicht nur das »Ich« (des Erzählers, des Bären, von Christopher Robin) sich erst allmählich zu einer Figur zu entwickeln beginnt. Auf den ersten Seiten geht es um oftmals verwirrende Identitäten, die sich erst noch bilden müssen. Der Bär muss sich erst finden. Es treten merkwürdige Vexierbilder auf, weil die Identitäten noch unmittelbar ineinander verstrickt und noch nicht getrennt sind. So wie ein sechsjähriger Junge, der mir gerade noch seine Angst eingestanden hat, mich zu beschämen versucht, indem er mich unmittelbar daraufhin als »ängstliches Hühnchen« bezeichnet. *Paradox: Das Heim hält uns und ermöglicht uns daher, gehen zu können.*

## Das Unheimliche ist nicht geheuer

Im Heim ist uns heimelig. Doch es tauchen bereits Widersprüche auf, wenn wir dieser lautlichen Verschiebung aus dem Mittelhochdeutschen folgen und die gebräuchliche zeitgenössische Ableitung gebrauchen: heimlich. Heimlichkeit war auch das immanente Thema in der Vignette, die ich gerade beschrieben hatte. Das vertraute Heim schafft Ge-Heim-nisse. Und die Kinder, die zu uns in die Praxis kommen, erweisen sich oft als »offene Bücher«, die uns Einblick in das Heimliche, Heimelige gewähren, weil sie zur freien Assoziation im Wort und im Spiel aufgefordert werden. Aus dem Heimeligen wird ein Heimliches und durch den Kontakt mit einem unbekannten Fremden kann sich manchmal das Heimliche zum Unheimlichen wenden.

Folgen Sie mir kurz in die *Etymologie*, wo ich mit Ihnen den Bildungen des Wortes »Heim« einmal kurz nachgehen möchte.

Freud hat in seinem aufschlussreichen Essay über »Das Unheimliche« (am Beispiel von E. T. A. Hofmanns Erzählung *Der Sandmann*) diesen Weg schon für uns gebahnt. Nach einer Recherche in mehreren Sprachen und etymologischen Studien unter anderem bei Jacob und Wilhelm Grimm schlussfolgert er: »Also heimlich ist ein Wort, das seine Bedeutung nach einer Ambivalenz hin entwickelt, bis es endlich mit seinem Gegensatz unheimlich zusammenfällt. Unheimlich ist irgendwie eine Art von heimlich« (Freud, 1919h, S. 237). Dieses Ergebnis seiner Überlegungen hält Freud bewusst recht vage (»irgendwie eine Art«), um die Ambivalenz nicht an ihrer Entfaltung zu hindern.

Das Heimliche enthält im Grunde schon sein Anderes, so wie einige Worte eben unmittelbar an ihren Gegensinn erinnern (z. B. »tief« einerseits im Sinne von bedeutungsvoll, anderseits im Sinne von minderwertig. Freud selbst bezieht sich auf die lateinischen Adjektive altus [hoch/tief] und sacer [heilig/verdammt]). Die Vorsilbe ist oft nur noch Ausdruck einer Signifikation der Ambivalenz, die im Grunde schon im Wortstamm offenbar wird. Das Allzuvertraute wird zur belastenden Einschränkung – verdächtig sogar.

Nun lautet meine Überlegung, dass sich im Grunde schon mit dem Gebrauch eines Wortes – in seiner Ambivalenz – ein Übergang anzeigt, der jedoch noch nicht völlig vollzogen ist. *Schon der Gebrauch des Wortes ist das Überschreiten der unmittelbaren Erfahrung*. In der Heimlichkeit deutet sich bereits das Unheimliche an.

Das Geheuerliche kann die Bezeichnung seines Gegensinns an sich selbst kaum verbergen. Obwohl wir doch einen Wortstamm haben, so verweist das Geheuer doch unumgänglich auf das Andere an sich selbst. Dies ist aber gerade nicht die Negation. Das ist kein polarer Gegensatz, sondern eine *Ambivalenz in der Erfahrung des Übergangs* selbst, die im Gebrauch des Wortes zum Tragen kommt: Geheuer – Ungeheuer.

## Der intermediäre Raum erschließt den Gegensinn: das Ungeheuerliche im Geheuren.

Das Geheuer und das Ungeheuer sind ohne einander nicht zu denken, behaupte ich. Dies gilt auch für das Übergangsobjekt. Das Übergangsobjekt ist nicht die einfache Negation des Ich oder des Objekts, sondern vielmehr eine Art von Andersheit, die durch die Lust des Kindes auf ein Anderes hin geformt wird. Winnicott spricht zwar wiederholt vom »Nicht-Ich« oder auch »Nicht-Ich-Besitz«, doch er folgt dabei nicht der Substanzlogik der »Ich-Psychologie«. Übergang ist Kreation und daher eben gerade Ausgangspunkt von Objekt und Ich. Vielmehr entfaltete sich seine zentrale Überlegung in der Skizzierung des »intermediären Raums«, der vom Kind geschaffen wird, wenn ihm dafür Platz ermöglicht wird. Dieser Raum schafft gleichsam eine Beziehung zwischen Imagination und Realität und ermöglicht dadurch deren Unterscheidung. Die Illusion verschafft Platz für bis dahin ungeheuerliche Einsichten – ungeheuerlich, weil undenkbar bis dahin.

*Es ist hier gerade nicht der Schlaf der Vernunft, der Ungeheuer gebiert, es ist die durch die Illusion eingeleitete und glückende Entwicklung, die ihren Ausweg aus dem Bannkreis der mütterlichen Vernünftigkeit sucht und sich dabei selbst geschaffenen Ungeheuerlichkeiten (vor)stellt. Dieser Übergang erfordert Zuversicht und Mut. Die Mutter muss dem Kind zutrauen, was sich das Kind zumutet. (Ungeheuer sind eine Zumutung, die vom Kind selbst geschaffen werden.)*

Dass Aggression hierfür notwendig ist, werden wir im weiteren Fortgang noch hören.

Winnicott sieht diesen »Zwischenbereich« in tradierten philosophischen Arbeiten berücksichtigt, in der Theologie in der Transsubstantiationslehre dargelegt. Um aber die Bedeutsamkeit des intermediären Raums im Leben des Kindes zu verstehen, müsse man »die zentrale Stellung von *Winnie the Pooh* anerkennen« (Winnicott, 1993, S. 7). An anderer Stelle bekennt er sich – beinahe schon provokant – zu den Schöpfungen von Schulz (*Peanuts*) und Milne, weil sie der »Magie des Schöpferischen« in der Welt der Kinder zur Geltung verholfen hätten. Diese Welten gleichen sich insofern, als darin Tiere ein Eigenleben entwickeln und zum Sprechen gebracht werden. Dies kennen wir auch aus den Märchen. Diese Tiere sind aus dem häuslichen Umfeld bekannt, zeigen jedoch eigenartige Charakteristika, die sie als unheimlich erscheinen lassen. Sie sind schon vertraut und daher nicht recht fremd. Sie sind jedoch unheimlich, weil sie etwas Neues ins Haus mitbringen.

Die intermediären Lebensräume für Tiere bewegen sich zwischen Heim und Nicht-Heim. Sie sind als Haustiere geheuer, können jedoch durch ihre Eigenheiten zu Ungeheuern werden. In der Vorstellung vom Eigenleben des Tieres verschafft sich der Übergang einen Ausdruck.

Ich behaupte, dass Übergangsobjekte und Übergangsräume eine beruhigende Funktion haben, zugleich jedoch auch eine gefährliche und bedrohliche Wirkung auf das Kind haben können. Das Beruhigende und aggressiv Bedrohliche wird vom Kind selbst geschaffen. Beides zugleich stößt dem Kind oft willkürlich zu und weckt im gleichen Zuge sein Interesse: Ungeheuer! Die Kreaturen sind anziehend, weil sie vom Bekannten etwas mitbringen und unbekanntes Neues hinzuführen. Diese Geheuer verschaffen Lust und machen doch auch Angst als Ungeheuer.

Das Paradox, dessen Anerkennung Winnicott einfordert, liegt darin, dass das Kind etwas sucht, was ihm bereits zugestoßen ist. Das, was ich erkenne, hat mich bereits in seinen Bann geschlagen. Winnicott selbst schreibt hierzu:

> »Man kann vom Übergangsobjekt sagen, es sei gleichsam zwischen uns und dem Baby die Frage ausgemacht: ›Hast du dir dies ausgedacht, oder ist es dir von außen dargeboten worden?‹ Das Wichtige ist, dass in dieser Hinsicht keine Entscheidung erwartet wird. Die Frage soll nicht gestellt werden« (Winnicott, 1983, S. 315f.).

Das ist meines Erachtens eine wesentliche Frage, die die Beziehung des Kindes zu seiner Umgebung grundlegend betrifft. Auch wenn die Frage nicht dem Kind zu stellen ist, sollten wir selbst uns ihr stellen. Denn diese Frage ist eine ungelöste erkenntnistheoretische: »Wie wird etwas für uns bedeutungsvoll?«, und: »Geben wir uns damit nicht auch selbst eine Bedeutung, indem wir Bedeutung schaffen?«

Es gibt darauf keine einfache Antwort, denn wir finden kein Bindeglied zwischen der subjektiven Einsicht und der äußeren Realität. Die illusionäre Aneignung des Erlebten als eigene Erfahrung verschafft dem Kind einen eigenen Raum, in dem es sich erst zu seiner Umgebung in Beziehung zu setzen beginnt. Mir scheint, dies ist eine bedeutende Entdeckung von Winnicott, die über die magische Welt des Kindes hinausreicht.

## Übergang ohne Subjekt: Das Kind verschafft sich selbst einen Platz im Übergangsraum

Winnicott, vermute ich, geht von der unbewussten Verschränkung des kindlichen Begehrens mit dem elterlichen Wunsch aus. Hatte das Kind bislang seinen Platz im Begehren der Eltern, so beginnt es allmählich, sich einen eigenen Raum und damit einen eigenen Platz zu schaffen. Insofern kann die Bildung eines Übergangsraums auch als erster Versuch verstanden werden, sich aus dem Heimlichen zu lösen, um sich dem Anderen des Heimlichen – dem Un-heimlichen – zuzuwenden. Die Mutter bietet sich dem Kind als Hilfe an und wird im Laufe der Entwicklung durch den Vater wieder von dem geliebten Kind getrennt, während das Kind die Mutter annimmt und als einzigartige Beziehung für sich bedeutungsvoll werden lassen kann. Im gleichen Zug, da es die Mutter als bedeutungsvolles Objekt erkennt, wird es dieses prägende Miteinander auch als bedeutungsvollen Verlust eines selbstständigen Objekts erfahren und diesen Verlust auch betrauern müssen. Kausale Ursache-Wirkungs-Mechanismen verstellen die Einsicht, um diese komplexen Beziehungsmodalitäten erfassen zu können, weil Kind und Mutter in das Miteinander ebenso einstimmen müssen, wie beide aus unterschiedlichen Positionen dem Übergang Raum zur Entfaltung und zur Trennung geben müssen. »So etwas wie ein Baby gibt es [bis dahin] gar nicht« (Winnicott, 1983, S. 130). Solange Mutter und Kind sich nicht gegenseitig Raum geben, kann das Kind sich selbst auch nicht in einem Übergangsraum erfahren.

In meiner eingangs aus der klinischen Praxis skizzierten Beziehung zwischen Mutter und Kind ist ein solcher Raum solange nicht denkbar, wie die Mutter nicht in der Lage ist, ihre Depression selbst zu bearbeiten. Stattdessen gesteht sie sich ein, wie sehr sie ihre Tochter oftmals brauche, um sich über den Tag retten zu können. Der Vater ahnt etwas davon. Die Bedeutung des Gesprächs mit mir ist ihm aber nicht einsichtig, weil er sich selbst dabei ebenso hilflos erlebt wie seine Tochter und noch tiefere Verstrickungen dadurch befürchtet. Er hat für sich eine andere Lösung gefunden, indem er seine Tochter »schnappt« – wie er sagt – und sich mit ihr am späten Nachmittag auf Achse begibt, sei es mit dem Auto oder auf dem Traktor, auf dem er mit ihr die Felder pflügt. Diese Lösung kann freilich nur eine vorübergehende Möglichkeit sein, Spielräume zu erschließen, weil sie die Dynamik in der kleinen Familie nicht nachhaltig verändert. Das Mädchen wird im Grunde von der Mutter nicht freigegeben, sondern vom Vater der mütterlichen Welt entrissen. Sicher ein Anfang auf dem Weg des Kindes zur Entwicklung eines Übergangs. Doch auch in Abwesenheit der Mutter bleibt es weiterhin das Selbstobjekt der Mutter, weil es von der Sorge um die Mutter umfangen ist. Das Mädchen kann kaum alleine schlafen und wacht nachts oft auf, geängstigt von heftigen Albträumen.

Die Ängste des Mädchens sind Ausdruck seiner Sorge um die Mutter, zugleich markieren sie aber auch den Kräfte zehrenden Konflikt, sich in der Nacht nicht lösen zu können und sich die Entwicklung eigener Räume zu versagen. Die Angst um die Mutter verstellt die Möglichkeit, sich der Welt zu stellen.

Der Konflikt ist freilich ein Indikator dafür, dass Entwicklung möglich ist. Und das Anliegen der Mutter, in meiner Praxis Hilfe zu suchen, ist ein bedeutender Hinweis dafür, dass sie selbst diesen Konflikt erkennt und womöglich auch unbewusst als eigenen Konflikt versteht. Es mag der Mutter womöglich mit ihrer eigenen Mutter ähnlich ergangen sein.

## Übergänge: Der Spielraum der Illusion

Winnicott schreibt:

> »Es ist üblich von der ›Realitätsprüfung‹ zu sprechen und zwischen Apperzeption und Perzeption deutlich zu unterscheiden. Ich setze mich hier ein für einen Zwischenzustand zwischen der Unfähigkeit und der wachsenden Fähigkeit eines Kindes, die Realität zu erkennen und zu akzeptieren. Ich untersuche daher das Wesen der *Illusion*, jenes Raumes, der dem Kleinkind zugebilligt wird und dem im Leben des Erwachsenen Kunst und Religion zugehören. [...] Es geht mir um den ersten Besitz und um den Zwischenbereich zwischen dem Subjektiven und dem, was objektiv genommen wird« (Winnicott, 1983, S. 302).

Unheimlich sind dem Mädchen die eigenen Träume, in denen es seine Erlebnisse vom Tage verarbeitet. In ihren Träumen, so ist zu vermuten, versucht sie, ihre Konflikte vom Tag zu bewältigen, und folgt dem Weg in die intrapsychische Welt der Mutter, die von der eigenen Innenwelt noch ungetrennt scheint. Sie folgt dem Weg, weil sie davon verfolgt wird. Der Versuch der Verarbeitung ist zugleich ein durchaus einleuchtender wie auch ein beängstigender Weg. Schließlich sind unsere Träume auch Wunscherfüllungen. Die Ängste, die daraus folgen, können also durchaus einen Anhaltspunkt liefern, dass der Traum einem Impuls folgt, dem Ungeheuerlichen nachzugehen. Dabei sind Traum und Illusion nicht miteinander zu verwechseln.

Ich meine, dieses Motiv des Ungeheuerlichen in der kindlichen Fantasie wiederholt vorzufinden, und sehe mich auch durch Winnicotts Referenzen auf A. A. Milne bestätigt.

Die Ambivalenz des Übergangs finden wir in der Welt von *Winnie the Pooh*, in der sprechende Tiere auf eine Weise zueinander finden, die auch eine magische Wirkung auf den Leser oder Zuhörer ausübt. Im Mittelpunkt der Geschichten steht Christopher Robin, der sich seinen Freunden zuwendet, wenn er beispielsweise »müde vom vielen Rechnen« ist. Seinen Anfang nimmt die Geschichte bei einem unbekannten Ich-Erzähler, der Christopher Robin eine Welt eröffnet, in der er mit seinem Bären eine wichtige Rolle spielt.

Im Weiteren scheint die Autorschaft der Geschichten auf den Jungen überzugehen, denn der Ich-Erzähler verschwindet dahinter. Es kommen weitere Tiere hinzu. Die Welt wird vertrauter, die Fauna wird dabei jedoch exotischer. Neben *Kaninchen*, *Ferkel, I-Ah* und *Oile* kommen *Känga* mit *Ruh* und *Tieger* hinzu. Da ist freilich nur wenig Destruktives, ohne das aber die Objekte des Übergangs nach Winnicott kaum zu denken sind.

Ich erlaube mir, Ihnen über *Pooh den Bären* hinaus noch einen kleinen Einblick in die Bildergeschichten von Watterson zu geben, der mit seinem Kind-Tier-Paar *Calvin und Hobbes* einen Einblick in kindliche Übergangswelten ermöglicht hat, die unmittelbar ersichtlich werden lassen, was sich der theoretischen Aneignung oft nur nach arbeitsreicher Lektüre erschließt. Wo bei Milne noch die romantische Seite der Übergangswelten im Vordergrund steht, werden von Watterson zugleich auch die destruktiven und die oft ängstigenden Aspekte sichtbar gemacht. Wo bei Milne die Tiere den kindlichen Erzähler amüsieren und unterhalten mit ihren Einfällen, geht von der Fantasie des kleinen Calvin eine ungeheuer destruktive Kraft aus, die sich in seinen Fantasien und den Aktivitäten seines Kuscheltigers widerspiegelt. Watterson sagt von sich selbst, dass er in den Peanuts wichtige Vorbilder gefunden habe. Der Bezug von Watterson zu Milne freilich ist nicht belegt, wenn mir auch scheint, er springt dem Leser förmlich ins Auge.

Wenn Aggressionen eine wichtige Funktion für die Schaffung von Übergangsräumen haben, dann finden wir sie bei Milne nur eher sehr versteckt, bei Watterson lässt sich hingegen das umwerfend Destruktive an der Illusion entdecken. Das Tier, das bei Milne noch zum Vergnügen von Christopher Robin den Wald mit freundlichem Leben erfüllt, verwandelt sich in den Bildergeschichten von Watterson oft auch zu einem Monster, das seinen Schöpfer selbst bedroht. Calvins Fantasien sind derart bestürzend, dass sie ihn selbst oft ängstigen. Diese Fantasien des Kindes ermöglichen ihm, einen Übergang zu finden, doch sie peinigen seinen Schöpfer im gleichen Zuge selbst, weil auch ein Tier, das zu sprechen und selbstständig zu handeln beginnt, bedrohlich werden kann. Der Betrachter sieht dabei zu, wie das Vergnügen mit dem Tier in Panik umschlagen kann, weil der kindliche Schöpfer von der Lebendigkeit seiner Geschöpfe überzeugt ist.

## Kind und Tier: *Calvin & Hobbes*

Kinder und Tiere zusammenzuführen ist nicht neu. Freud hat sich darüber am Rande seiner Studie über die Bedeutung des Totemtiers geäußert und die Bedeutung des Animismus für die Kultur der »Vorzeit« hervorgehoben – nicht ohne uns damit auch zu verdeutlichen, dass diese Wurzeln letztlich auch unsere weiteren Erfahrungen mit unserer Realität prägen (vgl. Freud, 1912-13, S. 93ff.). Die Verlebendigung von toten Gegenständen wird vom aufgeklärten Rationalismus gerne als unsinnig abqualifiziert. Es sind jedoch nicht alleine die Kinder, die daran auch weiterhin hartnäckig festhalten. Unter anderem belegt die Wirksamkeit von Placebo und Nocebo diese Hypothese.

Es ist m. E. eine der zentralen Einsichten von Winnicott, dass unsere Erfahrung der Welt ihre Wurzel in diesen notwendigen Illusionen zwischen äußerer Realität und innerer Vorstellungswelt hat. Die Entdeckung des Übergangsraums kann für jeden weiteren Erfahrungsgewinn beansprucht werden.

Die Vorstellung beseelter Gegenstände ist ein wichtiges Moment in der illusionsgeschwängerten Schöpfung von Übergangsräumen. Der Animismus kommt darin wieder zu seinem Recht. Letztlich wissen wir jedoch aus der Epistemologie, dass die Unterscheidung zwischen toten und lebendigen Objekten auch nur eine wissenschaftsgeschichtlich vergängliche Konstruktion des 19. Jahrhunderts ist, um die Realität ein wenig besser ordnen zu können.

Zurück zu den Bilderwelten:

Lernten sich Christopher Robin und Pooh zunächst über die Lust des Bären auf Honig kennen, so geht Hobbes Calvin in der ersten Bildergeschichte in die

Falle, weil er ihn mit einem Thunfischsandwich dorthin gelockt hat. Hobbes ist ein Tiger und der folgt wie auch ein Bär seinem Hunger und muss sich daher eingestehen, dass ihn dies »irgendwie dumm« mache. Pooh führt sich ein, indem er dem Summen der Bienen folgt, die ihn sicherlich zum Honig führen würden. Auch er muss bald feststellen, dass er nur von geringem Verstand sei. Er folgt eben lediglich seinem Hunger und kann weitereichenden Zusammenhängen nicht unmittelbar folgen. Die Befriedigung des Hungers und die orale Gier bilden das Ausgangsmotiv für die Verlebendigung in beiden Geschichten.

*Was für ein Übergang!* Tiere, die davon sprechen können, dass alleine dem Hunger zu folgen zwar nicht gerade besonders klug ist, aber eben doch wohl notwendig. Tiere, die für ihre orale Gier Worte finden, bieten dem Kind einen ersten Raum, Trieb und Realität zu unterscheiden und doch wieder ineinander zu verschränken.

Die Einführung des *Tiegers* im Wald des Bären Pooh stellt neben dem Auftauchen von *Känga mit Ruh* schon ein exotisches Ereignis dar. Beide Tiergattungen müssen sich dafür von den heimischen Tieren auch einige xenophobe Angriffe gefallen lassen, aus denen sie letztlich gestärkt hervortreten.

Hobbes – gewissermaßen der zeitgenössische Nachkomme von *Tieger*, auch wenn sein Name nicht mit der Gattung identisch ist, sondern einer historischen Figur des 16. Jahrhunderts entlehnt ist – findet in Calvin sein Gegenüber, dessen Gedanken er entstammt. Diese kollusive Beziehung des Paares *Calvin & Hobbes* wird von Watterson bewusst durch die Hinzuziehung historischer Signifikanten unterstrichen. Auch wenn sich Calvin und Hobbes historisch nie begegnet sind, so sind sie doch Protagonisten eines heftigen Widerstreits, der den angloamerikanischen Raum bis in die Gegenwart beherrscht: Während die politische Vernunft historisch durch Thomas Hobbes repräsentiert wird, steht Calvin für ein säkularisiertes Glaubensverständnis, das im englischsprachigen Raum großen Einfluss hatte. Watterson meint, sie hätten sich gebraucht, um durch den jeweils anderen die eigene Bedeutsamkeit hervorzuheben Das Ich braucht ein Du, um sich als Ich verstehen zu können. Calvins Glaube schafft eine Welt, die den utilitaristischen Hobbes erst möglich werden lässt. Dieser giert nach Nahrung und Lustgewinn, weil jener es sich von ihm so ausgedacht hat.

Dass Hobbes ins Leben von Calvin tritt, weil er seiner oralen Gier folgt, habe ich Ihnen bereits beschrieben. Hobbes zeigt jedoch seine Vitalität nur, wenn er mit Calvin allein ist.

Jede weitere Person, die hinzukommt, lässt ihn zu einem Stofftiger werden, dessen Bedeutung so leer wie seine Knopfaugen erscheint. Der Zeichner macht uns deutlich, dass im Grunde der hinzutretende Dritte nicht sehen kann, welche Beziehungen das Kind in seiner inneren Welt, die zur äußeren Übergangswelt wird, entfaltet hat. Für den Erwachsenen ist das Übergangsobjekt des Kindes meist ein »nichtssagender Gegenstand«, während dieser »Gegenstand« zu dem Kind »spricht«, weil das Kind dieses Sprechen möglich gemacht hat. Die Verlebendigung des toten Objekts durch das Kind verschafft ihm die glühenden Augen des wilden (Un-)Tiers. Diese Komplexität der inneren und äußeren Welten eines Kindes wird durch Watterson ins Bild gesetzt.

Selbstverständlich ist das eine Illustration animistischer Vorstellungen, doch gerade diese Vorstellungskraft ist m. E. Ausgangspunkt für die Fähigkeit des Kindes, Übergangsobjekte entwickeln zu können. Freud sieht im Animismus eine notwendige Phase, die aus der »Allmacht der Gedanken« hervorgeht und von der »narzisstischen Überschätzung der eigenen seelischen Vorgänge« begleitet wird. Hier will sich der Schöpfungswille gegen den »unverkennbaren Einspruch der Realität durchsetzen« (Freud, 1919h, S. 253).

Diese narzisstische Größenfantasie schafft Geheuer, die ungeheuer werden, solange sich die Realität noch nicht ausreichend Geltung verschaffen konnte.

Dies ist ebenso notwendig wie gleichsam grauenerregend. Es spielt sich aber alles im Übergangsraum ab. Insofern ist der Übergangsraum zwar auch von dem Motiv angetrieben, sich der Realität zu stellen, doch die Bewährung steht im Grunde noch aus. Aufgrund seiner narzisstischen Schöpfungen beginnt sich das Kind zu überschätzen, ist beeindruckt von seinen neu entdeckten Fähigkeiten. Erst im Zuge dieses Übergangs beginnt sich das Subjekt zu vergewissern und wird sich seiner Abhängigkeiten gewahr. Die fantastische Fähigkeit, den Dingen in der Umgebung eine Seele einzuhauchen, ist der – oft wütende – Versuch, sich gegen diesen »Einspruch der Realität« zu wehren.

Doch soweit sind wir bei Calvin noch lange nicht. Er durchlebt mit seinem Tiger eine Zeit der Freuden und der Dramen. Lesen wir bei *Winnie the Pooh* das letzte Kapitel und hören, wie sich für Christopher Robin allmählich die Welt zu verändern beginnt (er nimmt Abschied vom Bären und seinem magischen Wald), so erleben wir Calvin in einem Zustand permanenter Aggressionsausbrüche, in dem er sich neben dem Tiger und anderen ungeheuerlichen Geheuern wiederfindet, um sich durch sie stets aufs Neue zu bewähren. Es sei gesagt, dass das Motiv der Expedition auch bei Calvin eine wiederkehrende Bedeutung hat. Stets nimmt er sich vor, bis zum Pol zu laufen, als sei dies der markierte Ort, wo das Ende der Welt erreicht sei. Dort käme der Narzissmus gewissermaßen zu sich. Der Pol wird jedoch nie erreicht.

Lassen Sie mich noch einmal zu dem Mädchen zurückkehren, von dem ich bereits berichtet habe: Die Schwierigkeit liegt für mich darin, den Beteiligten deutlich zu machen, dass das Kind beeinträchtigt ist, weil es eben noch kein Bild von sich selbst als eigenständiges Lebewesen hat. Das Mädchen sorgt sich um seine Mutter und ist dabei nicht in der Lage, sie als ein Objekt zu sehen, das nicht zerstört werden kann. Dass die Mutter so verletzlich/zerbrechlich ist, macht dem Kind berechtigte Angst. Es hinterlässt jedoch bei dem Mädchen zugleich auch den Eindruck, dass ein von ihr gebrauchtes Objekt zu Schaden kommt. Das Mädchen lebt in der Gefahr, das Objekt nicht nur in seiner Fantasie zu zerstören, um es in der Realität als überlebensfähig erfahren zu können. Mehr noch droht das geliebte Objekt dem Mädchen auch in der Realität verloren zu gehen. Das Mädchen wird das Objekt nicht angreifen können, solange diese Gefährdung besteht. Um sich zu entwickeln, bräuchte es jedoch ein Gegenüber, das angreifbar ist und die Angriffe übersteht.

Es wird daran vielleicht deutlich, weshalb Winnicott weniger auf die Anerkennung des Objekts als auf die Destruktivität und den Objektgebrauch als Katalysator für die weitere Entwicklung wert legt.

> »[Die] Wandlung von der Objektbeziehung zur Objektverwendung bedeutet, dass das Subjekt das [subjektive] Objekt zerstört […] Es ist ebenso wichtig, dies auch von der anderen Seite her zu sehen: dass nämlich das Objekt erst durch die Zerstörung in den Bereich außerhalb der omnipotenten Kontrolle des Subjekts gestellt wird. So entwickelt das Objekt seine eigene Autonomie und ein eigenes Leben auf zweierlei Art und steht, wenn es überlebt, je nach seinen Eigenschaften, dem Subjekt zur Verfügung« (Winnicott, 1993, S. 105).

Man könnte das auf Calvins Mut zu ungeheuerlichen Fantasien übertragen: Calvin »überlebt«, weil sein Tiger (es ist wirklich »sein« Tiger) und alle in seiner Umgebung seine heftigen Aggressionen überleben. Es geht darum, ohne das Primärobjekt zu überleben.

Im Grunde wiederholt sich dies bei Watterson immer aufs Neue, weil Hobbes, der Tiger, nicht zu bändigen ist, wenn Calvin aus der Schule nach Hause kommt und von ihm durch die Luft gewirbelt wird. Die Lust ist unbändig und bricht sich Bahn in der Fantasie des Kindes, das dem geschmeidigen Objekt Leben einhaucht. Zugleich aber dient ihm dieses Objekt auch als Beistand gegen nächtliche Ängste, um zu schützen, wo das Dunkel der Nacht das Kind in den Bann zu ziehen droht. Das Objekt des Übergangs ist Anlass und Chance in einem, ohne den Beistand des Primärobjekts überleben zu können.

## Literatur

Freud, S. (1905c): Der Witz und seine Beziehung zum Unbewußten. GW VI.
Freud, S. (1912-13): Totem und Tabu. GW IX.
Freud, S. (1919h): Das Unheimliche. GW XII.
Milne, A.A. (2006): *Pu der Bär* (Übersetzt aus dem Englischen von Harry Rowohlt). Hamburg: Dressler.
Watterson, B. (2013): *Calvin & Hobbes*. Gesamtausgabe. Hamburg: Carlsen Verlag.
Winnicott, D.W. (1993): *Vom Spiel zur Kreativität*. Stuttgart: Klett-Cotta.
Winnicott, D.W. (1983): *Von der Kinderheilkunde zur Psychoanalyse*. Frankfurt a.M.: Fischer.

# Von der Mutter zum Vater

## Die Angst vor dem (ödipalen) Möglichkeitsraum bei vaterlosen Mädchen

*Frank Dammasch*

Winnicotts Konzept zum potenziellen Raum (1979) beim Übergang von der Einheitsillusion mit der Umweltmutter zur kreativen Erschaffung des subjektiven Objekts als erster Schritt bei der Subjektwerdung kann man als einen Prototyp für alle psychisch notwendigen Übergänge bei der Entwicklung des Menschen betrachten.

Beginnt das Kind durch den rechtzeitigen Wechsel von Abwesenheit und Anwesenheit der Mutter (dem Fort und Da) damit, etwas Drittes, Symbolisches zwischen sich und die Mutter zu stellen bzw. die Mutter partiell durch etwas Symbolisches, z.B. die Garnrolle (Freud, 1920) zu ersetzen und die eigene Herrschaft über das Fort und Da zu erhalten, so braucht es in der späteren Entwicklung dann den Vater als Dritten, der dem Kind die weitere Lösung aus der imaginären Beziehung zur allmächtigen Mutter ermöglicht.

Nach der kreativen Erschaffung des Übergangsobjekts als erstes subjektives Objekt ist es der Vater, der von außen kommt, der das erste objektive Objekt der Realität darstellt. Während das Übergangsobjekt als Symbol gleichzeitig auch ein Ersatz für die primäre allmächtige Mutterimago bzw. die Mutterbrust darstellt, ist der Vater das erste wirkliche Objekt im Leben des Kindes. Der Vater ist aber nicht nur der Dritte, er ist auch der andere, der Mann und der Rivale bei der Mutter. Im Kindesalter von etwa vier Jahren wird der präsente Vater dann zum sinnlich erfahrbaren Verkünder eines neuen inneren Erlebnisraumes: der libidinösen ödipalen Welt. Mit der Wahrnehmung und psychischen Anerkennung des Vaters als Mann und als Partner der Mutter eröffnet sich für das Kind ein neuer triadisch ödipaler Möglichkeitsraum, der ambivalente Gefühle von Liebe und Hass mit rotierenden Besetzungen, von Gemeinsamkeitswünschen und Ausstoßungsimpulsen, von körperlicher Verschmelzung und aggressiver Rivalität, von Inklusion und Exklusion ermöglicht. Der Vater ist dabei nicht nur willkommener Erweiterer der Zweisamkeit, sondern auch Zerstörer einer dyadischen Gemeinsamkeitsillusion. Denn das Kind nimmt nicht nur einen hinzukommenden Dritten wahr, sondern es nimmt erstmals die Gefahr wahr, aus der elterlichen Beziehung – also auch aus der Mutterbeziehung – ausgeschlossen zu sein. Der Vater ist so gleichzeitig ein Mehr an Beziehung und die Personifizierung des Verzichts. Wenn das Kind den durchaus leidvollen und Wut erregenden Prozess der Anerkennung der besonderen Beziehung von Mutter und Vater durchlaufen hat, kommt es langsam in die Lage, allein sein zu können, ohne das Grauen der Einsamkeit und des Fallens im leeren Raum fürchten zu müssen. Winnicotts Gedanken über die psychische Errungenschaft der »Fähigkeit zum Alleinsein« (1984) beinhalten nicht nur die Verinnerlichung einer genügend guten Mutter als Basis eines inneren Sicherheitsgefühls, sondern auch die beginnende Fähigkeit zur psychischen Anerkennung des partiellen Ausschlusses aus der elterlichen Beziehung und die Neutralisierung bzw. Integration der damit verbundenen Affekte. Auf der Grundlage des sich allmählich verfestigenden Sicherheitsgefühls, dass die Eltern es zwar ausschließen, aber es rechtzeitig auch wieder einschließen können, entwickelt das Kind sein Selbst in Beziehung zur Mutter, sein Selbst in Beziehung zum Vater und sein Selbst in Beziehung zu Mutter und Vater als verbundenes Paar. Auf der Basis dieses triangulären, durch aufeinander bezogene bisexuelle Identifikationen gekennzeichneten inneren Erlebnisraumes erweitern sich die Spielräume des Kindes. Obwohl es inzwischen mehrere Konzeptualisierungen zur Bedeutung der Triangulierung gibt (z.B. Abelin, 1971, 1975; Rotmann, 1985; Buchholz, 1990; Schon, 1995; Bürgin, 1998; Metzger, 2000, 2013; von Klitzing, 2002; Dammasch, 2008), hat sich bis heute wenig daran geändert, dass in entwicklungspathologischen Perspektiven die präödipale Phase oft exklusiv für die Mutter-Kind-Dyade reserviert bleibt.

In der ödipalen Phase wird die frühe Triangulierung mit affektiver Triebenergie aufgeladen. Das weibliche und männliche Geschlecht wird psychisch bedeutsam. Der Eintritt in die ödipale Triade ist auch eine wichtige Klippe bei der Inbesitznahme des eigenen sexuellen Begehrens im Spiegel eines Mannes und einer Frau.

Bei diesem Übergang identifiziert sich das Mädchen zunächst mit dem inneren Bild der Mutter vom ödipalen Vater des Mädchens. Es sieht sein Begehren im Spiegel der Mutter. Das Mädchen wird durch die Mutter mit dem ödipalen Vater vertraut gemacht. Sinnlich konkret kommt es zum Beispiel beim Kauf von Kleidern zu einer Art Kostümprobe, wie Thomas Ogden beschreibt:

> Bevor das kleine Mädchen in der Lage ist, eine Beziehung mit dem Anderen (= dem Vater) einzugehen, veranstalten sie und ihre Mutter eine Kostümprobe für das spätere ödipale Drama, bei dem der tatsächliche Vater […] im Zentrum stehen wird […] Die Kostümprobe wird im sicheren privaten Rahmen der Dyade vorgenommen und doch ist das andere, der Vater (in der Imagination) sehr gegenwärtig« (1995, S. 122).

Ähnlich wie Ogden gehe ich davon aus, dass die Triangulierung des Mädchens zunächst basiert auf der Identifikation mit dem Innenraum der Mutter, der im Idealfall mit triebaufgeladenen ödipalen Mutter-, Vater- und Elternrepräsentanzen angefüllt ist. Während der Junge bei der Bildung seiner Geschlechtsidentität schon früh sich mithilfe eines männlichen Dritten von der Weiblichkeit der Mutter differenzieren muss, wird für das Mädchen der Vater als Mann im entstehenden heterosexuellen Begehren erst in der ödipalen Phase wirklich von Bedeutung. Die Notwendigkeit der Separation von der Mutter ist für das Mädchen zwar auch früher schon gegeben, bekommt aber in der ödipalen Phase mit dem Schwenk der libidinösen Besetzung von der Mutter zum Vater erst ihre unumkehrbare Bestätigung.

Zudem ist die ödipal triangulierte Innenwelt strukturell durch bisexuelle Besetzungen gekennzeichnet. Der Vater ist so nicht nur heterosexuelles Liebesobjekt, sondern auch Objekt der Identifikation mit Männlichkeit (Benjamin, 1992). Das Männliche des Vaters als Differenz zum Mütterlichen ist nicht nur das Begehrte, sondern die Identifikation damit sichert auch die Unabhängigkeit von der Mutter.

Wenn der Vater so wesentlich für die Subjektwerdung ist, stellt sich die Frage: Wie entwickeln sich trianguläre Möglichkeitsräume in der Entwicklung von Mädchen, die ohne Vater aufwachsen? Wie können sie sich von der frühen Mutter lösen?

Dieser Frage möchte ich anhand einer ausführlichen Falldarstellung der neunjährigen Carla nachgehen. Da Carla von Beginn ihres Lebens an ohne einen sinnlich erfahrbaren Vater aufgewachsen ist, kann man bei ihr am eindrücklichsten die Ängste eines Mädchens im Übergang vom Mutterland zum Vaterland studieren. Wir werden sehen, wie schwierig es für das Mädchen ist, das keine ödipale Realität erlebt und als Struktur verinnerlicht hat, einen libidinösen und triangulären Möglichkeitsraum in der Beziehung zu einem männlichen Therapeuten aufzubauen und gegen regressive dyadische Tendenzen zu erhalten.

## 1. Erstgespräche – Carla und der Außerirdische[1]

Die motorisch auffallend behäbige und sehr langsam redende Mutter meldet ihre zehnjährige Tochter an, weil diese seit Kurzem nicht mehr aus dem Hause gehe, nicht mehr ihre Freunde besuche, oft traurig sei und häufig krank werde. Die Mutter erzählt, dass sie einen neuen Freund kennengelernt habe und dass sie es nun wichtig finde, die »symbiotische Beziehung zu ihrer Tochter zu entzerren«. Zum leiblichen weit entfernt wohnenden Vater gäbe es bis auf einen unbedeutenden kurzen Kontakt im Alter von fünf Jahren keine Beziehung, nur sehr seltene unerfreuliche Telefongespräche.

Als ich das Mädchen zum ersten Mal sehe, sitzt sie im Wartezimmer traurig und deprimiert eng an ihre ebenfalls traurige Mutter geschmiegt. Beide wirken auf mich wie miteinander verbundene verlassene Schwestern. Nach meiner Begrüßung bewegt sich das zehnjährige Mädchen nur zögerlich und sehr langsam von der Mutter fort. Sie hat lange, strähnige blonde Haare, ein blasses Gesicht mit Rändern um die Augen, trägt einen viel zu groß wirkenden Schulranzen auf dem Rücken und begrüßt mich blicklos mit kaum spürbarem Händedruck. Ein Bild des Jammers. Alles hängt an ihr herunter, die Haare, der Kopf, die Jeansjacke. Sie fragt, wo sie ihren Ranzen hinstellen kann, kommt langsam an den Tisch, setzt sich und sitzt mir traurig und in sich gekehrt gegenüber. Nach einer Weile fühle ich mich aufgefordert, das Gespräch zu beginnen, und frage schließlich:

»Weißt du, warum du heute zu mir gekommen bist?«

»Ja, ich bin oft so traurig, dass sich mein Papa nicht um mich kümmert!«, kommt die überraschend klare Antwort.

»Das musst du mir näher erklären!«

1 Die Falldarstellung wurde schon an anderer Stelle veröffentlicht (Dammasch, 2012).

»Mein Papa lebt in Schweden und kann doch nur englisch, da kann ich doch nicht mit ihm reden. Er kümmert sich nicht um mich. Das letzte Mal habe ich ihn gesehen, als ich fünf Jahre alt war. Da wusste ich gar nicht so richtig, dass er mein Papa ist. Ich glaube, ich muss auch darunter leiden, dass er mit meiner Mami Streit hat … Die streiten sich immer … Nächstes Jahr komme ich auf's Gymnasium, da lerne ich dann englisch.«

Ihr Erzählen ist langsam und schleppend, wird immer wieder durch Pausen und schweres Atmen unterbrochen.

Soweit zunächst die Schilderung der ersten Begegnung, wie sie im Behandlungsprotokoll des Therapeuten festgehalten wurde. In der Psychoanalyse gibt es zwei Wege, um sich der Innenwelt eines Analysanden zu nähern. Zum einen nehmen wir die Sprachäußerungen ernst und zum zweiten schauen wir im Sinne eines szenischen Verstehens, welche Beziehung der Patient mithilfe der Sprache und der nonverbalen Handlung eigentlich zu uns herstellt. Was macht der Patient offen und verschwiegen mit dem Therapeuten? Wie können die Szenen verstanden werden, die das Mädchen hier bei der ersten Begegnung mit dem Analytiker herstellt?

Zunächst wirkt das Mädchen ganz eins mit ihrer Mutter. Aneinandergeschmiegt und traurig warten beide gemeinsam auf das Erscheinen des Therapeuten. Nur sehr zögerlich und langsam trennt sich Carla aus der Umklammerung mit der Mutter und zeigt dadurch sichtbar an, dass es ihr schwerfällt, sich von der Mutter zu lösen. Erst nach einer Aktivität von mir, auf sie zuzugehen und sie zu begrüßen, kann sie schließlich zögerlich ihre Mutter im Wartezimmer hinter sich lassen. Die Aktivität überlässt sie dabei zunächst ganz dem Therapeuten. In ihrer Körperlichkeit zeigt sie große Ähnlichkeit mit der Mutter, die sich ja auch eher behäbig und langsam bewegt. So scheint hier der Gedanke der Mutter, es gehe darum, die Symbiose zwischen ihnen beiden zu entzerren, tatsächlich Gestalt anzunehmen. Mutter und Tochter sind in einer Symbiose des Leidens miteinander verstrickt. Die Patientin scheint bis in die Körperlichkeit hinein so mit der Mutter identifiziert, dass ihr Körper sich im gleichen behäbigen Rhythmus bewegt wie der der Mutter. Die Tochter hat eine starke Tendenz, die Einheit mit ihrer Mutter aufrechtzuerhalten und überlässt dem Therapeuten die Eröffnung des Gesprächs. Dann ist es aber einigermaßen erstaunlich, wie sie sofort und klar antwortet: Ihr Problem sei, dass ihr Papa sich nicht um sie kümmere. Trotz des Beibehaltens ihrer Langsamkeit redet sie relativ klar von ihrem »Papa«. Ein Mädchen, von dem man weiß, dass es seinen Vater so gut wie gar nicht kennt, bezeichnet ihn dennoch als »Papa«, so als wäre er ihr doch vertraut, gut bekannt und nahe. Und nicht nur das! Der Papa hat zudem auch eine kontinuierliche Beziehung zur Mama. Sie streiten sich nämlich immer. In diesen paar Worten von Carla ist ein Phänomen verdichtet, das ich bei fast allen Kindern alleinerziehender Mütter feststellen kann: Das vaterlose Kind erschafft sich in der Fantasie den Vater selbst! Das Familien-Dreieck wird mithilfe der Vorstellungskraft des Kindes selbst kreiert. Eine kreative Ich-Leistung, mit der das Kind sich eine Repräsentanz des Vaters selbst bei völligem Fehlen realer Vater-Erfahrungen aufbaut. Carla hat sich ein eigenes Vaterbild erschaffen, das möglicherweise auf der Grundlage mütterlicher Erzählungen im Zusammenspiel mit eigenen Wunschvorstellungen gebildet wurde. Sogleich ist hier auch die strukturbildende Funktion dieses inneren Vaterbildes zu sehen: Während Carla mit ihrer Mutter im Wartezimmer in schweigender und leidender Anlehnung verbunden war, wird sie im Dialog mit dem Therapeuten durch die Erwähnung des Vaters auf einmal erstaunlich klar. Die Nennung des Vaters gibt ihr die Sprache. Ihre bisher unklaren Wünsche bekommen eine eindeutige Richtung. Die Formulierung des Vaterwunsches in der Sprache ist es, die das vorher Diffuse strukturiert und überraschenderweise einen klaren Dialog mit dem Therapeuten ermöglicht. Das Mädchen fasst nun auch sogleich einen in die Zukunft gerichteten Beschluss: Sie will nämlich englisch lernen, um mit ihrem Vater in Kontakt zu kommen. Hier entwickelt die Patientin im Gespräch mit dem Therapeuten unerwartet schnell eine positive sprachlich fundierte Perspektive für sich: Englisch ist die Sprache des Vaters und diese möchte sie unbedingt lernen. Die Benutzung der Sprache und der Inhalt ihrer Worte zeigen eine aktive nach vorne gerichtete Lebendigkeit mit dem ausdrücklich geäußerten Wunsch, das väterliche Objekt für sich zu gewinnen. Aber die Art und Weise, wie die Patientin die Worte ausspricht – langsam und schleppend – zeigen an, dass es so nicht leicht werden wird, den männlichen Dritten aktiv für sich zu gewinnen.

Wir sehen bei Carla also zwei gegeneinander gerichtete Bewegungen: Auf der einen Seite gibt es eine Ähnlichkeitsverbindung zwischen Mutter und Tochter bis in die körperliche Bewegung, Gestik, Mimik und in den Verbalisierungsmodus hinein, auf der anderen Seite formuliert sie verbal klar ihren Wunsch nach einer Beziehung in der Sprache zu einem Papa, der für sie weit entfernt wohnt. Ich habe diese beiden Tendenzen des Mädchens aufgezeigt, weil dies meiner Erfahrung nach ein Kräftefeld darstellt, in dem sich typischerweise Töchter alleinerziehender Mütter bewegen. Ein aktiver Beziehungswunsch nach dem außermütterlichen männlich Fremden – dem väterlichen Objekt – wird von einer gegenteiligen Kraft, dem Festhalten an dem weiblich Bekannten – Mütterlichen – behindert. Das Wirken dieser beiden Kräfte ist in einer dichten analytischen Beziehung in der Wahrnehmung der Gegenübertragung durch den Therapeuten unmittelbar spürbar. Fühlt sich der Therapeut in einer Stunde in idealisierender Weise wichtig genommen, werden seine Deutungen vom Analysanden mit positiver Wertschätzung behandelt, so fühlt er sich in der nächsten Stunde wie ein unbeteiligter Zuhörer, ausgeschlossen, entwertet und unwichtig für den Fortgang der weiteren Beziehung. So jedenfalls ging es mir mit Carla. Hatte ich nach dem ersten Gespräch das Gefühl, einen bedeutungsvollen Kontakt zu ihr hergestellt zu haben, so muss ich vor der nächsten Stunde durch den Anruf der Mutter erfahren, dass ihre Tochter sich weigere, nochmal zu dem »blöden Mann« zu gehen. Erst mein beharrliches Festhalten an der Vereinbarung und die Überredung durch die Mutter bringen die Patientin schließlich zum zweiten Gespräch:

> Sie schluchzt viel, weint, sitzt vor mir kauernd, erzählt sich wiederholend von ihrer Traurigkeit, die alles überziehe. Ich fühle mich als ausgeschlossener Betrachter, unfähig irgendetwas zu sagen, zu fragen oder ihr zu helfen. Mit der Traurigkeit scheint sie die Verbindung zu ihrer Mutter aufrechtzuerhalten und mich auszuschließen. Schließlich redet sie stockend von einer Theateraufführung: Begegnung mit dem Fremden. Was sie unter einem Fremden verstehe, frage ich. Vielleicht ein Außerirdischer, sagt sie. Mir ist klar, dass sie damit natürlich auch ihre jetzige Situation mit mir als Fremdem und Außerirdischem beschreibt, aber irgendetwas hindert mich daran, eine Deutung der aktuellen Situation zu formulieren. Ich habe das Gefühl, sehr vorsichtig sein zu müssen und nicht zu laut sein zu dürfen, um sie nicht zu verschrecken. Schließlich erzählt sie von der Schule.
>
> »Heute haben wir eine Mathearbeit geschrieben und da habe ich auch geweint.«
>
> »Wie hast du denn dann die Arbeit geschrieben?«
>
> »Ich wollte nicht weinen, habe es dann doch, meine Lehrerin hat mich getröstet, gesagt, dass es doch nicht so schlimm ist.«

»War die Arbeit wichtig?«

»Ich bin nicht so gut in Mathe, und es war eine ganz wichtige Arbeit. Die Note ist für das Zeugnis wichtig.«

»Ah ja, dann warst du sicher vorher aufgeregt, weil du eine gute Arbeit schreiben wolltest?!«

»Ja, ich war sehr aufgeregt, und dann bin ich ganz traurig gewesen und habe geweint.«

»Vor Situationen, die für einen wichtig sind, ist man manchmal aufgeregt. – Ich glaube heute vor unserer Stunde, da ist es dir ähnlich gegangen. Du warst aufgeregt, wie das wohl heute mit uns zwei wird. Zu mir bist du aber dann traurig und weinend gekommen, weil es leichter ist für dich, traurig zu sein – das Gefühl kennst du ja – als aufgeregt zu sein und dann vielleicht Angst zu bekommen.«

Carla schaut mich zum ersten Mal an, klar und überrascht, nickt und lässt ihre Augen kaum mehr von mir.

Es ist hier anschaulich geworden, wie sich der Wunsch des Mädchens nach der Begegnung mit einem Fremden und die Angst vor dem unbekannten Außerirdischen schon in den ersten beiden Interviews mit dem Therapeuten zeigen. Warum musste Carla nach dem ersten Gespräch mit dem Therapeuten die Mutter davon überzeugen, dass der Mann blöd ist? Beim Sichten des Protokolls ist doch eher wahrnehmbar, dass Carla im ersten Gespräch tatsächlich einen erstaunlich guten Kontakt zum Therapeuten hergestellt hat und sich wohl auch verstanden fühlt. Gerade das macht ihr aber große Angst. Sie hat überraschend die Erfahrung gemacht, dass ihr Wunsch, so jemanden wie einen Vater für sich zu gewinnen, tatsächlich Realität werden könnte. Allein diese Aussicht, innerlich sehnsüchtig erhofft, stellt gleichzeitig eine große Gefahr für sie dar. Zum einen weiß sie eigentlich nicht, was sie mit einem Fremden, Außerirdischen, Mann anfangen soll, denn sie hat ja keine wirklichen Erfahrungen, auf die sie bauen könnte, und zum anderen hat sie in ihrer Innenwelt ein Elternpaar entworfen, das sich immer streitet. Also wenn sie nun den Vater für sich gewinnt, muss sie dann nicht zwangsläufig die Wut der Mutter fürchten? Denn in ihrer inneren Konstruktion eines immer streitenden Elternpaares gibt es nur ein Entweder-Oder. Entweder du hältst zur Mutter oder du hältst zum Vater. Kurz gesagt: Bevor überhaupt eine tragfähige Beziehung entstehen könnte, ist Carla in der Übertragungsbeziehung zum Analytiker schon in einen heftigen Loyalitätskonflikt verstrickt. Da ihr die Mutter als einziges Standbein natürlich grundlegend wichtig ist, muss sie unbewusst alle Kraft daran setzen, dass ihr sehnsüchtiger Wunsch nach dem Vater nicht verwirklicht wird. Der Kontakt zum Vater ist für Carla nur möglich – und dies ist ein ganz typischer Mechanismus bei Kindern alleinerziehender Mütter –, wenn die Mutter ihn aktiv und bisweilen sogar gegen den geäußerten Willen des Kindes durchsetzt. Zwar bildet sich im Innenleben des Kindes auch unabhängig von der Mutter eine Sehnsucht nach einem schützenden und idealisierten Vaterbild aus, aber bei der Möglichkeit eines echten Kontaktes bedarf es der tatkräftigen Unterstützung durch die Mutter. Neben meinen Behandlungserfahrungen zeigen auch andere psychoanalytische Studien: Der kindliche Zugang zum Vater ist wesentlich davon bestimmt, in welcher Art und Weise die Mutter die Andersartigkeit des Vaters – vor allem natürlich seine Männlichkeit – schätzt und sie dem Kinde nahebringt.

Daneben gibt es noch einen weiteren wichtigen Aspekt: Das Kind einer alleinerziehenden Mutter ist auch ein verlassenes Kind! Es denkt vielleicht: »Ich bin nicht liebenswert, deshalb ist mein Vater nicht bei uns geblieben. Irgendetwas habe ich an mir, dass sich mein Vater nicht um mich kümmert. Vielleicht bin ich zu dumm oder zu hässlich oder zu böse.« Aufgrund einer egozentrischen von Größenvorstellungen bevölkerten Weltsicht ist sich vor allem das kleine Kind sicher, dass es selbst die Verantwortung für den Verlust des Vaters zumindest mitträgt. Eine Untersuchung an der Hampstead Clinic in London hat ergeben, dass gerade Mädchen das Fehlen ihres Vaters unbewusst in Zusammenhang bringen mit der Unzulänglichkeit ihres Körpers (Burgner, 1985). So ist das Selbstwertgefühl vaterloser Kinder auf mehreren Ebenen so gut wie immer stark in Mitleidenschaft gezogen. Auf der Basis eines schwachen Selbstwertgefühls hat Carla Angst, dass sie wieder verlassen werden könnte. Um sich vor dieser Angst zu schützen, bleibt sie passiv und überlässt der Mutter und dem Therapeuten die Verantwortung für die weitere Gestaltung der Beziehung.

Aufgrund des aufgezeigten inneren Loyalitätskonfliktes und wegen der Fantasie, eigentlich nicht liebenswert zu sein, ist es in der Arbeit mit vaterlosen Kindern wichtig, dass auch der Therapeut sich von dem teilweise lärmenden Widerstand eines Kindes nicht davon abhalten lässt, den darunter verborgenen leisen, aber großen libidinösen Wunsch nach einem Dritten wahrzunehmen.

Der Arbeit mit der Mutter kommt dabei eine besondere Bedeutung zu. Auf der einen Seite sind die Wurzeln ihres manifesten oder latenten Konflikts im Umgang mit dem Mann, bei dem im Hintergrund immer ein oft unbewusster Konflikt mit dem eigenen Vater steht, aufzuarbeiten. Auf der anderen Seite ist es aber wichtig, die Mutter darauf hinzuweisen, dass das Kind früher oder später zwangsläufig einen starken Widerstand gegen eine Therapie entwickeln wird, weil es Angst bekommt, die vertraute dyadische Bindung zur Mutter zu gefährden. Im Falle von Carla ist es schließlich der Mutter zu verdanken, dass eine analytische Psychotherapie stattfinden kann. Die Mutter befürwortet die Therapie, obwohl sie wie so viele langfristig alleinerziehende Mütter starke innere Vorbehalte gegen Repräsentanten des männlichen Geschlechts hegt und obwohl die Tochter ihr gegenüber den beschriebenen starken Widerstand zeigt. Ausdrücklich möchte sie verhindern, dass ihre Tochter dieselben Erfahrungen macht, die sie in ihrer Kindheit gemacht hat.

## 2. Behandlungsbeginn – Von Vampiren und Spinnen

Ein halbes Jahr nach den Erstgesprächen beginnt die Behandlung. Während Carla ihrer Mutter nach wie vor erzählt, was für ein blöder Typ ich sei, dass sie bloß hoffe, möglichst bald von mir wegzukommen, die Mutter sie endlich abmelden solle, die Betreuer in der Spielstube viel netter seien und auch meinten, sie bräuchte überhaupt keine Therapie, ist von all diesen Angriffen in den Behandlungsstunden nichts zu spüren. Im Gegenteil: Sie strahlt mich an, wenn sie die Treppe zu mir »hochfliegt«, kommt immer viele Minuten zu früh, ist bemüht, eine wirklich gute Patientin zu sein. Aber wie macht man das, eine gute Tochter für einen unbekannten Vater zu sein? Sie zeigt mir ihre Sehnsucht nach dem Vater, aber wie wäre es, wenn er wirklich plötzlich vor der Tür stünde? Sie kann es sich zunächst gar nicht vorstellen. Sie wüsste nicht, was sie machen könnte. Auf alle Fälle würde sie zu ihrer Mutter laufen, denn sie verstehe ja seine Sprache gar nicht. Nur die Mutter könnte sie verstehen. Die würde dann dolmetschen. Aber eigentlich wisse sie gar nicht, was sie mit ihrem Vater anfangen solle. Er wüsste bestimmt auch nicht, was er mit ihr anfangen könne.

Neben sehr lebendigen, aufregenden Stunden höre ich in langen Phasen ihre ausführlichen Erzählungen von der Schule, von der Spielstube, von den Freundinnen, von den Spielen mit den Puppen als unbeteiligter Zuhörer, gelangweilt, mit Material überschwemmt, finde keinen Zugang zu ihrem Innenleben. Ich fühle mich ausgeschlossen, obwohl sie doch wirklich für sie wichtige Themen zu besprechen scheint. Alles erscheint wie ein Brei, mit dem ich vollgestopft werde. Die gähnende Langeweile ist zeitweise kaum zu ertragen, ermüdet mich. Ich fühle mich dann unfähig, sie zu verstehen. Vielleicht kann ich als Mann ein Mädchen in dem Alter nicht verstehen? In meiner therapeutischen Kompetenz fühle ich mich entwertet, ja auch entmännlicht.

Die Interpretation der Gegenübertragungsgefühle zeigt mir so, dass Carla, wenn sie als aktiv schillerndes Mädchen, das einen Vater für sich alleine gewinnen könnte, zu mir kommt, von der Angst vor dem Verlust der Mutter überfallen wird und innerlich zurückkehrt in den sicheren Hafen der Mutter-Tochter-Beziehung. Sie schließt quasi das Nichtmütterliche, das andersartige Fremde an mir aus. Andererseits wird sie so aber auch zu meinem Lehrmeister ihrer Muttersprache (vgl. Herzog, 1998). Sie identifiziert sich mit dem Bild einer versorgenden Mutter und macht mich zu einem Baby, das sie mit einem Brei aus Worten füttert. Indem sie so etwas Bekanntes mit mir herstellt, die frühe Mutter-Kind-Dyade, kann sie mich mit ihren Erfahrungen bekannt machen und gleichzeitig ihre Angst vor den Gefühlen dem aufregend Fremden gegenüber unter Kontrolle halten. Dieses schon in den Erstgesprächen sichtbare Thema taucht in unterschiedlicher Verkleidung immer wieder auf, bestimmt zentral den therapeutischen Prozess.

Carla hat viele Ängste. Sie hat Angst vor Spinnen. Besonders nachts in ihrem Zimmer. Früher hatte sie keine Angst davor, hat sogar ihrer Mutter die Spinnen weggemacht, die sei nämlich sehr ängstlich, aber jetzt … Als sie in ihrem Zimmer eine gesehen hat, ist sie zu ihrer Mutter ins Bett gekrochen, hat da geschlafen, aber da hat sie einen Alptraum gehabt, dass überall Spinnen sind und eine große Schwarze auf ihrem Gesicht hockt. Furchterregend. Früher hatte sie auch immer Angst vor Monstern, die um ihr Bett herum säßen, sie auffressen wollten, nur den Kopf nicht, sie hat sich unter der Bettdecke versteckt.

Eine besondere Angstfantasie beschäftigt sie seit Kurzem, eigentlich seit Beginn der Therapie: Im Bett, versteckt unter der Decke, stellt sie sich vor, der Vampir Graf Dracula (»den Film kenne ich ganz genau!«) käme zu ihr ins

Zimmer und beiße sie in den Hals. Wenn er sie gebissen habe, würde sie auch zum Vampir werden. Das mache ihr große Angst.

Da sie ihre nächtlichen Bettvorstellungen recht lustvoll ausschmückt, frage ich nach, was ihr denn an diesem Gedanken eigentlich so viel Angst mache?

»Ich habe gar nicht so viel Angst davor, dass mich der Vampir beißt. Aber was macht dann meine Mutter? Sie gehört ja dann nicht wie ich zu den Vampiren!«

So lernen wir langsam gemeinsam zu verstehen, dass ihre Ängste daher stammen, dass sie einen starken Wunsch hat, einem Dracula-Mann nahe zu sein, aber dass sie dann große Angst bekommt, einerseits von dem Mann abhängig zu werden und andererseits ihre Mutter zu verlieren. Diese Angst treibt sie dann wieder zurück in die Arme der Mutter und sie muss nachts vereint mit ihr im Bett einschlafen.

Carla hat große Probleme, sich von der Mutter zu lösen. Dies äußert sich z. B. konkret darin, dass sie keine Tür in ihrem Zimmer hat, mit dem sie ihren Raum vom mütterlichen Raum abgrenzen kann. Es dauert viele Stunden, bis deutlich wird, dass sie große Schuldgefühle bekommt, wenn sie etwas eigenes macht, weil sie die Fantasie entwickelt hat, ihre Mutter sei ganz auf sie angewiesen.

»Wenn ich meine Tür zumachen würde, dann würde sich meine Mutter schlecht fühlen«, sagt sie. Aber schließlich kommt sie auf die Idee, dass die Tür doch wichtig ist, damit sie Geschenke für die Mutter machen könne.

Ich sage: »Also wenn du deine Mutter schon ausschließt, dann willst du ihr wenigstens Geschenke machen, weil man dann nicht so ein schlechtes Gewissen haben muss.«

Sie gibt mir recht und bestätigt in der folgenden Stunde ihre Schuldgefühle der Mutter gegenüber: Die hätte ja dann niemanden für sich, sei so alleine, man würde ihr das nicht ansehen, aber innerlich gehe es ihr dann schlecht. Vielleicht sterbe sie sogar, wenn sie so alleine sei. Was wehrt die Patientin durch das Festhalten an der »symbiotischen Beziehung« auf der Basis eines schlechten Gewissens eigentlich ab?

Carla schildert mir ihre Freude darüber, dass sie bald alleine mit einer befreundeten Familie in den Urlaub fahren werde. Ein bisschen Sorgen hat sie, dass sie da wieder Heimweh bekomme.

**T:** Wegfahren ist ja so, wie die Tür zumachen, und da bekommst du ja schnell

Mitleid mit deiner Mutter, machst dir Sorgen, dass ihr was passiert und kannst dann nichts mehr für dich genießen.

**C:** Ich denke immer, meine Mutter stirbt, ein Einbrecher kommt, oder sie kommt unter die Räder eines Autos.

**T:** Was wäre aber nun, wenn deine Mutter, während du im Urlaub bist, auch in den Urlaub fährt?

**C:** Da wäre ich sauer, ihr kann es schon gut gehen, aber sie soll nicht wegfahren.

**T:** Und wenn sie es nun doch tut, z.B. mit einem Mann?

**C:** (Carla braust nun auf, die Zornesröte steigt ihr ins sonst blasse Gesicht.) Das wäre eine Unverschämtheit. Das kann sie nicht machen. Da wäre ich superwütend. Da wollte ich dabeisein.

**T:** Da wäre dir also eine Mutter, um die du dich sorgst und auf die du achten musst, doch lieber.

**C:** Auf alle Fälle.

Meine provozierende Frage bringt ans Tageslicht, dass durch die fürsorglich-kontrollierende Einstellung starke Eifersucht- und Neidgefühle vermieden werden. Durch ihr Bild, die Mutter sei schwach und hilfsbedürftig, macht sie sich selbst groß, quasi zur Mutter ihrer Mutter. Durch diese Selbstvergrößerung gelingt es ihr, Gefühle von Neid und Rivalität aus der Zweierbeziehung zur Mutter herauszuhalten. Die Vorstellung, die Mutter könne sich ohne sie vergnügen, vielleicht sogar mit einem Mann, löst in der Patientin mächtige Wut aus. Das Fehlen der Zimmertür wird also nicht alleine durch die altruistische Sorge um die Mutter verursacht, sondern entspringt auch Carlas Wunsch nach umfassender Kontrolle über die Mutter. Vor allem will sie sehen und hören, ob ein Mann im Zimmer der Mutter übernachtet. Wenn die Tür geschlossen wäre, könnte die Tochter nicht mehr überwachen, was die Mutter tut, welche vielleicht lustvollen Dinge hinter der Tür geschehen. Der Ausschluss aus der Urszene – der sexuellen Beziehung zwischen Mutter und Vater – wird nicht akzeptiert. Nach beharrlichen Deutungen dieser unbewussten Mutter-Tochter-Verklammerung auf der Basis von Kontrolle und Schuldgefühlen gelingt es Carla schließlich doch, einen ersten Separationsschritt zu tun, die Tür als Begrenzung ihres Raumes einzusetzen und ab und zu sogar zu schließen. Sie fährt mit einer befreundeten Familie in den Urlaub – ohne Heimweh.

## 3. Der abwesende und der anwesende Vater

Immer wieder beschäftigt Carla der Wunsch, Kontakt zu ihrem leiblichen Vater aufzunehmen, aber sie spricht seine Sprache ja nicht. Er spricht nur englisch. Sie lernt englisch. Es ist eines ihrer besten Fächer. Aber ob er überhaupt an ihr interessiert ist? Warum kümmert er sich nicht um sie? Er zahlt auch keinen Unterhalt. Die Mutter ist wütend auf ihn. Carla wird langsam auch wütend auf ihn. Dabei ist sie einerseits mit dem Blick der Mutter identifiziert, andererseits aber ist es auch ein eigener Zorn auf den Vater. Er meldet sich nicht, gratuliert ihr nicht zum Geburtstag. Sie will die Fotografie nicht mehr sehen, wo sie als kleines Kind bei ihm auf dem Schoß sitzt. Die Mutter soll das Foto verstecken, ganz unten in der Schublade. Sie will nicht mehr an ihn denken, ihn vergessen, er denkt ja auch nicht an sie, sonst würde er sich ja melden. Sie will nicht mehr traurig sein wegen ihm. In ihrer Wut bleibt er lebendig. Sie hat die Idee, ihm alles in einem Brief zu schreiben. Dass sie wütend auf ihn ist, dass er sich nicht um sie kümmert, dass er noch nicht mal ihren Geburtstag weiß, das sage doch alles. Überhaupt sei er blöd. Er sei ein mickriger, hässlicher Typ.

Aber schreiben möchte sie ihm dann doch lieber nicht, dann würde er sich vielleicht überhaupt nicht mehr melden. Sie könne ja nicht den Brief mit »Dear Asshole!« eröffnen. Oder sie würde ihm netter schreiben, und er schriebe ihr nicht zurück, das könne sie nicht ertragen. Außerdem würde sie ihm nur schreiben, wenn ihre Mutter mit schreibt, aber die wolle das nicht. Es geht hin und her. Carla will immer weniger von ihrem Vater wissen. Die traurige Sehnsucht weicht der Wut. Zum Entsetzen der Mutter drückt die Patientin ihren Zorn drastisch aus: »Von mir aus könnte er tot sein. Hauptsache, ich erbe sein Haus!«

Sie beschäftigt sich mit der Familiengeschichte, stellt Fragen: Wie haben sich meine Eltern kennengelernt? Warum ist mein Vater weggegangen? Die zweite Frage beantwortet sie selbst, und dabei lässt sie keinen tröstenden Hinweis auf die schlechte Beziehung zwischen ihren Eltern zu: »Ich bin nicht gut genug für ihn gewesen! Er hat mich nicht geliebt, deshalb ist er weggegangen.« Mit dieser grundlegenden Kränkung wird sie leben müssen.

Aber den Vater nicht wirklich, sinnlich unmittelbar erlebt zu haben, hat auch einen Vorteil. Carla modelliert sein Fantasiebild in ihrem Inneren, wie es ihr passt. Aus dem idealisierten Traummann, dem Märchenprinzen, dem ihre ganze Liebe gehört, wird flugs der entwertete kleine Idiot, den sie prima hassen kann. Diese Bewegung ist umkehrbar. Der Wunsch, ihm zu schreiben oder ihn zu besuchen, gerät mit der wachsenden Möglichkeit ihres Alters und der sich entwickelnden Sprachkenntnisse zunehmend in den Hintergrund. Sie möchte ihre Fantasiebilder nicht durch die vielleicht krude Realität zerstören lassen.

Natürlich spielt bei der Veränderung der psychischen Auseinandersetzung mit ihrem leiblichen Vater auch die zunehmend positive Übertragungsbeziehung zu mir eine Rolle. Der abwesende Fantasievater wird zu einem sichtbaren Therapeuten-Vater, der ihr greifbar und konstant zur Verfügung steht. In dem Maße, wie sie sich der Beziehung zum Therapeuten sicher sein kann, kann sie sich mit den wirklichen Kränkungen durch den leiblichen Vater auseinandersetzen. Psychoanalytisch betrachtet unternimmt sie aber auch eine Spaltung der Vaterrepräsentanz: In dem Maße, wie der Therapeut in der Übertragung mit dem idealisierten Vater gleichgesetzt wird, wird das Bild vom leiblichen Vater negativ besetzt. Carla gelingt es allmählich im beschriebenen Hin- und Her, sich von der Mutter zu trennen und auch das Männliche – das Nicht-Mütterliche, das Nicht-Versorgende – am Therapeuten zu schätzen.

Ihrer überraschten Mutter teilt sie einmal über mich mit: »Das ist ein Mann, der auf der Seite der Männer steht.« Der fremde Vater-Therapeut wird zum heimlich geliebten Idealobjekt. Exkursionen ins außerirdische Männerland sind aufregend und ängstigend zugleich. Symbolisch verdichtet zeigen sich diese beiden Seiten von ihr, als sie sich in der Faschingszeit mehrere Stunden lang ernsthaft mit der Frage auseinandersetzt, ob sie sich als Nonne oder als Braut verkleiden soll. Als Nonne bliebe sie in einer mütterlichen Welt und würde einen idealisierten Fantasievater, den lieben Gott, anbeten, als Braut würde sie sich von der Mutter lösen und eine körperlich-sexuelle Beziehung zu einem Mann herstellen. Der Mann verheißt den vielleicht lustvollen Übergang in die ödipale Welt, aber auch den Verlust der frühen Mutter. Die Entscheidung fällt ihr verständlicherweise schwer.

## 4. Vom Mutterland zum Vaterland

Wie dramatisch für ein basal vaterloses Kind der Übergang von der Beziehung zur Mutter zur Beziehung zum Vater ist, zeigt sich schließlich noch einmal aufgrund einer äußeren Veränderung: Ich ziehe mit meiner Praxis nach Frankfurt um. Dies bedeutet für Carla: Ich verlasse den mütterlichen Bereich, ihre vertraute Umgebung. Ich bin nun nicht nur der Fremde, der Andere, sondern werde ganz räumlich-konkret zum »Außerirdischen« und komme damit in ihrem inneren Erleben ihrem leiblichen Vater noch näher. Aus einem Termin, den sie zwischen Schule, Spielstube und Wohnung legen konnte, wird eine aufwendige Reise, die zweimal in der Woche den ganzen Nachmittag einnimmt. Obwohl sie sich eigentlich gut in Frankfurt auskennt, verliert sie nach meinem Umzug die Orientierung. Sie verwechselt die U-Bahn-Ausgänge, verirrt sich in den Stationen, hat Angst vor den Betrunkenen, weiß plötzlich nicht mehr, wo sie ist. Ist das wirklich die richtige Bahn? Sie gerät in Panik, fühlt sich »wie ein Baby, das gerade auf die Welt gekommen ist«. Sie hat das Gefühl, zu träumen oder verrückt zu sein. Sie kommt viel zu spät zu den Stunden. Auf dem Weg zurück nach Hause hat sie ähnliche Probleme. Nach den Sitzungen ist mir schwindlig, ich weiß nicht ein noch aus, mache mir große Sorgen über die weitere Entwicklung. Sie wirkt auch viel magerer. Ich frage mich, wie es kommt, dass sie sich auf der Fahrt nicht nur vaterlos, sondern auch mutterseelenallein fühlt. Meinen Wegzug scheint sie wie eine traumatische Erfahrung zu erleben. Ein Zusammenbruch der bisherigen Ordnung. Stunde um Stunde besprechen wir ihre Ängste und Verwirrungen, denen sie auf dem Weg zu mir wie auch auf dem Weg zurück ausgesetzt ist.

Ich glaube, an diesen Phänomenen wird deutlich, dass Carla innerlich keine tragfähige Verbindung zwischen der Beziehung zur Mutter und der Beziehung zum Vater gebildet hat. Sie hat keine triangulierende Repräsentanz eines irgendwie positiv miteinander verbundenen Elternpaares aufgebaut. Ihre Innenwelt lässt ihr nur die Möglichkeit, entweder mit der Mutter oder mit dem Vater verbunden zu sein. Die positive Verbindung zwischen beiden fehlt in ihrem Innenraum, daher verirrt sie sich auf dem Weg. Wenn sie sich dem Vater-Therapeuten in der Wirklichkeit nähert, bekommt sie panische Angst, die Mutter zu verlieren, und dies führt zu massiven Verwirrtheitszuständen.

Dieses Beziehungsmuster ist meiner Erfahrung nach typisch für Kinder dauerhaft alleinerziehender Mütter. Die innere Triangulierung ist labil. Aufgrund des Fehlens der Verinnerlichung eines libidinös miteinander verbunden Elternpaares bekommen die Beziehungsmuster häufig eine »Entweder-Oder«-Qualität. Der Dritte wird dabei dann nicht einfach nur ausgeschlossen, wie es für das ödipale

Dreieck normal ist, sondern die Repräsentanz des Dritten steht in Gefahr, ganz aus der Innenwelt des Subjekts verloren zu gehen. Metaphorisch könnte man sagen: Das Kind hat nicht erlebt, dass es zwischen Mutter und Vater eine Brücke gibt, die haltbar und begehbar ist. Die fehlende Repräsentanz der Verbindung des elterlichen Paares behindert die progressiven Entwicklungsmöglichkeiten des Kindes erheblich. Dadurch bekommen aktuelle Beziehungen häufig die Anmutung einer symbiotischen Bindung, die vor allem durch regressive, präödipale Erlebnismuster gekennzeichnet ist. Der Schritt auf die andere Seite der Brücke ist immer mit der Gefahr des Zusammenbruchs der Brücke verbunden.

Ich kann an dieser Stelle nur erwähnen, dass hier natürlich auch eine unbewusste Wut auf die Mutter eine Rolle spielt, die besonders deshalb so ängstigend ist, weil sie sich ja innerlich nicht stabil auf die Repräsentanz einer elterlichen Bindung beziehen kann. Erst als Carla sich allmählich ihrer Wut auf die Mutter nähern kann, gelingt ihr eine bessere Orientierung auf der inneren Fahrt zwischen Mutterwelt und Vaterwelt. Es kommt zwischen Mutter und Tochter zu immer größeren Streitigkeiten, speziell vor den Therapiestunden. Die Patientin ist nicht mehr gewillt, zu spät zu mir zu kommen, wie es manchmal vorgekommen ist, weil sie zu Hause noch essen soll. In der wachsenden Sicherheit, den Therapeuten-Vater durch den Umzug nicht verloren zu haben, traut sie sich, Ärger zu zeigen. »Ihr Pech, dass es Streit gibt, sie kann ja das Essen schon fertig haben, wenn ich von der Schule komme, aber nein, dann ist sie noch am Kochen und ich soll hierhin zu spät kommen, da habe ich mir eine Banane geschnappt und bin so losgelaufen!« Carla probiert neue Wege zu mir wie auch auf der Rückfahrt zur Mutter aus, kann sich im Netz der Untergrundbahn besser orientieren. Sie schimpft auf die Mutter, die immer unpünktlich sei, alles drehe sich bei ihr nur ums Essen. Den mütterlichen Einheitsbrei wolle sie nicht mehr essen, sie esse lieber Steaks.

## 5. Behandlungsende – Die Pubertät und der Körper

Carla entwickelt sich, ist nun zwölf Jahre alt: »Ich bin größer geworden. Das sagen alle. Dabei ist mein Vater ganz klein. Und Mädchen kommen auf ihre Väter.« Sie habe viel von ihrem Vater, das Gesicht, die weiße Hautfarbe. Also, wenn sie zwischen Mutter und Vater sitzen würde, würden alle denken, sie komme auf ihren Vater. Nur ist er klein. »Also ich werde mindestens so groß wie meine Mutter.«

»Dann wirst Du ja fast so groß wie ich.«

»Ja«, strahlt Carla mich an.

In dieser kleinen Szene zeigt sich ein häufig festzustellendes Phänomen bei vaterlosen Mädchen. Das Mädchen sucht den Vater, und in der Übertragung den Therapeuten, zunächst nicht primär als potenzielles ödipales Liebesobjekt, sondern es sucht die Identifikation mit dem Vater, die Identifikation mit dem Nicht-Mütterlichen, die Identifikation mit der Differenz (vgl. Benjamin, 1992). Im Bezugsrahmen einer inneren Triangulierung sind der Prozess der Identifikation mit der Fremdheit des Vaters und der Prozess der Separation von der Mutter sich dialektisch ergänzende Bewegungen bei der Individuation des Subjekts.

> »Die Möglichkeit des Mädchens, sich über die Kontrastbeziehung zum sinnlich erfahrbaren Vater, der von der Mutter emotional anerkannt wird, einerseits mit dem Anderen, dem Fremden, dem Nicht-Homologen, dem Männlichen zu identifizieren und andererseits sich als Subjekt mit eigenem Begehren zu erkennen, erscheint uns eine wesentliche Bedingung zu sein, um sich den Übergang in die ödipale Phase mit ihren sexuellen und aggressiven Wirrnissen zu erlauben« (Dammasch/Metzger, 1998, S. 229).

Carla beschäftigt sich mit ihrem Aussehen, mit ihrer Kleidung. Sie möchte unbedingt Jeans haben, die tollen von Levi's, aber die Mutter will sie ihr nicht kaufen. Sie habe sie hier neben meiner Praxis gefunden. Manchmal gehe die Mutter ja mit »shopping« machen. Ob ihr wohl Röcke stehen? Aber die fliegen immer hoch, die Jungens schauen darunter. Sie wäre dann wie Marilyn Monroe. Die Jungens sind alle blöd. Neulich haben ihr zwei hinterhergeschaut. Das findet sie blöd.

Die Mutter will nicht, dass sie etwas von sich zeigt, sie soll immer hochgeschlossene Sachen tragen. Es gibt eine Aufführung in der Klasse, da tanzt sie mit anderen Mädchen vor, leicht bekleidet. Da gibt es Streit mit ihrer Mutter. Die Patientin schwankt zwischen ihren exhibitionistischen Wünschen und deren Abwehr. Beim Fasching hatte sie sich schon früher die Frage gestellt, soll sie als Nonne oder als Braut gehen.

Carla sieht, wie ich mit meiner Praxiskollegin vor der Stunde in einem Raum verschwinde. Sie beginnt die Stunde mit ihrem Ärger in den Geschäften, wo sie oft nicht gleich dran genommen werde, immer würden erst die Erwachsenen bedient, davon habe sie jetzt die Schnauze voll. In der nächsten Stunde erzählt sie von ihrem Versuch, ihre Haare rot zu färben. Sie wolle jetzt zum Friseur gehen. Ich mache sie darauf aufmerksam, dass meine Kollegin rötliche Haare habe, und sie ja dann zumindest bei den Haaren ihr ähnlich sehen würde, dass sie sich vielleicht frage, ob ich sie mit roten Haaren mehr mögen würde als mit ihren natürlichen Haaren.

Aber das heiße Eisen will Carla nicht anfassen, das habe nichts miteinander zu tun. In den nächsten Stunden zeigt sie mir, dass sie doch lieber so klein wie ihre Schwester sein will. Wenn man größer werde, habe man so viel Verantwortung und müsse so viele Sachen können.

Trotzdem gibt es deutliche Veränderungen: Regressive Bewegungen haben jetzt meist die Funktion, die Angst vor den sexuellen Wünschen abzuwehren. Sie spielt häufig nur noch mit der Vorstellung, kleiner zu sein. Dies ist in der Übertragungs- Gegenübertragungs-Dynamik spürbar. Ich fühle mich von ihr nicht mehr klein gemacht, rausgehalten, sondern werde zunehmend mutiger. Ich spüre so etwas wie väterlichen Stolz auf meine sich entwickelnde Tochter.

Ich nehme sie auf den Arm, aber anders als früher: »Das wäre schön, so klein wie früher zu sein. Da könntest du in der Krabbelstube rumkrabbeln, würdest an der Brust von der Mama liegen oder Brei essen, und alle würden das süße Baby mögen.«

Wir lachen herzlich über diese Vorstellung. Nein, sie möge keinen Brei. Viel lieber esse sie Steaks. Aktiver im Dialog, provoziere ich bisweilen von mir aus gemeinsame Fantasievorstellungen. Sie bringt das Thema »Urlaub«, überlegt, mit wem sie wohl in den Urlaub fahren könnte.

»Wenn ich dein Vater wäre, dann könnten wir uns vorstellen, wie das wäre, wenn wir in den Urlaub fahren würden.«

Das fällt ihr schwer, sich vorzustellen, also jedenfalls könne sie sich nicht vorstellen, mit mir nach Italien an den Strand zu fahren, da ist es zu heiß. Also höchstens könne sie mit mir in den Winterurlaub fahren, zum Skifahren. Da könnte man dann mit dem Babylift hochfahren. Ob ich wisse, was das sei.

Ich weiß nicht, was ein Babylift ist, verstehe aber, dass sie lieber mit mir als Kleinkind ins Kalte fährt denn als Jugendliche ins Heiße. Die Beziehung zum Vater-Therapeuten schlingert ins heiße Spannungsfeld pubertär-ödipaler Wünsche und Ängste.

Carla erzählt von ihrem Geburtstagsfest, das sie ganz alleine ausgerichtet hat, mit vielen Freunden in der Spielstube. Es wurde auch getanzt. Sie habe mit Udo getanzt, einem Klassenkameraden, aber das war nicht so toll. Und die anderen tanzen nicht so gerne. Ein guter Tänzer habe ihr schon gefehlt, bemerkt sie beiläufig.

Vielleicht denke sie darüber nach, wie das wohl wäre, wenn ich auf ihrem Fest gewesen wäre, ob wir dann zusammen getanzt hätten, biete ich ihr als Idee an.

Nein, sie tanze lieber mit Gleichaltrigen, erwidert Carla darauf.

Dennoch scheint sie dieser Gedanke auch in den nächsten Stunden weiterzuverfolgen; mich auch, denn ich habe ein eigenartig schlechtes Gewissen, hier etwas zu verführerisch geworden zu sein.

(Erst später verstehe ich, dass ich hier verführt worden bin, das innere Bild des leiblichen Vaters als Charmeur und Verführer – »Kann jede Frau um den Finger wickeln« – zu agieren, dass die Mutter unterschwellig ihrer Tochter vermittelt hat.)

In der nächsten Stunde kommt Carla humpelnd. Beim Turnunterricht habe sie sich den Fuß angeschlagen, weil die Hilfestellung der anderen nicht mehr da war. Der Lehrer würde auch immer viel zu viel von ihnen verlangen. Vor allem vor den Sprüngen habe sie große Angst.

Ich verbinde ihren Sportunfall mit meinem Vorschlag von letzter Stunde, sich vorzustellen, wie das wäre, wenn wir zusammen tanzen. Vielleicht habe sie da Angst bekommen wie vor einem großen Sprung im Sportunterricht.

Sie bagatellisiert, wieso solle sie davor Angst bekommen. Tanzen mache ihr doch Spaß. Sie habe schon überlegt, in eine Tanzschule zu gehen.

Nach dieser Stunde wird die Patientin eine Woche krank. In der nächsten Stunde erzählt sie vom Arzt, der meine, ihre Krankheit sei psychosomatisch gewesen, wegen dem Schulstress. Auf Nachfrage erfahre ich, dass die Kopfschmerzen genau genommen vor unserer Stunde angefangen haben.

**T:** So konntest du dann nicht zu unserer Stunde kommen.

**C:** Ich konnte aber auch nicht zu den anderen Sachen gehen. Ich hatte Kopfschmerzen, und dann wurde es mir ganz heiß und dann wieder ganz kalt. Da musste ich zum Kinderarzt. Eigentlich gehe ich ja lieber zum Hausarzt, aber jetzt bin ich schon ein paarmal zum Kinderarzt gegangen.

**T:** Die Krankheit hat verhindert, dass du zu mir kommen konntest, und du hattest ja schon in der letzten Stunde eine Blessur. Du konntest ja nur humpeln. Und das gerade, wo wir übers Tanzen geredet haben. Das war ja auch ein heißes Thema.

Also damit habe es doch gar nichts zu tun, lacht sie. Wie ich denn darauf komme, dann würde die Therapie sie ja krank machen, also da war es doch viel eher die Schule. Außerdem habe sie doch keine Angst vorm Tanzen. Sie mache doch Ballett.

**T:** Darüber haben wir in der letzten Stunde geredet, wie du in der neuen Gruppe von der Besten zu einer unter vielen geworden bist. Du hast dich selbst gewundert, wie es kam, dass du so viel vergessen konntest.

**C:** Jetzt ist es oft langweilig, da habe ich keine Lust und denke, ich kann sowieso nichts, aber manchmal ist es anders, da fühle ich mich fit.

Vorher war sie in einer Ballettgruppe, da war sie die Kleinste und hat viel gelernt. In der neuen Gruppe ist sie die Größte. Das fand sie blöd. Sie musste immer vormachen, weil sie die Beste war. Das war irgendwie peinlich. Was denn wohl das Peinliche daran war, frage ich. Die anderen haben über sie getuschelt, vielleicht, dass sie eine Angeberin sei, sich für was Besseres halte.

**T:** Du hast dich alleine gefühlt und hast gefürchtet, dass die anderen neidisch auf dich sind, und dann hast du lieber wieder deine Fähigkeiten verloren, um zu ihnen zu gehören!

**C:** Ja, ich bin irgendwie geschrumpft. Aber ich war ja auch die Einzige, wenn wenigstens noch ein oder zwei so gut gewesen wären.

**T:** Alleine ist es schwierig, den Neid der anderen zu ertragen?!

**C:** In der anderen Gruppe war es einfacher. Die waren alle größer, so groß wie ich heute bin.

Sie würde gerne wieder kleiner sein, ein Kind, vielleicht mit Puppen spielen (sie schaut zu den Kasperpuppen in meinem Regal), aber nein, das ist eigentlich langweilig.

**T:** Jetzt, als du krank warst, hast du dich vielleicht auch wieder wie ein kleineres Kind gefühlt, die Mutter hat dich gepflegt und du bist zum Kinderarzt gegangen.

**C:** Ja, das stimmt. Das war schön.

**T:** Das war dann so etwas wie eine Pause beim Größerwerden.

**C:** (Sie lacht.) Aber eigentlich hätte ich lieber eine längere Pause, das war ja nur eine Fünf-Minuten-Pause wie in der Schule. Was ich jetzt brauche, ist aber eine Fünfzehn-Minuten-Pause.

Das Provozieren der Fantasie, gemeinsam zu tanzen, hat zu großer Angst und als deren Abwehr zu einer deutlichen Regression geführt, die sie tatsächlich krank gemacht und in Mutters Schoß zurückgeführt hat. Aber wie kann eine Fantasie ängstigen? Doch nur, wenn man sich vorstellt, diese Fantasie werde Realität. Und tatsächlich ist es dann nicht das Tanzen, was ihr Angst macht, sondern der damit verbundene Körperkontakt, die sexuelle Erregung. Die Patientin, die in der ödipalen Phase nicht erleben konnte, dass ihre sexuellen Wünsche vom Vater zwar spielerisch akzeptiert, aber nicht real erfüllt werden, die die ödipale Enttäuschung also nie konkret sinnlich erfahren hat, muss doch mit der unbewussten Fantasie leben, der Inzest mit dem Vater sei möglich. Dies steigert in der Pubertät, wo der Inzest und das Kinderkriegen körperlich reale Möglichkeiten werden, ihre Angst erheblich, sodass die Rückkehr zur dyadischen Mutter als die letzte Rettung erscheint. Aber wie kann ein Mädchen, das die erotische Besetzung ihres Körpers im Spiegel eines sinnlich erfahrbaren Vaters nie erlebt hat, ihren sexuellen Körper in das präödipale Körperbild integrieren?

Die Patientin wird wieder kindlicher, zieht die Ohrringe aus, trägt ein Micky-Maus-T-Shirt. Es geht um den Sportunterricht, wo sie »Reise nach Jerusalem« und so schöne Spiele mache, den nun eine Frau macht, die ist sehr lieb, aber eigentlich ist es nicht so spannend wie bei dem Sportlehrer.

Nette, aber langweilige Frauen und aufregende Männer, fasse ich zusammen. Nein, so könne man es nicht sagen. Es gäbe genauso viel aufregende Frauen wie Männer. Das Verhältnis wäre 50:50. Sehr gleichberechtigt, amüsiere ich mich.

Sie erzählt von Spielen, die sie als Kind gespielt habe in der zweiten und dritten Klasse. Ich wundere mich, dass sie so viel von Kleinkinderspielen erzähle, wie es mir überhaupt erscheine, als wäre sie seit ihrer Krankheit wieder ein bisschen mehr zum Kleinkind geworden, während wir davor ja doch ganz spannende Themen miteinander besprochen haben, uns sogar überlegt haben, wie das ist, miteinander zu tanzen, nur in der Fantasie, in Wirklichkeit hätten wir das ja nicht getan. Aber danach habe sie wohl Angst bekommen, wir könnten wirklich tanzen, und ist vor lauter Angst wieder kleiner geworden, und nun sprechen wir nur noch über Kinderkram, obwohl ich doch deutlich sehe, dass sie größer geworden ist.

Ihre Mutter würde ihr ja nicht erlauben, was Richtiges anzuziehen, ein Kleid wollte sie gerne genäht haben von ihr, dazu solle sie erst 15 oder 16 Jahre alt sein.

Was das denn für ein Kleid sei, frage ich.

Nicht gerade ein Winterkleid, so ein enges langes mit Trägern. Sie wollte ihr so ein weites Wollkleid nähen.

»Das eine betont deinen Körper, das andere verhüllt deinen Körper.«

»Schminken soll ich mich auch nicht, obwohl in der Klasse sind viele geschminkt, ich soll so bleiben wie ich bin. Ich will mich selbst gar nicht schminken, aber sie geht abends auch manchmal mit kurzem Rock und geschminkt weg. ›Mach dich nicht älter als du bist‹, sagt meine Mutter. ›Und du, mach du dich nicht jünger als du bist‹, sage ich ihr.«

Carla ist mächtig in Fahrt gekommen, plötzlich temperamentvoll geworden.

Nach dieser Stunde zeigt sie sich nun sichtbar jugendlicher, trägt neue halbhohe Stiefel, Jeans, einen feschen Pullover, halblange Ohrringe und ein Tuch oder Schal um den Hals.

Die Aggression auf ihre Mutter nimmt zu, verkleidet bringt sie sie um, schildert das ödipale Drama in moderner Fassung: Sie überlegt sich, in eine Theatergruppe zu gehen. Dort wolle sie dann eine Mörderin spielen. Die Mörderin würde die Geliebte ihres Freundes umbringen. Sie malt es sich wie einen Traum aus: »Also, diese Frau, vielleicht meine Mutter, ach Quatsch, also die Geliebte meines Freundes liegt im Bett und träumt gerade, dass da ein Mörder komme, und dann komme ich wirklich als Mörder und erwürge sie, oder erschieße sie, nein das ist zu laut, mit dem Messer erdolche ich sie.«

Aber natürlich macht ihr diese Vorstellung große Angst und so verschiebt sie ihre Mordswut auf eine Außenstehende. In der Gemeinschaft mit anderen aus der Klasse ist ihr Über-Ich entlastet, und sie kann hemmungslos und leidenschaftlich über die neu kreierte böse Mutter – es ist die Lateinlehrerin – herziehen. Sie schildert deren Untaten in allen Einzelheiten und malt sich die verschiedenen Tötungsmöglichkeiten aus.

**T:** Das hört sich an wie die böse Stiefmutter im Märchen. Und wie geht es dir mit deiner Mutter?

**C:** Wir verstehen uns jetzt wieder gut, streiten uns gar nicht mehr.

**T:** Das ist ja praktisch. Eine liebe Mutter zu Hause und eine böse Stiefmutter in der Schule.

Dieses Arrangement der Spaltung zum Schutze der guten Mutter lässt sich nicht lange aufrechterhalten. Die Lateinlehrerin bleibt zwar »superblöd«, aber die Aussicht, die bevorstehenden Weihnachtsferien zu Hause bei der eben noch lieben Mutter und ihrer kleinen Schwester zu verbringen, beglückt sie nicht. Nachdem ihre Mutter gesagt hat, sie wolle Weihnachten nicht feiern, beschließt sie, die Einladung einer befreundeten Familie zum Heiligabend anzunehmen.

In den Ferien will Carla viel unternehmen: »Nur zu Hause zu sitzen, das halte ich ja im Kopf nicht aus!«

Mir fällt ein Satz ein, den meines Wissens J. Bowlby prägte: Psychische Gesundheit beginnt dort, wo man sich mit Menschen umgibt, die einen nicht krank machen. Carla hat nun Anschluss an die altersgemäße Entwicklung gefunden und kann langsam die Behandlung beenden. Sie wird noch mal krank, äußert ihre Angst, ob sie auch ohne mich zurechtkommen könne. Schließlich geht sie aber mit einem lachenden und einem weinenden Auge. Sie ist traurig, nicht mehr zu mir zu kommen, und freut sich, dass sie jetzt mehr Zeit hat, die sie mit ihren Freunden und Freundinnen verbringen kann.

Sie fragt, ob sie später wieder zu mir kommen könne. Nachdem ich dies für sie überraschend bejahe, meint sie abschließend: »Aber erstmal brauche ich Sie nicht mehr!«

## 6. Zusammenfassung

Carla hat trotz fehlendem Vater eine erstaunlich gute Fähigkeit zur Beziehungsaufnahme und zum Herstellen eines therapeutischen Bündnisses mit einem männlichen Dritten gezeigt. Dies weist daraufhin, dass der frühe kreative Übergangsraum im Kontext von Mentalisierungs- und Triangulierungsprozessen im emotionalen Austausch zwischen Mutter und Kind mehrheitlich gelungen sind. Obwohl der leibliche Vater sinnlich konkret abwesend ist, scheint das Bild des Vaters in der Mutter neben der konflikthaften Seite auch eine idealisierte Komponente behalten zu haben. Trotz subjektiv gegenteiliger Erfahrungen hat die Mutter die Vorstellung eines imaginären guten Vaters in sich konserviert und ihrer Tochter weitergegeben. Im Sinne Ogdens könnte man sagen: Die Mutter war trotz erheblicher Konflikte mit dem eigenen inneren Vaterbild genügend gut in der Lage, eine Kostümprobe mit der Tochter unter Imagination eines männlichen Dritten zuzulassen. Die Beziehung zu einem Mann und die dadurch entstehende Ausschlusserfahrung ermöglichte Carla dann die krisenhafte Realisierung des väterlichen Mangels und der dadurch entstehenden Sehnsucht.

Der zentrale innere Konflikt Carlas liegt beim Übergang von der potenziellen Triangulierung mithilfe des »Inneren Vaters der Mutter« zur ödipalen Realität des gegengeschlechtlichen Begehrens. Auf der Stufe der ödipalen Triangulierung reicht die Identifikation mit einem virtuellen Vater in der Mutter und die Vorstellung von einem idealisierten Objekt alleine nicht mehr aus, um die psychische Klippe der ödipalen Dreiecksstruktur zu erklimmen. Das Fehlen eines auf konkreten Interaktionserfahrungen basierenden inneren familialen Dreiecks und vor allem das Fehlen eines libidinös verbundenen Elternpaares stellt sich für Carla als unüberwindliche Hürde bei der progressionsfördernden Bewegung zur Ödipalität dar. Da die Patientin nicht auf die Verinnerlichung einer triangulierend haltenden Mutter-Vater-Beziehung aufbauen kann, die auch die Erfahrung des Grenzen setzenden Ausschlusses aus der Urszene beinhaltet, entsteht ein inneres Spannungsfeld, in dem nur entweder die regressive Beziehung zur Mutter oder die progressiv bedrohliche Beziehung zum Vater möglich scheint. So bleibt der Übergang zur ödipalen Welt ein zutiefst ängstigendes Spannungsfeld, immer mit der Sorge verbunden, die Mutter endgültig zu verlieren.

Dieses Spannungsfeld zwischen progressiven Vaterwünschen und der Angst vor dem Verlust der Mutter inszeniert die Patientin in der therapeutischen Übertragungsbeziehung immer wieder in unterschiedlichen Varianten. In der Pubertät wird die Angst durch das wachsende heterosexuelle Begehren und die Unklarheit über das Inzesttabu, das sich nicht in einer ödipalen Realität im Wechsel von sinnlich-körperlicher Leidenschaft und Begrenzung mit einem anfassbaren Vater festigen konnte, noch verstärkt. Die lange und intensive

Erfahrung mit dem männlichen Therapeuten hat Carla dabei geholfen, sich aus der Verstrickung mit der frühen Mutter durch das Finden eines hilfreichen männlichen Dritten zu befreien und einen ersten vorsichtigen Ausblick in die ödipale Welt des heterosexuellen Begehrens zu wagen. Ob sie den Übergang von der Welt der Frauen mit idealisiertem Fantasievater (Nonne) in die ödipale Welt der Frauen und Männer schafft, bleibt letztlich offen. Sie hat es bis zur »Kostümprobe« geschafft, aber ob sie darin stecken bleibt oder ob sie es wirklich wagen kann, eine heterosexuelle Beziehung einzugehen, bleibt offen. Dies bleibt auch deshalb offen, weil im Rahmen dieser Behandlung die Patientin den wichtigen Prozess der Entidealisierung des Übertragungsvaters nicht durcharbeiten konnte. Die Funktion des sinnlich erfahrbaren Vaters in der Pubertät ist es ja, seine Entidealisierung auszuhalten und so zu einem normalen Mann mit Stärken und Schwächen für die Tochter zu werden. Erst dadurch kann das Mädchen in der ödipalen Verschiebung den Zugang zu den gleichaltrigen Liebesobjekten finden und muss nicht ewig an einen unerreichbaren königlichen Ritter auf dem weißen Pferd gebunden bleiben.

## Literatur


Abelin, E.L. (1971): Role of the Father in the Separation and Individuation Process. In: J.B. Mc Devitt & C.F. Settlage (Hrsg.), *Separation – Individuation. Essays in Honour of Margaret Mahler.* New York: International Universities Press.

Abelin, E.L. (1975): Some Further Observations and Comments on the Earliest Role of the Father. *International Journal 56*, 293–302 (Dt.: Beobachtungen und Überlegungen zur frühesten Rolle des Vaters. In: G. Bittner & E. Harms (Hrsg.) (1985), Erziehung in früher Kindheit. München: Kindler).

Benjamin, J. (1992): Vater und Tochter: Identifizierung mit Differenz. *Psyche 46*, 821–846.

Buchholz, M.B. (1990): Die Rotation der Triade. *Forum Psychoanalyse 6*, 116–134.

Bürgin, D. (1998): Vater als Person und Vater als Prinzip. In: D. Bürgin (Hrsg.), *Triangulierung – Der Übergang zur Elternschaft* (S. 179–214). Stuttgart: Schattauer.

Burgner, M. (1985): The Oedipal Experience: Effects on Development of an Absent Father. *International Journal of Psychoanalysis 66*, 311–320.

Dammasch, F. & Metzger, H.G. (1998): Die Suche nach dem Fremden – theoretische Grundlagen und eine empirische Studie zur Bedeutung des Vaters in der familiären Triade. In: U. Jongbloed-Schurig & A. Wolff (Hrsg.), *»Denn wir können die Kinder nach unserem Sinne nicht formen« – Beiträge zur Psychoanalyse des Kindes- und Jugendalters* (S. 201–224). Frankfurt a.M.: Brandes & Apsel.

Dammasch, F. (2008): Triangulierung und Geschlecht. In: F. Dammasch, D. Katzenbach & J. Ruth (Hrsg.), *Triangulierung* (S. 13–40). Frankfurt a.M.: Brandes & Apsel.

Dammasch, F. (2012): Der unsichtbare Dritte. Über die innere Welt eines vaterlos aufgewachsenen Mädchens. In: F. Dammasch & H.G. Metzger (Hrsg.), *Die Bedeutung des Vaters* (S. 155–178). Frankfurt a.M.: Brandes & Apsel.

Freud, S. (1920): Jenseits des Lustprinzips. GW XIII, S. 3–69.

Herzog, J.M. (1998): Frühe Interaktionen und Repräsentanzen: Die Rolle des Vaters in frühen und späten Triaden; der Vater als Förderer der Entwicklung von der Dyade zur Triade. In: D. Bürgin, D. (Hrsg.), *Triangulierung – Der Übergang zur Elternschaft* (S. 162–178). Stuttgart: Schattauer.

Klitzing, K. von (2002): Frühe Beziehungswelt im Längsschnitt – Von der Beziehungswelt der Eltern zur Vorstellungswelt des Kindes. *Psyche, 56*, 863–887.

Metzger, H.G. (2000): *Zwischen Dyade und Triade. Psychoanalytische Familienbeobachtungen zur Bedeutung des Vaters im Triangulierungsprozeß*. Tübingen: Edition diskord.

Metzger, H.G. (2013): *Fragmentierte Vaterschaften*. Frankfurt a.M.: Brandes & Apsel.

Ogden, T. (1995): *Frühe Formen des Erlebens*. Wien, New York: Springer.

Rotmann, M. (1985): Frühe Triangulierung und Vaterbeziehung. *Forum der Psychoanalyse, 1. Jg.*, 308–317.

Schon, L. (1995): *Entwicklung des Beziehungsdreiecks Vater – Mutter – Kind*. Stuttgart: Kohlhammer.

Winnicott, D.W. (1979): *Vom Spiel zur Kreativität*. Stuttgart: Klett-Cotta.

Winnicott, D.W. (1984): *Reifungsprozesse und fördernde Umwelt*. Frankfurt a.M.: Fischer.

# Tod den Kugeln!

## Übergangsphänomene in der analytischen Behandlung eines elfjährigen Jungen

*Anita Burkhardt*

»Wer ist eigentlich dieser Donald W. Winnicott?« Diese Frage beschäftigte mich erstmals, als ich mit der Ausbildung zur Kinder- und Jugendlichenpsychotherapeutin im Winnicott-Institut begann. Ich erinnere mich noch lebhaft an das erste Seminar, das sich dem Konzept des Übergangsobjektes und der Übergangsphänomene Winnicotts widmete. Wir Studierenden kamen sofort über unsere »Übergangsobjekte der Kindheit oder deren Fehlen« ins Gespräch. Mir selbst kam sehr schnell der Teddybär in den Sinn, den ich von meinem Vater nach meiner Geburt geschenkt bekommen hatte und der mir als Kind eine Zeitlang ein treuer Begleiter und Tröster war. Anlässlich des Winnicott-Seminares holte ich ihn noch einmal aus dem Pappkarton im Keller hervor und setzte ihn neben den Schreibtisch: ein ziemlich bedauernswerter Anblick mit seinem abgeliebten und dünn gewordenen Fell und einem ramponierten Ohr. Dennoch strahlte er etwas Tröstliches aus, etwas Altvertrautes, was mich berührte, möglicherweise, weil ich mich mit dem Studium auch in einem Übergang zu etwas Neuem befand, das neben großer Neugierde auch Ängste hervorrief. Da saß er nun mit seinen funkelnden Glasaugen und schaute mich an und ich versuchte zu verstehen, was es mit dem Übergangsobjekt tatsächlich auf sich hat. Im Seminarverlauf wurde dann deutlich, dass Donald W. Winnicott nicht präzise vom Teddybären des kleinen Kindes spricht, wenn er vom Übergangsobjekt redet, sondern vielmehr das Übergangsobjekt als Grundphänomen im kindlichen Leben beschreibt, wenn er herausstellt: »Es ist kein verwendetes Objekt, sondern eine ›Objektverwendung‹.« Aber was genau bedeutet das? Und wie, so fragte ich mich, gelingt der Übergang von einer Objektbeziehung zu einer Objektverwendung? Nach

Winnicott, so hörte ich dann im Seminar, kann sich der Prozess von der Objektbeziehung zur Objektverwendung nur vollziehen, wenn das Subjekt das Objekt in der Fantasie zerstört. Aber wie geschieht dies denn genau und wie zeigt sich das in der Praxis? Erst im Behandlungspraktikum bekam ich eine Vorstellung von dem, was Winnicott damit meinen könnte.

Anhand einiger Ausschnitte aus der analytischen Behandlung meines elfjährigen Patienten Tim möchte ich nun über die Übergangsphänomene, die sich innerhalb der analytischen Behandlung zeigten, mit Ihnen nachdenken.

Tim wird im Alter von zehn Jahren im Institut vorgestellt, weil er den Lehrern und Mitschülern »das Leben zur Hölle machte« und in der Schule kaum mehr tragbar war. Er zeigte Symptome, die an ein ADHS-Kind denken ließen: Konzentrationsschwierigkeiten, Stören des Unterrichts, motorische Unruhe, Unfähigkeit, sich an die von außen gesetzten Regeln zu halten, und impulsives, aggressives Verhalten, wenn er sich zurückgesetzt oder ungerecht behandelt fühlte. Er war leicht kränkbar, hatte wenig Selbstbewusstsein und sagte bei neuen schulischen Herausforderungen häufig: »Das kann ich sowieso nicht.« Er forderte ständig Aufmerksamkeit, kasperte herum und war insgesamt schwer zu begrenzen. Er entwertete andere, musste unbedingt immer der Beste sein, konnte in keinem Spiel verlieren. Wenn es dann nicht nach seinem Kopf ging, »rastete« er körperlich und verbal aus. Sein unkalkulierbares und impulsives Verhalten in und auch außerhalb der Schule führte dazu, dass er wenig feste Freunde hatte. Zudem weigerte er sich hartnäckig, schwimmen zu lernen, weil er Angst davor hatte, im Wasser unterzugehen. Psychosomatische Beschwerden wie Kopf- und Bauchschmerzen kamen zuletzt noch hinzu. Zu Hause zeigte sich Tim vordergründig angepasst, war ein sehr verständiger und lieber Junge und bekundete der Mutter immer wieder, wie lieb er sie habe. Andererseits belog er sie, fälschte ihre Unterschriften und hinterging sie, wann immer die Angst vor Bestrafung zu groß wurde. Die Mutter litt unter Tims Verhalten, agierte hilflos und setzte kaum Grenzen. Unter Tränen beklagte sie, dass sie ihren Sohn überhaupt nicht verstehen könne.

Nach all diesen Vorinformationen erwartete ich einen wilden »Rabauken« und war sehr erstaunt, dass mir, entgegen meiner Erwartungen, ein aufgeweckter zehnjähriger Junge begegnete, der mich mit seinem Charme, seiner Aufgeschlossenheit und seiner Lebendigkeit schnell für sich einnahm. Tim kam von Anfang an gerne und explorierte den Therapieraum mit einer Begeisterung, die ansteckend war. Er schien jede Minute der Therapie zu genießen und machte es mir leicht, ihn in mein Herz zu schließen – aber es gelang ihm genauso schnell, mich »aus der Fassung« und an die Grenzen meines therapeutischen Containments zu bringen.

## Die Welt ist voller gefährlicher Monster

Und so ging es los: Zur ersten Stunde kommt Tim stürmisch auf mich zugelaufen, begrüßt mich erwartungsvoll und drängt darauf, dass es endlich losgehen solle. Er verabschiedet sich mit einem flüchtigen »Tschüss« von seiner Mutter, die ihm noch schnell einen Kuss auf die Wange drückt, und folgt mir zum Therapieraum. Dort wendet er sich sofort der Ritterburg zu und teilt mit, dass er auch schon einmal eine Burg besessen, aber bald verkauft habe, weil er niemanden zum Spielen hatte. Er wirkt traurig, als er weiter ausführt: »Man kann nicht so gut alleine spielen und sich mit den eigenen Rittern bekämpfen, das geht besser zu zweit.« Tim erzählt, dass er sich vom Erlös ein neues PC-Spiel gekauft habe, und beschreibt die Abenteuer, die er dabei bestehen muss: »Da gibt es gefährliche Monster, die getötet werden müssen. Die schlimmsten Monster sind aber die, die immer wieder auferstehen.« Ich höre ihm interessiert zu, meine, dass es sehr unheimlich sei, wenn Tote immer wieder lebendig werden und man sich nie sicher fühlen könne. Tim nickt aufgeregt: »Aber man kann rauskriegen, wie sie unschädlich gemacht werden können. Wenn man sie mit den richtigen Waffen trifft, verpuffen die Monster in der Luft.« Er lacht und ich begreife, dass Tim mir hier mitteilt, wie es in seiner Innenwelt aussieht: Sie ist von schrecklichen Monstern bevölkert, vor denen er sich fürchtet. Es sind seine eigenen Aggressionen, die er als zerstörerisch erlebt. Indem er die Hoffnung bekundet, dass diese Monster zu besiegen sind, wird aber auch der Wunsch Tims spürbar, in mir jemanden zu finden, der ihm bei der Bekämpfung der unberechenbaren »Aggressions-Monster« behilflich ist. Aber noch traut er mir nicht über den Weg. Denn auch die äußere Welt wird von Tim aufgrund seiner Projektionen als bedrohlich und verfolgend erlebt. Hinzu kommt, dass Tim nicht nur mit seiner bedrohlichen »inneren Monsterwelt« zu kämpfen hatte, sondern auch realen Bedrohungen ausgeliefert war, wodurch seine Projektionen in seinem Erleben Wirklichkeit werden.

Tim kann deshalb nur schwer zwischen Außen und Innen, zwischen Fantasie und Wirklichkeit unterscheiden. Das wird deutlich, als er mit angstgeweiteten Augen davon berichtet, dass er hilflos mit ansehen musste, wie seine 18-jährige Halbschwester im Drogenrausch die Wohnung der Mutter verwüstete und die Mutter angriff. Tim erzählt: »Meine Schwester hat alles kaputtgetreten und Mama angeschrien und so, bis die Polizei kam. Ich hatte schreckliche Angst. Ich wollte, dass das alles aufhört, und habe gezittert, am ganzen Körper. Danach konnte ich nicht schlafen, weil ich dachte, dass meine Schwester wiederkommt und die Tür kaputt tritt.« Hier zeigt sich, dass Tim sich nicht sicher ist, ob nicht auch in ihm ein gewalttätiges, destruktives Monster steckt, das jederzeit sichtbar werden könnte. Indem er mir diese Szene beschreibt, stellt er auch die Frage an mich: »Darf ich hier meine Aggressionen zeigen? Bin ich gut bei dir gehalten – auch mit meinen Aggressionen – oder wirst du dich dafür an mir rächen?«

In der Anfangsphase der Behandlung kommt Tim mit klaren Plänen in die Therapie und zeigt große Freude, mich wiederzusehen. Lange begegnet er mir wie ein Kavalier, indem er mir die Türen aufhält und mir den Vortritt lässt. »Ladys first!« Im Nachhinein verstehe ich, dass Tim sich sehr bemüht, mit seinem freundlichen und charmanten Verhalten zu Beginn der Stunden seine Aggressionen in Zaum zu halten, was ihm aber immer weniger gelingt, je wichtiger ich für ihn wurde. Tim stabilisiert sich lange Zeit über Omnipotenzvorstellungen: In der Therapie, indem er sich vor mir produziert und sich groß macht, sich mit seinen fußballerischen Erfolgen im Verein brüstet und die Mitspieler, die es nicht mit ihm aufnehmen können, abwertet. Er ist immer der Größte! Dabei möchte er von mir jetzt, wie auch später immer wieder, positiv gespiegelt werden und Bestätigung erhalten. In den ersten Wochen wählt er häufig das Monopolyspiel und sorgt dafür, dass ich sehr schnell ins Hintertreffen gerate, »mein Vermögen« an ihn verliere, er derjenige ist, der über Macht und Reichtum verfügt und dadurch selbst nicht wütend auf mich werden und dann ausrasten muss. Dabei wird ein hemmungsloser Egoismus, eine immense Gier deutlich, die sich darin zeigen, dass Tim mich zu einem Objekt macht, das keinen eigenen Willen und kein eigenes Recht hat. Er kann es kaum ertragen, wenn er selbst Geld abgeben muss, schleudert mir seine Geldscheine wütend ins Gesicht und beklagt sich über das Unrecht, das ihm geschieht. Er drängt mich, schneller zu machen, versetzt ungeduldig meinen Spielstein, nimmt mein

Geld selbstgefällig entgegen, weidet sich an meinem Unglück, macht sich über mich lustig und stellt selbstherrlich fest: »Heute mache ich dich fertig – ich ziehe dich voll ab.« Seine Arroganz und seine Überheblichkeit steigern sich mit jeder Stunde und sind schwer auszuhalten. Ich werde zusehends schlechter vom ihm behandelt, herumkommandiert, gedemütigt und klein gemacht. Ich fühle mich seiner grenzenlosen Gier und grandiosen Größe ohnmächtig ausgeliefert. In diesen Stunden bin ich für Tim Teil seines erweiterten narzisstischen Selbst oder, wie Donald W. Winnicott formuliert, sein subjektives Objekt, das ihm gänzlich für seine Bedürfnisse zur Verfügung stehen und ihn in seiner Größe bestätigen soll. Als ich schließlich kein Geld mehr habe, um ihn auszuzahlen, und ich innerlich bereits dankbar durchatme, weil das sadistische Spiel endlich ein Ende hat, zählt Tim mit einer großen Geste Geldscheine von seinem Stapel ab und reicht mir diese herüber: »Hier, ich schenke dir das Geld! Dann kannst du mich auszahlen.« Er lächelt mich dabei großspurig an: »Ich bin jetzt dein Wohltäter. Ich rette dich.« Ich bin perplex, fühle mich beschämt, nehme das Geld mit zwiespältigen Gefühlen entgegen und spüre, wie Tim sich wohl häufig fühlen muss: abhängig und angewiesen auf das Wohlwollen und die Zuwendung anderer, was heftige Angst und Wut auslöst. Als sich in einer der folgenden Stunden das Monopolyspiel vorübergehend zu meinen Gunsten dreht und es mir gelingt, die Parkstraße zu erwerben, gerät sein narzisstisches Größenselbst ins Wanken. Tim jammert und klagt und drängt mich, die Parkstraße nicht zu kaufen oder sie wenigstens an ihn zu veräußern und auf meinen Vorteil zu verzichten. Ich soll ihm zuliebe alles geben, mich ganz und gar für ihn zur Verfügung stellen. Er drängt mich, seinen Spielanweisungen sofort Folge zu leisten. Ich fühle mich völlig in Beschlag genommen, es scheint so, als könne kein innerer Spielraum in mir, aber auch kein äußerer Spielraum zwischen uns entstehen. Als ich seinem Wunsch nicht entspreche, zeigt sich unvermittelt seine narzisstische Wut. Tim schreit mich mit tränenerstickter Stimme wütend an: »Das ist gemein, ich spiele nicht mehr mit dir!« Mit einer schnellen Bewegung wirft er alle Geldscheine im hohen Bogen durch die Luft. Tim thront mit bebendem Kinn und trotziger Miene vor mir auf dem Stuhl und funkelt mich böse an. Mein »Nein« konfrontiert ihn mit der schmerzlichen Realität, mich als von ihm getrenntes Objekt zu begreifen, das sich seiner omnipotenten Kontrolle entzieht. Ich stehe Tim nicht mehr als subjektives Objekt zur Verfügung, das seine Omnipotenzfantasien bestätigt, was seine narzisstische Abwehr zusammenbrechen lässt. Nachdem ich seine Wut und seine Enttäuschung anerkenne und feststelle, wie schwer es ist, sich so abhängig zu fühlen und nicht das zu bekommen, was man sich wünscht, kann sich Tim langsam beruhigen. Er beginnt mit dem Aufsammeln der Geldscheine und stellt schließlich ernüchtert fest: »Ich kann eben nicht verlieren, das ist doch das Problem. Deshalb bin ich doch hier! Also können wir jetzt doch noch weiterspielen?«

Von Bedeutung war auch, dass jedes Stundenende von Therapiebeginn an dem narzisstischen Triumph Tims ein jähes Ende setzte und ihn immer wieder mit der schmerzlichen Realität konfrontierte, nicht gänzlich über mich verfügen zu können. Tim versucht, mich zunächst mit seinem Charme um den Finger zu wickeln, und als das nichts fruchtet, zögert er das Stundenende auf andere Weise hinaus: er muss mir noch dringend etwas erzählen, etwas auf dem Handy zeigen oder noch unbedingt seinen Durst stillen. Er zieht sich umständlich an und weigert sich beharrlich, den Therapieraum pünktlich zu verlassen, signalisiert mir, dass er jede von ihm herausgeschundene Minute als narzisstischen Triumph erlebt: »Super, schon drei Minuten über der Zeit!« Als ich daraufhin das Stundenende früher ankündige, ist Tim einen kurzen Moment sprachlos. Er holt sich das Spielzeuggewehr, legt wortlos den Pfeil hinein, stellt eine Playmobilfrau aufs Fensterbrett und schießt diese mit großem Vergnügen ab, um mir anschließend süffisant grinsend mitzuteilen: »Das hat sie verdient.« Meinen Kommentar, dass die Playmobilfrau auf dem Fensterbrett wohl stellvertretend für mich erschossen wurde, weil er so furchtbar wütend auf mich sei, dass ich ihn einfach immer wieder vor die Tür setze, obwohl er noch gerne bleiben wolle, nimmt er zufrieden grinsend zur Kenntnis: »Ganz genau! Jetzt hast du es endlich verstanden!« Es folgen noch etliche Stunden, in denen Tim das Stundenende mit dieser symbolischen »Geste« beenden und dafür sorgen wird, dass er sich nicht ohnmächtig fühlen muss, sondern mit einem Gefühl des Triumphs den Raum verlassen kann. Aber in dieser Stunde beginnt auch etwas Neues. Während mich Tim zuvor im Monopolyspiel ausschließlich als narzisstisches Objekt beansprucht, als Teil seines omnipotenten Selbst, kommt jetzt erstmals ein Symbol ins Spiel, das die Funktion eines Übergangsobjektes einnimmt. Mit der Playmobilfrau etabliert Tim ein Nicht-Ich, ein Übergangsobjekt, das als »Drittes« genau zwischen Selbst und Objekt angesiedelt ist. Tim kann die Playmobilfrau als Übergangsobjekt deshalb auch ohne großen Schaden malträtieren und »zerstören.« Dabei zeigt sich, dass das Übergangsobjekt nicht nur eine intrapsychische Seite hat, sondern auch einen intersubjektiven Aspekt. Indem Tim die Playmobilfrau erschießt, anstatt mich real anzugreifen, schützt er mich und die Beziehung zu mir, und ich kann auch weiterhin freundlich zu ihm bleiben und eine haltende Funktion für ihn übernehmen.

Viele weitere Stunden muss Tim noch »Herr der Lage« bleiben und mich erst einmal weit von sich weghalten. Das tut er, indem er im Therapieraum ständig in Bewegung ist, aufspringt, sprunghaft die Themen wechselt, mir nicht zuhört und vor allem, indem er sportbetonte Spiele wählt. Mir scheint, als fliehe er mithilfe der körperlichen Bewegung vor der Wahrnehmung der eigenen bedrohlichen Innenwelt und der Abhängigkeit von den Objekten. Häufig fordert er mich zu einem Wettstreit im Tischtennisspiel auf – mit dem Ergebnis, dass ich keine Chance habe. Sobald ich einen Punkt gemacht habe, stellt Tim kategorisch fest: »Das war kein Punkt, der Ball war aus!« Versuche ich, mein Recht einzuklagen, werde ich unerbittlich in meine Schranken verwiesen. Es ist unmöglich für mich, meine Treffer anerkannt zu bekommen, während Tims Punktekonto stetig wächst. Auf diese Weise gelingt es ihm, immer als überlegener Sieger aus dem Spiel hervorzugehen und damit die schmerzhafte Realität zu verleugnen. Anschließend prahlt er vor den anderen Patienten und Therapeuten mit seinen grandiosen Siegen über mich. In den Stunden versuche ich immer wieder, aus einer verstehenden Position heraus, die Dringlichkeit und Bedeutung zu kommentieren, mit der er darauf besteht der Überlegene zu sein. Erfolglos! Ich beginne, die Stunden mit Tim zu fürchten, in denen er sich wieder und wieder vor mir produzieren muss, mich abwertet und unbedeutend macht. Als Folge der projektiven Identifizierung bin ich phasenweise so stark mit Tims Selbstanteil des »Losers« identifiziert, dass ich an meiner eigenen Kompetenz als Therapeutin zu zweifeln beginne. Im Nachhinein wird mir aber deutlich, wie wichtig diese Stunden waren, weil Tim mich auf diese Weise an seinem Abgewehrten, der Kehrseite seines Größenselbst, teilhaben lässt. Indem Tim seine eigenen Insuffizienzgefühle bei mir unterbringen kann, ist er entlastet, und ich habe die Aufgabe, diese schwer verdaulichen Affekte zu containen.

Zunehmend mute ich Tim aber auch immer wieder Frustrationen zu, indem ich mich nicht mehr ausschließlich von ihm als »willenloses Objekt« behandeln lasse, und indem ich auf mein Recht bestehe. Als Tim jetzt nicht mehr jedes Tischtennisspiel gewinnen kann, wird er wütend und wertet sich jetzt selbst unbarmherzig ab: »Ich bin voll der Loser, die größte Niete der

Welt. Nichts gelingt mir! Das ist wie immer, nichts kriege ich hin.« Meine Interventionen, dass er als elfjähriger Junge nicht jedes Tischtennisspiel gegen eine erwachsene Frau gewinnen könne, bringen ihn nur noch mehr in Rage. Tim besteht darauf: »Doch, das geht!« Als dies nicht gelingt, schlägt er sich verzweifelt den Schläger an den Kopf und schreit sich an: »Du Nullnummer.« Ich bin erschrocken, beende das Spiel, das keines mehr ist. Alle meine Versuche, seine Wut verstehend zu kommentieren, schlagen fehl. Er will nicht zuhören, er will unbedingt weiterspielen, den Sieg erzwingen. Als ich mich nicht mehr auf ein Spiel einlasse, ist er außer sich. Er schmettert den Ball wütend durch den Raum, tritt gegen Wände und Schränke, verletzt sich dabei, sodass ich ihn festhalten muss, um ihn zu schützen. Er kämpft mit den Tränen, will sich aber auf gar keinen Fall von mir trösten lassen. Er folgt mir widerwillig in den Therapieraum, greift sich die Pistole, schießt damit zunächst eine imaginäre Person ab, hält sich die Pistole dann selbst an den Kopf und drückt ab. Er lässt sich aufs Sofa sinken, bleibt dort reglos liegen. Ich bin bestürzt, spüre große Traurigkeit, setze mich an seine Seite, versuche ihn mit Worten zu erreichen: »Ich sehe, wie du dich fühlst. Es ist kaum auszuhalten. Es ist so schlimm, dass du gar nicht genau weißt, wohin mit deiner ganzen Wut.« Tim schaut mich jetzt mit großen traurigen Augen an und schluchzt: »Keiner versteht mich. Das war schon immer so. Seit ich sprechen kann.« Ich sage: »Und jetzt hast du auch bei mir das Gefühl, dass ich dich nicht verstehe.« Tim ist empört: »Das ist kein Gefühl; es ist eine Tatsache.« Nach einer Zeit des Schweigens sage ich: »Und das macht dich jetzt unbeschreiblich wütend. In deinen Gedanken könntest du dann alles kaputtschießen. Mich und alle, die dich nicht verstehen, aber auch dich selbst.« Tim ist erstaunt und setzt sich auf: »Ja, aber ganz genau so ist es doch bei mir. Woher weißt du das?«

In dieser Stunde schöpft Tim große Hoffnung und das Vertrauen zu mir wächst, ich bekomme Bedeutung für ihn und damit gleichzeitig auch große Macht. Daraufhin sollte sich auch in der Therapie etwas verändern.

## Tod den Kugeln

In der Stunde, die meinem Vortrag den Titel gibt, wartet Tim schon ungeduldig auf mich und ereifert sich, dass ich zwei Minuten zu spät komme: »Die anderen Therapeuten sind viel pünktlicher«. Ich: »Du bist jetzt ärgerlich und enttäuscht von mir! Vielleicht hast du auch Sorge, dass jemand anderes vor dir im Keller sein könnte und der Raum belegt ist?« Und tatsächlich stürmt aus dem Therapieraum nebenan Tims Mitschüler Ben heraus und teilt ihm schadenfroh mit: »Ich gehe jetzt Fußball spielen und du nicht.« Ich bin erstaunt, dass Tim scheinbar gelassen auf diesen Angriff reagiert und unbeeindruckt mitteilt: »Ok, macht nichts, ich möchte heute sowieso Billard spielen.« Auf dem Weg zum Billardtisch erzählt er mir stolz, dass er mit einem Freund letzte Woche Billard gespielt habe und genau wisse, worauf es ankomme. Tim beginnt zu spielen, rutscht häufig mit dem Queue ab und es wird schnell deutlich, dass Tim kaum Billard spielen kann. So gewinne ich nach 15 Minuten das erste Spiel und Tim nimmt es zu meiner Überraschung gelassen hin, baut alles wieder auf, um das nächste Spiel zu beginnen. Tim beobachtet meine Armhaltung genau, möchte dann von mir gezeigt bekommen, wie man den Queue am besten hält. Er probiert es aus und freut sich, wenn ihm jetzt der Stoß der Kugeln besser gelingt. Tim wirkt im Spiel entspannt und kann über seine und auch meine Fehler lachen. Ich loche meine Kugeln nach und nach ein, während Tim wenig Erfolg hat. Ich stehe kurz vor dem Gewinn des zweiten Spiels, als Tim sich nun doch laut zu ärgern beginnt, dass seine Kugeln nicht tun, was sie sollen, genaugenommen: was er will. Schließlich reißt er den Queue hoch, bringt ihn wie ein Gewehr in Stellung und brüllt im Befehlston: »Tod den Kugeln!« Er schießt geräuschvoll Gewehrsalven auf die Kugel ab und stellt zufrieden fest: »Jetzt ist sie tot!« Ich bin verblüfft und kommentiere: »Die Kugel muss bestraft werden, wenn sie nicht tut, was sie soll.« Tim lacht: »Genau! Sie hat den Tod verdient!« Von nun an wird jede Kugel, die sich nicht so verhält, wie Tim es wünscht, lautstark mit den Worten »Tod den Kugeln!« erschossen. Das wiederholt sich unzählige Male. Es gibt bald Zuschauer, die durch die Fensterscheiben schauen, aber Tim nimmt sie gar nicht wahr, ist so ins Spiel vertieft. Zwischenzeitlich lacht er über seinen Spruch und meint: »Den Spruch muss ich mir unbedingt merken.« Ich äußere, dass es wohl immer jemanden gebe, der Schuld und damit auch Strafe verdient habe, und Tim antwortet kichernd: »Genau und das bin nicht ich!« Ich sage schmunzelnd: »Das ist ja ein Vorteil, denn dann musst du nicht der Loser sein!« Tim nickt und grinst mich breit an. Und dann nimmt das Spiel eine unerwartete Wendung. Ich muss eigentlich nur noch die letzte, die schwarze

Kugel einlochen – doch die rollt in die falsche Richtung, in die falsche Öffnung und Tim kann jubeln: »Jetzt habe ich doch gewonnen!« Ich bin überrascht und zeige mein Bedauern: »Oh nein, so ein Pech!« Tim kommentiert altklug: »Ja, das Leben ist kein Ponyhof.« Er baut sofort gutgelaunt für das dritte Spiel auf und fordert mich auf, anzufangen: »Der Loser beginnt – der bist du!« Und auch das dritte Spiel gewinnt Tim, weil ich die schwarze Kugel verschieße. Tim jubelt und ich bin perplex, kann es kaum glauben. Das Spiel scheint wie verhext. Meine Kugeln wollen mir nicht mehr gehorchen. Und auch das vierte und letzte Spiel verliere ich auf dieselbe unglückliche Weise. Tim ist begeistert und räumt zufrieden den Billardtisch ab, während ich noch damit beschäftigt bin, das merkwürdige Billardspiel zu verdauen. Ich konnte mir nicht erklären, weshalb ich plötzlich nicht mehr in der Lage war, Billard zu spielen, und drei Mal hintereinander die schwarze Kugel verschoss.

In der Supervisionsstunde haben wir dann darüber nachgedacht, was sich in dieser Stunde ereignet haben könnte. Unsere Überlegungen führten dazu, dass wir annehmen, dass sich während des Spiels ein Übergangsraum zwischen Fantasie und Realität entfalten konnte, in dem Tim die Billardkugeln im Sinne von Übergangsobjekten verwenden konnte. Die Billardkugeln werden zu Tims Besitz, einem »Nicht-Ich«, einem Gegenstand der äußeren Welt, den er so behandeln kann, wie er ihn benötigt. Konnte Tim bisher seine Aggression nur gegen sich selbst richten, so ist er nun in der Lage, die Destruktion spielerisch gegen äußere Objekte, in diesem Fall gegen die Kugeln, zu richten und diese ohne großen Schaden zu zerstören. Durch meine Fehlleistungen habe ich außerdem Tims Größenfantasien genährt, indem er mich als »subjektives Objekt« wahrnehmen konnte, über das er magisch verfügen kann. Unbewusst bestätige ich damit, dass er nicht nur die magische Kontrolle über die Kugeln, sondern auch über mich hat, wie ein Kind, das sein Übergangsobjekt magisch kontrollieren kann. Dadurch wird die Illusion wahr, dass Tim sich die Welt so erschaffen kann, wie er sie braucht. So ist er sogar in der Lage, sich im Übergangsraum zwischen Fantasie und Realität von einem »Loser« zu einem »Champion« zu machen. Auf diese Weise erlebt Tim ein umfassendes Gefühl der Omnipotenz und Wirkmächtigkeit, das ihm ermöglicht, sein labiles Selbstwertgefühl zu stabilisieren.

Dass sich im Hintergrund eine große Selbstwertproblematik verbirgt, sollte sich von da an in den Therapiestunden immer deutlicher zeigen. Überraschend war für mich aber die Erkenntnis, dass die Schaffung eines Übergangsraumes mit Übergangsobjekten in der Therapie von ganz entscheidender Bedeutung für die Entstehung und die Stabilisierung eines gesunden Selbstwertgefühls sein kann. Das zeigt sich u. a. sehr eindrücklich in der Fortsetzung des Billardspiels, das ein Vierteljahr später stattfinden sollte.

## You are a mistake – I am a mistake

Tim spielt inzwischen deutlich besser Billard und zeigt das auch. Schon zu Beginn des Spiels werden meine Stöße von Tim schlecht gemacht und abgewertet. Gelingt es ihm, seine Kugeln erfolgreich einzulochen, macht er sich groß und feiert sich selbst. Meine Erfolge werden von Tim sofort klein gemacht und heruntergespielt. Als ihm seine Stöße nicht mehr gelingen, er immer häufiger mit dem Queue abrutscht, wird er ärgerlich. Tim erinnert sich an sein erstes Billardspiel und beginnt seine »ungehorsamen« Kugeln mit dem Queue abzuschießen, um abschließend erfreut festzustellen: »Du bist tot. Du hast es nicht anders verdient.«

Dann hört Tim aber auf zu spielen, weil ihm plötzlich Strichmännchen-Filme einfallen, die er bei YouTube gesehen hat. Ein Videoclip, der von einem Strichmännchen-Jungen und dessen Vater handelt, hat es ihm besonders angetan. Tim erzählt aufgeregt, dass dem Jungen im Film ein Missgeschick passiert, woraufhin dieser erschrocken ausruft: »What a mistake.« Der Vater, der hinzukommt, äußert darauf: »No, you are a mistake.« Tim schüttet sich aus vor Lachen und meint: »Ist doch total witzig, oder?« Tim schaut mich erwartungsvoll an. Ich bin erschrocken, mir wird ganz flau im Magen. Mir fällt sofort Tims Vater ein, der mir erzählt hatte, dass er nie Kinder haben wollte und deshalb Tims Mutter gedrängt habe, den »Unfall« abtreiben zu lassen. Tim war für seinen Vater von Anfang an ein »Mistake-Kind«, das eigentlich gar nicht geboren werden sollte. Und auch der Wunsch der Mutter, den Vater durch ein gemeinsames Kind an sich zu binden, ging nicht auf, wodurch Tim seine »Daseinsberechtigung« verwirkt hatte. Ich spüre große Traurigkeit und höre mich sagen: »Eigentlich ist es doch ganz traurig, wenn ein Vater zu seinem Sohn sagt: ›You are a mistake!‹« Tim ist irritiert: »Wieso? Das ist doch lustig!« Ich sage dann: »Ich meine jetzt – im richtigen Leben. Ein Vater, der zu seinem Sohn sagt, du bist ein Unfall, ein Missgeschick, ein einziger Fehler.« Tim wird nachdenklich, zuckt mit den Schultern. Ich sage: »Vielleicht fragst du dich das auch manchmal, ob du für deine Eltern ein ›Mistake‹ bist?« Tim wird ganz still, schaut mich lange an, sagt dann barsch: »Will ich gar nicht wissen! Ich finde die Strichmännchen eben einfach nur witzig.« Tim wendet sich jetzt fluchtartig dem Billardspiel zu, will nicht mehr reden und vor allem nicht mehr fühlen. Es ist spürbar, dass er jetzt seine eigenen bisher abgewehrten »Unwert-Gefühle« durch hektische Aktivität abwehren muss. Tim muss jetzt alles, das Spiel und auch mich, narzisstisch beherrschen. Jede Billardkugel, die ihm nicht gehorcht, verliert ihr Lebensrecht, wird mit den Worten »You are a mistake!« erschossen. Als ich dann die schwarze Kugel verschieße, kommentiert Tim schadenfroh mein Missgeschick: »Ha, you are a mistake!« Er lacht immer noch, als ich schließlich mitteile: »Jetzt bin ich ein ›Mistake‹. Zuerst waren es noch deine Kugeln, die nicht ins Loch wollten, und jetzt bin ich es. Das scheint wichtig zu sein.« Tim hört aufmerksam zu, als ich fortfahre: »Vielleicht geht es ja darum, dass ich fühlen und verstehen soll, wie es ist, ein Mistake-Kind zu sein. Und das kann ich wohl am besten, wenn ich diejenige bin, der nichts gelingt, die ein ›Mistake‹ ist.« Tim nickt erleichtert: »Ja, und ich gewinne jetzt ja auch.« Und tatsächlich zeigt die projektive Identifizierung Wirkung. Ich bin mit Tims »Unwertgefühlen« so stark identifiziert, dass ich immer fahriger Billard spiele, schließlich alle drei Spiele durch eigene »Ungeschicklichkeit« verliere.

Was also zeigt sich in dieser Stunde Neues in Hinblick auf die Verwendung von Übergangsobjekten? Zunächst ist es so, dass Tim nicht wie erhofft das Billardspiel gewinnen kann und er sich dadurch wertlos, ganz und gar als »Loser« fühlt. Die Anerkennung der Realität, dass er noch nicht gut genug Billard spielen kann, um zu gewinnen, ist ihm noch nicht möglich. Im Übergangsraum kann Tim mit den Billardkugeln als Übergangsobjekte mit der Realität spielen, indem er seine eigenen abgewehrten Selbstanteile, seine »Unwertgefühle« in die Kugeln projiziert und sie dann zerstört. Dann geschieht noch etwas Weiteres. Tim nähert sich seiner abgewehrten Selbstwertproblematik, indem ihm scheinbar aus heiterem Himmel die Strichmännchen-Filme mit dem »Mistake-Kind« einfallen. Dadurch werden die destruktiven Introjekte in Tims Selbst: »Du taugst nur was, wenn du funktionierst«, oder auch: »Wenn du nichts leistest, bist du tot«, im vollen Ausmaß sichtbar, Tim zugänglich und vor allem in der Gegenübertragung spürbar. In der Supervisionsstunde beschäftigte uns dann die noch offene Frage, ob ein Übergangsobjekt auch für Introjekte stehen und verwendet werden kann.

Mein forsches, aufdeckendes Vorgehen führte jedenfalls dazu, dass Tim sein eigenes Unwerterleben agieren muss, um sich zu schützen. Ich werde von Tim zum »Loser« gemacht, indem er mich jetzt wie ein Übergangsobjekt behandelt, mir die »Mistake-Anteile« zuschreibt und mich fühlen lässt, wie unerträglich es ist, mit diesen verinnerlichten Introjekten zu leben. Im Spielraum zwischen Fantasie und Realität bestand daher meine Aufgabe darin, als Übergangsobjekt die »mörderische Destruktion« zu überleben.

Im weiteren Behandlungsverlauf wechseln sich die Prozesse der Illusionierung und der schrittweisen Desillusionierung immer wieder ab und führen bei Tim zu einer schrittweisen Anerkennung der Realität. Dabei ist es unerlässlich, dass Tim in ausreichender Weise die Erfahrungen in einem Übergangsraum machen kann, der zwischen äußerer Realität (Nicht-Ich) und seiner inneren fantasierten Realität (Ich) spielerisch vermittelt. Dabei war und ist meine Aufgabe als Therapeutin immer wieder und jede Stunde neu, die Einwirkungen der äußeren Realität, die für Tim häufig schwer erträglich sind, in verdauliche kleine Häppchen zu verwandeln, sodass er sie für die Entwicklung seines Selbst und für die Etablierung eines gesunden Selbstwirksamkeitsgefühls nutzen kann. Dieser Prozess vollzieht sich langsam und ist schmerzhaft für uns beide – für Tim, weil er immer wieder mit der Realität konfrontiert wird, nicht allmächtig zu sein, und darüber unbeschreiblich wütend wird, und auch für mich, da ich in der Gegenübertragung häufig in Gefühlszustände gerate, die schwer erträglich und verdaulich sind. Während der gesamten Therapie war ich immer wieder damit beschäftigt, die aggressiven und destruktiven Attacken von Tim zu überleben, sie anzunehmen und zu ertragen, mich davon nicht so stark treffen zu lassen, dass ich meine eigene Sicherheit verliere, was häufig nicht leicht war. Überleben meint hier vor allem, worauf Winnicott immer wieder hingewiesen hat, sich nicht zu rächen, was für mich ganz praktisch bedeutet, immer wieder der Versuchung zu widerstehen, mich selbst groß zu machen.

Die Therapie ist noch nicht beendet, aber Tim kann mich immer häufiger als »objektives Objekt« mit eigenen Interessen und auch Begrenzungen wahrnehmen. Das zeigt sich unter anderem darin, dass er jetzt – viele Monate nach meiner Schilddrüsenoperation – erstmals meine Narbe am Hals wahrnimmt, mit Besorgnis und Fürsorge darauf reagiert; meine »Sterblichkeit«

wahrnimmt und damit auch die Fantasie meiner Omnipotenz aufgeben kann. Beim Fußballspielen entwickelt er inzwischen Besorgnis, fragt nach, ob auch alles in Ordnung mit mir ist, wenn ich einen seiner harten Schüsse aufs Tor gehalten habe. Tim muss nicht mehr jedes Spiel gewinnen, ist stolz über die Fortschritte, die er in der Therapie gemacht hat, und beginnt über die Zeit nach dem Therapieende nachzudenken.

## Zum guten Schluss

Vor ein paar Wochen überrascht mich Tim mit der Frage: »Wer ist eigentlich dieser Winnicott? Ich denke die ganze Zeit schon darüber nach, aber dann vergesse ich die Frage immer – heute aber nicht.« Mich wundert, dass Tim diese Frage ausgerechnet jetzt stellt, wo ich mich so intensiv mit ihm und den Übergangsphänomenen innerhalb seiner Behandlung beschäftige. Ich muss schmunzeln, als ich Tim erkläre, dass Winnicott ein bekannter englischer Arzt und Kindertherapeut war. Tim ist erstaunt: »War? Ach, dann lebt er gar nicht mehr? Und ich dachte schon, dass er das Institut gebaut hat und hier auch als Therapeut herumläuft? Dann ist das ja gar nicht so! Aber warum heißt das Institut denn dann Winnicott Institut?« Ich frage nach seinen eigenen Einfällen und nach kurzer Zeit stellt er lapidar fest: »Wahrscheinlich war er ein ziemlich guter Therapeut und zu seiner Ehre hat man das Institut nach ihm benannt. Aber was war denn das Besondere an ihm?« Ich ringe noch mit mir, ob und was ich auf seine Frage antworte, als sein Drängen mich dann dazu verführt, ihm spontan zu antworten: »Die Kinder, die zu ihm gekommen sind, haben sich in seiner Gegenwart in einer besonderen Weise angenommen und verstanden gefühlt. Seine Fähigkeit war, dass er den Kindern Raum zum Spielen und zum Reden gegeben hat. Das hat ihnen geholfen.« Tim hört sehr genau zu und staunt: »Das ist ja wie bei mir, wir spielen doch auch oft und reden dabei. Das Gute an der Therapie ist, dass ich hier ganz viel machen kann und gleichzeitig auch über Sachen rede, die ich mit Mama und Papa nicht besprechen kann. Das tut richtig gut.« Tim lacht: »Jetzt verstehe ich: Die Therapeuten, die hier arbeiten, sollen das mit den Kindern so machen wie der ›alte Herr Winnicott‹. Das ist ziemlich cool.«

Im Verlauf der Stunde, während unseres gemeinsamen Fußballspiels, entdeckt Tim dann ein 20 cm großes Loch in der Wand, durch das man in den angrenzenden stockdunklen Kellerraum blicken kann. Tim unterbricht das Fußballspiel, bückt sich, schaut neugierig hindurch und flüstert mir zu: »Ich sehe Haare; ja, da liegt ja Michael Jackson! Ach Quatsch, ich habe mich geirrt; da liegt Herr Winnicott!« Kichernd erklärt er mir: »Den hat man hier her geholt, damit er ganz nah am Institut ist. Der ist nämlich gar nicht richtig tot. Er ist zwar gestorben, aber gehört zu den Untoten. Kennen Sie die?« Ich frage nach: »Ich bin mir nicht sicher; meinst du so etwas wie ein Zombie?« Tim ist empört: »Nein, nein, Zombies sind ja gruselig. Winnicott ist nicht zum Fürchten, er ist eher so etwas wie ein Gespenst, das hier im Haus herumspukt und das man eben nicht sehen kann.« Ich meine: »Du stellst dir vor, dass er so etwas ist wie der unsichtbare Geist des Institutes.« Tim zeigt sich zufrieden: »Ganz genau. Er ist nämlich nicht richtig tot, er ist aber auch nicht richtig lebendig. Er ist irgendwas dazwischen. Und er geht unerkannt durchs Haus und schaut bei den Therapien zu.« Ich reagiere spontan und füge fragend hinzu: »Und passt auf, dass die Therapeuten das auch gut machen?« Tim nickt zustimmend. Ich muss lachen: »Ja, wenn das so ist, dann sind wir zwei jetzt wohl im Augenblick zu dritt hier. Der unsichtbare Herr Winnicott und wir zwei.« Tim lacht, schaut sich um und nickt dann: »Ja, ich glaube, er ist gerade hier! Ich kann ihn spüren? Und Sie?«

## Literatur


Winnicott, D.W. (1971): *Vom Spiel zur Kreativität.* Stuttgart: Klett-Cotta.

Winnicott, D.W. (1984): *Aggression.* Stuttgart: Klett-Cotta.

Kögler, M. (Hrsg.) (2009): *Möglichkeitsräume in der analytischen Psychotherapie.* Gießen: Psychosozial-Verlag.

# Vom psychischen Apparat zur vernetzten Seele

## Die zeitgenössische Psychoanalyse im Übergangsraum zwischen Trieb- und Beziehungsmodell[1]

*Martin Altmeyer*

## 1. Glaube oder Wissen: Bemerkungen zum aktuellen Selbstverständnis der Psychoanalyse

Gegenwärtig herrscht große Ernüchterung in den psychoanalytischen Szenen. Zurückgehende Patientenzahlen und konkurrierende Angebote, die raschere Heilung zu geringeren Kosten versprechen, bedrohen die berufliche Existenz. Vom Gesundheitssystem werden wissenschaftliche Belege für die Grundlagentheorie der Psychoanalyse und empirische Befunde für ihre psychotherapeutische Wirksamkeit eingefordert. An den Universitäten werden einst von Analytikern besetzte Lehrstühle nach deren Emeritierung zugunsten von Neurowissenschaft oder biologischer Psychiatrie umgewidmet. Die humanwissenschaftliche Supervisorenrolle der Psychoanalyse, in den Höhenflügen der 1970er Jahren erworben, ist inzwischen an einen neuro- oder soziobiologisch gewendeten Neonaturalismus übergegangen, die öffentliche Diskursführerschaft in Fragen des gesellschaftlichen Zusammenlebens völlig verlorengegangen. Spätestens seit Beginn des 21. Jahrhunderts steckt die Psychoanalyse in einer tiefgehenden und anhaltenden Krise, die ihre Institutionen, die Art ihrer Theoriebildung und schließlich ihr eigenes Selbstverständnis erfasst hat.

Da hilft kein Jammern über die böse, der Psychoanalyse schon immer feind-

1 Teile der folgenden Überlegungen sind bereits auf der DPG-Jahrestagung über *Innere und äußere Realität* 2009 vorgetragen und in verschiedene meiner Veröffentlichungen zur intersubjektiven Wende der Psychoanalyse aufgenommen worden. Das dritte Winnicott-Symposium anlässlich des 70. Geburtstages von Michael Kögler habe ich zum Anlass genommen, den von Gegenbewegungen begleiteten Modernisierungsprozess der zeitgenössischen Psychoanalyse neu zu durchdenken.

selig gesinnte Welt. Obwohl sich die historische Erfahrung, von Gesellschaft wie Wissenschaft abgelehnt und angegriffen worden zu sein, identitätsstiftend in den Gründungsmythos der psychoanalytischen Bewegung eingeschrieben hat, ist der Beitrag der Psychoanalyse zur Selbstaufklärung der Gattung längst anerkannt. Inzwischen gehört die »Wissenschaft vom Unbewussten« zum unverzichtbaren Projekt einer reflexiven Moderne, die sich über ihre eigenen Bedingungen zu verständigen sucht.

Diese Reflexivität macht allerdings vor der Psychoanalyse selbst nicht halt. Sie muss sich nicht nur kritische Fragen von außen gefallen lassen, sondern ist aufgefordert, die eigenen Theoriebestände selbstkritisch zu befragen und an ihrem Gegenstand, der menschlichen Psyche, zu prüfen. Das hat sie getan. Wir registrieren einen Wandel der psychoanalytischen Theorie, der zum einen auf empirischen Befunden aus der Säuglings- und Psychotherapieforschung beruht, zum anderen aber auch mentale Veränderungen in der modernen Lebenswirklichkeit reflektiert. Das reflexive Potenzial der Moderne ist nämlich auf der Ebene der Persönlichkeit angelangt – und damit auch bei der Psychoanalyse.

Als Antwort auf ihren krisenhaften Zustand lässt sich ein Paradigmenwechsel verstehen, den man als ihre »intersubjektive Wende« oder ihren »relational turn« bezeichnet: weg von Trieb, Versagung und Schuld, hin zu Fragen der Interaktion, der Wechselseitigkeit, der Beziehung von Selbst und Anderem. Was bedeutet das? Die psychoanalytische Säuglings- und Bindungsforschung zeigt uns, dass die individuelle Persönlichkeit nicht aus einem sich entfaltenden Triebkern, sondern in sozialen Spiegel- und Resonanzräumen entsteht (zu ähnlichen Erkenntnissen übrigens gelangt auch die fortgeschrittene Kognitionswissenschaft, welche die moderne Psychoanalyse weitgehend ignoriert und vice versa; vgl. z.B. Prinz, 2011). Die klinische Theorie konzentriert sich auf die Beziehung zwischen Patient und Therapeut, der nicht mehr als neutraler Beobachter, sondern als engagierter Teilnehmer einer besonderen Interaktion verstanden wird. Auch außerhalb des Behandlungszimmers beginnt die Psychoanalyse, in Beziehungen zu denken, und geht im gesellschafts- und kulturtheoretischen Anwendungsdiskurs zunehmend von der klassischen Ein- zu einer Zwei- oder Mehr-Personen-Psychologie über. Jenseits des Dualismus von Innen und Außen, Ich und Realität, Trieb und Gesellschaft, so lautet die neue Einsicht, gibt es etwas Drittes, Vermittelndes, etwas dazwischen: Intersubjektivität, mentale Bezogenheit, einen »potenziellen Raum« (Winnicott), der das Selbst mit dem Anderen und der Welt reflexiv verbindet.

Im Folgenden begründe ich meine These, dass die Psychoanalyse durch die eigene Krise zu jenem Paradigmenwechsel genötigt worden ist, den wir heute ihre »intersubjektive Wende« nennen und einem Modernisierungsprozess zurechnen, gegen den sich wiederum eine fundamentalistische Gegenbewegung mit religiösen Zügen etabliert hat. Im zweiten Kapitel wird das wissensbasierte Intersubjektivitätsparadigma in seiner theoretischen und klinischen Dimension erläutert. Im dritten beschäftige ich mich anhand von »O« mit Bions Mystizismus, der psychoanalytische Erkenntnis zum Offenbarungsakt verdunkelt. Das vierte Kapitel widmet sich der Auseinandersetzung zwischen Vertretern der Triebtheorie und dem Intersubjektivismus. Abschließend plädiere ich im fünften Kapitel methodisch für Daniel Sterns Kriterium der »plausiblen Spekulation«, das sich in der empirischen Säuglingsforschung bewährt hat, um den modernen Weg zur Evidenz psychoanalytischen Wissens von Glaubenswegen zu unterscheiden.

## 2. Intersubjektivität: die Kerntheorie des psychoanalytischen Modernisierungsprojekts

Bereits gegen Ende des 20. Jahrhunderts hat innerhalb der in Schulen gespaltenen Psychoanalyse ein Diskurs der theoretischen und praktischen Verständigung eingesetzt, an dessen Horizont sich unter dem Paradigma der Intersubjektivität ein neuer »common ground« (Wallerstein, 1990) abzeichnet. Aus einer gewissen Distanz kann man diese erfreuliche Entwicklung als Modernisierung der zeitgenössischen Psychoanalyse verstehen. Im Zug ihrer intersubjektiven Wende hat sie den jahrzehntelang unterbrochenen Dialog mit den Nachbarwissenschaften wieder aufgenommen und damit begonnen, ihre metapsychologischen wie klinischen Konzepte auf einen empirischen Prüfstand zu stellen.

Inzwischen hat die intersubjektive Wende sämtliche Strömungen des psychoanalytischen Pluralismus ergriffen, wenn auch in unterschiedlicher Reichweite und Tiefe. Heute rechnen sich die meisten – von den Adler-Schülern bis zu denen von C. G. Jung, von der Objektbeziehungstheorie bis zur modernen

Selbstpsychologie und den interpersonellen Ansätzen, vom Postkleinianismus bis zur Mentalisierungstheorie – einer relationalen Psychoanalyse im übergreifenden Sinne des Begriffs zu.[2]

Die »Amöbensage« (Balint, 1965) jedenfalls scheint verabschiedet und man stützt sich übereinstimmend auf eine intersubjektive Entwicklungstheorie. Ein dialogisch-interaktives Verständnis der analytischen Situation wird miteinander geteilt. Eine Philosophie der Beteiligung, der Aktivität, des Engagements hat die klassische Vorstellung von der Neutralität des Analytikers ersetzt, der einmal als »objektiver Beobachter«, als »weiße Wand« oder als »glatter Spiegel« fungieren sollte.

Auf die Intersubjektivität der psychoanalytischen Spiegelmetapher hatte schon Donald Winnicott (1974, 1995) verwiesen, den man innerhalb der Gegenwartspsychoanalyse zusammen mit Michael Balint (1965) und Hans Loewald (1986) zurecht als Pionier ihrer intersubjektiven Wende würdigt. Psychotherapie habe »im weitesten Sinne die Funktion des Gesichts, das widerspiegelt, was sichtbar ist« (Winnicott, 1995, S. 135). Der psychotherapeutische Spiegel ist jedoch kein »glatter Spiegel« – das wäre ein Spiegel der Indifferenz, in den kein Patient hineinschauen möchte –, sondern vielmehr ein durch intersubjektive Anerkennung »gebrochener« Spiegel (vgl. Honneth, 2000, 2001), in dem sich der Patient samt seiner abgewehrten Selbstanteile unter Schmerzen als ein anderer erkennen und schließlich selbst anerkennen kann.

Vertreter einer »relationalen Psychoanalyse« (s. Mitchell, 2003; Benjamin, 2004; Aron, 1996) lassen Patienten z. B. an ihren therapeutischen Überlegungen teilhaben. Indem der Analytiker seine Deutungen als probatorisch deklariert, anstatt sein Wissen mehr oder weniger autoritativ anzuwenden, verringert sich das Machtgefälle. Und da er sich, anders als in der klassischen Psychoanalyse, mehr im »Hier-und-Jetzt« bewegt und stärker als Person, als emotional engagierter Teilnehmer zu erkennen gibt, verändert sich auch das Atmosphärische der psychoanalytischen Begegnung. Im gemeinsamen Aufklärungsunternehmen und bei einer eher tastenden Suche nach lebensgeschichtlicher Wahrheit entsteht ein Klima des Mitfühlens, des Wohlwollens und der Anerkennung, das auch Gefühlen der Feindseligkeit erst Raum zur Entfaltung bietet.

**2** Als »relationale Psychoanalyse« im engeren Sinne bezeichnet sich eine eigene, von Stephen Mitchell, Lew Aron und Jessica Benjamin begründete Schule.

Ein zwischenmenschliches Klima dieser Art war in der Tradition der psychoanalytischen Rollenverteilung ursprünglich nicht vorgesehen (zumindest in der Strenge der klinischen Theorie nicht, denn bekanntlich unterlief Freud in der eigenen Praxis gerne die strengen Regeln des klassischen Settings, indem er schon mal auf gemeinsamen Spaziergängen behandelte oder Freundschaftsbeziehungen mit Patienten unterhielt). Dabei lassen sich in der klassischen Metapsychologie bereits relationale Konzepte entdecken. So verbirgt sich das Intersubjektivitätskonzept bereits in der strukturtheoretischen Annahme Freuds, das Ich verdanke sich dem Niederschlag vergangener Objektbeziehungen und könne als eine Art Sediment seiner eigenen Interaktionsgeschichte begriffen werden (Freud, 1923). Selbst die Narzissmustheorie ist insofern intersubjektiv angelegt, als Freud das lebenslange Bedürfnis, von anderen geliebt zu werden, zum Kern des Narzissmus erklärt (Freud, 1914) und entwicklungspsychologisch aus der neonatalen Abhängigkeit des Säuglings von seinen Bezugspersonen ableitet (Freud, 1926). Jedenfalls stehen solche Formulierungen quer zu seiner Triebpsychologie, die den Narzissmus bekanntlich als libidinöse Besetzung des Selbst definiert und zur objektlosen Selbstliebe erklärt hatte (vgl. Altmeyer, 2000).

Allerdings handelt es sich bei solchen Fundstücken um eine metapsychologische Seitenlinie im Werk des Begründers der Psychoanalyse, den man deshalb nicht zum Urvater ihrer intersubjektiven Wende erklären sollte. Im Großen und Ganzen blieb Freud in der von Descartes gebahnten Spur eines Innen-Außen-Dualismus, der ein vermittelndes Drittes und damit ein Zwischen (= Inter) nicht kennt. So übertrug sich die monadologische Ursprungslegende der Triebtheorie in die Entwicklungspsychologie, in die Strukturtheorie sowie in die klinische Theorie, die letztlich auf einer Ein-Person-Psychologie beruhte. Selbst die klassisch-psychoanalytische Sozialpsychologie blieb einer Monadentheorie verhaftet, indem sie die am isolierten Individuum gewonnenen intrapsychischen Begriffe kritisch auf historische, gesellschaftliche oder kulturelle Zusammenhänge »anwendete« und nicht selten überdehnte (vgl. Reimut Reiches überzeugende Kritik am psychoanalytischen Anwendungsdiskurs; Reiche, 1995).

Deshalb kann man bei der intersubjektiven Wende der Psychoanalyse oder ihrem »relational turn« zu Recht von einem Paradigmenwechsel sprechen (vgl. Kuhn, 1976), auch wenn es sich um die Entfaltung ihres ureigenen Potenzials handelt, um eine Wiederentdeckung der strukturerzeugenden Wirkung von Beziehungen nämlich. Was seit Aufgabe der Verführungstheorie durch Freud zum »äußeren Faktor« erklärt worden, als »durchschnittlich zu erwartende Umwelt« (Hartmann, 1997, S. 250) neutralisiert geblieben oder im Konzept einer aparten Innenwelt ganz aus dem psychoanalytischen Blick verschwunden war, kehrt endlich in die Theorie und klinische Praxis der Psychoanalyse zurück: die für die Entwicklung und Funktionsweise der Psyche konstitutive Bedeutung von sozialen Beziehungen.

Mit dieser paradigmatischen Wende wird nicht nur dem Einfluss von Interaktion und Handeln auf die Strukturbildungen der Psyche Rechnung getragen, sondern auch das Denken in Beziehungen von Innen, Außen und Zwischen psychoanalytisch erneuert. Unter dem Paradigma der Intersubjektivität können wir nämlich unser dynamisches Verständnis des psychischen Geschehen aus den Beschränkungen eines epistemisch überholten Organismus-Modells herauslösen, das uns immer noch glauben lässt, die Seele sei eigentlich im Körper zu Hause und suche bloß notgedrungen Kontakt zur physischen und sozialen Umwelt. Dagegen wird die Psyche heute eher als Organ der Vermittlung von Innen und Außen verstanden, das entsprechend dieser Funktion strukturiert ist. Seinem Wesen nach relational, gehört es zu den Hauptaufgaben des Seelenlebens, Beziehungen zwischen Innen und Außen, Selbst und Objekt, Ich und Realität zu halten und zu gestalten oder solche Beziehungen wiederherzustellen, wenn sie unterbrochen, bzw. zu reparieren, wenn sie gestört sind. Insofern funktioniert die Psyche selbst nach Art eines sozialen Netzwerks (Altmeyer, 2011).

Was Freud noch als »Triebschicksale« bezeichnete, würden wir heute eher als »Beziehungsschicksale« begreifen: Interaktionserfahrungen, die sich in die Psyche des Individuums auf reflexivem Wege einschreiben. Denn erst in der Interaktion mit seiner sozialen Umwelt erfährt der Mensch, wer er ist. Vermittels der psychischen Sedimentierung von Beziehungserfahrungen wird die eigene Persönlichkeit geformt. Durch zwischenmenschliche Beziehungen hindurch erwerben wir ein Verhältnis zu uns selbst wie zur Welt. Bis ins hohe Alter sind wir auf affektiv bedeutsamen Kontakt zu anderen angewiesen, um seelisch gesund zu bleiben.

Wenn die intersubjektiv vermittelten Bildungsprozesse, die unsere Psyche formen, aus der Bahn geraten oder gar entgleisen, sprechen wir von psychischer Störung. Dann finden wir auf der klinischen Ebene die Dimension der Intersubjektivität auch in der Ätiologie, Phänomenologie und unbewussten Dynamik psychopathologischer Symptome. Seelische Erkrankungen, mit denen wir es im Behandlungszimmer zu tun haben, werden als komplexes Resultat einer gestörten Beziehungsgeschichte verstanden, die in neurotischen und psychotischen Symptomen, Borderline-Strukturen oder anderen Persönlichkeitsstörungen und Verhaltensauffälligkeiten mit Krankheitscharakter ihren Niederschlag findet. So erkrankt die Seele, wo die Beziehungen zur sozialen Umwelt gestört sind. Und umgekehrt: Wo die Seele erkrankt, sind in der Regel auch die Beziehungen zur sozialen Umwelt gestört.

Solche Einsichten verändern unser Verständnis der psychotherapeutischen Situation ebenso wie unser Selbstverständnis als Therapeuten. Vereinfacht gesagt, steht klinisch nicht mehr der intrapsychische Konflikt des Patienten im Zentrum, den der Therapeut qua Deutung aufzulösen hat, sondern die Beziehung zwischen Patient und Therapeut, in der sich das problematische Verhältnis des Patienten zur Welt und zu sich selbst entfaltet. In der Dynamik von Übertragung und Gegenübertragung, aber auch in den vielfältigen Enactments, die den therapeutischen Prozess begleiten, erkennen wir Beziehungsangebote des Patienten, in die wir uns unvermeidlich verwickeln lassen und die wir eben deshalb gemeinsam mit ihm bearbeiten können, damit sich etwas Neues entwickeln kann.

Zwar bleibt die psychotherapeutische Beziehung auch unter dieser veränderten Sichtweise asymmetrisch, weil Analytiker und Analysand nach wie vor in unterschiedlichen Rollen am analytischen Prozess beteiligt sind. Sie bekommt aber eine egalitäre Färbung, weil der Analytiker der Wechselseitigkeit in der Beziehung und seinem eigenen Part im therapeutischen Geschehen mehr Aufmerksamkeit widmet.

Diese Entwicklung hat freilich auch eine Kehrseite. Bestand das Ziel der Kur früher darin, den Patienten in die Lage zu versetzen, am Ende der Behandlung seine wirkliche Lebensgeschichte möglichst wahrhaftig zu erzählen, haben sich einflussreiche Schulen der Psychoanalyse im letzten Vierteljahrhundert von der Leitidee einer lebensgeschichtlichen Rekonstruktion zunehmend entfernt. Es wird eher konstruiert als rekonstruiert. Während Übertragung einst als Widerstandsphänomen gegen unerträgliche Erinnerungen galt, geraten tatsächliche Erinnerungen unter Verdacht, im Dienste des Widerstands gegen die Übertragungsbeziehung zu stehen. In der auf Melanie Klein zurückgehenden Schule der Objektbeziehungstheorie geht es nahezu ausschließlich um die Beziehungsdynamik in der analytischen Situation: *history is rumor* (Bion)[3].

Es verwundert deshalb nicht, dass wir in manchen kleinianischen Falldarstellungen mehr über die Feinheiten des therapeutischen Mikrokosmos erfahren als über die wirkliche Biografie des Patienten. Allerdings wird dieser Mikrokosmos einzig von Übertragungen des Patienten in Gestalt von Projektionen, Identifizierungen und projektiven Identifizierungen bevölkert, die der Therapeut unter Prüfung seiner eigenen Gegenübertragung als Container nur aufnimmt, metabolisch verarbeitet und mit Deutungen versehen zurückgibt. Von einer wechselseitigen Beziehung kann nicht die Rede sein, weil dafür das Macht- und Autoritätsgefälle zwischen beiden zu groß ist.

Für die Zukunft der Psychoanalyse weitaus gefährlicher als dieses Machtgefälle erscheint mir jedoch ein antiwissenschaftlicher Affekt, den wir auch in anderen Schulen finden. André Green lehnt bekanntlich jegliche wissenschaftliche Aufklärung des psychoanalytischen Prozesses unter Verweis auf dessen Einzigartigkeit und Exklusivität ab (Green, 2000b) und weist auch die Befunde der Säuglingsforschung als »science-fiction« für die Psychoanalyse zurück (Green, 2000a). Selbst in den relationalen und intersubjektiven Strömungen der amerikanischen Psychoanalyse gibt es eine irrationale Wissenschaftsskepsis, die gelegentlich bis zum Ressentiment reicht und der Selbstaufklärung bedarf (exemplarisch ausgerechnet beim Merton Gill-Schüler Irwin Z. Hoffman, dessen bei der Wintertagung der American Psychoanalytic Association 2007 vorgetragene Polemik gegen die angeblich vom Zeitgeist diktierte Wissenschaftsorientierung der Psychoanalyse von stehenden Ovationen begleitet war; s. Hoffman, 2009).

In reinster Form finden wir den antiwissenschaftlichen Affekt aber im Kleinianismus, vor allem in seinen von Wilfred Bion inspirierten Unterströmungen, wo er sich fundamentalistisch aufgeladen hat.

**3** Zitiert nach James Grotstein, der sich – auf der Konferenz der International Association of Relational Psychoanalysis and Psychotherapy (IARPP) im Mai 2004 in Santa Monica, LA – in seinem kritischen Diskussionsbeitrag zu einem von Malcom Slavin vorgetragenen Fall auf diesen Lehrsatz von Bion berief, bevor er die Innenwelt der Patientin vollständig aus dem Hier-und-Jetzt der Übertragungs- und Gegenübertragungssituation rekonstruierte: Bion folgend sei (Lebens-)Geschichte ein bloßes Gerücht (»history is rumor«).

## 3. Psychoanalytische Erkenntnis als religiöse Offenbarung: Exkurs zu Bions »Faith in O«

Gegen das vermeintlich »szientistische« Menschenbild einer modernisierten Psychoanalyse verteidigt die kleinianische Schule eine »wahre« Psychoanalyse, die ihr exklusives Wissen alleine aus der psychoanalytischen Situation bezieht und deshalb auf wissenschaftliche Forschung, interdisziplinären Anschluss oder gar auf die Validierung der eigenen Konzepte anhand nachbarwissenschaftlicher Befunde verzichten kann. Bei Bion und seinen Anhängern verbindet sich das Ressentiment gegen Wissenschaft zudem mit einer Mystifizierung der Psychoanalyse, die das Aufklärungsideal ihres Gründungsvaters unterläuft. Zu Recht gilt Bion, der gelegentlich zum Hausphilosophen des zeitgenössischen Kleinianismus ernannt wird, als »Mystiker der Psychoanalyse« (Wiedemann, 2007).

Bions deutsche Schüler bezeugen das. Unter ausdrücklicher Berufung auf Bion betrachtet Hermann Beland die »gleichschwebende Aufmerksamkeit als eine areligiöse mystische Methode« und die »psychoanalytische Askese der Abstinenzregel [...], als einen wissenschaftlichen Akt des Glaubens«; Bion besitze die »Kühnheit [...], Freuds Beschreibung der analytischen Arbeit als eine säkulare Glaubenshaltung, als Glauben an O zu definieren, wobei O das Unbekannte in der Stunde, aber auch die absolute Wahrheit, die letzte Wirklichkeit, ›Gott‹ sein kann« (Beland, 2004, S. 95). Gewiss hätte sich der Aufklärer und Religionskritiker Freud dagegen verwahrt, für einen solchen Mystizismus der letzten Dinge in Anspruch genommen zu werden, zumal Beland die psychoanalytische Methode in die Nähe der christlichen Offenbarungslehre rückt, die mit dem höchst säkularen Erkenntnisinteresse der Psychoanalyse nur schwer zu vereinbaren ist.[4]

Was meint Bion nun mit diesem geheimnisvollen O? O ist ein Buchstabe aus seinem psychoanalytischen Alphabet, in dem L für Liebe, H für Hass und K für Wissen (*knowledge*) stehen. O sei die Wahrheit hinter den Dingen, all

**4** Beland referiert in diesem Zusammenhang vorbehaltlos Paul Tillich und verweist auf dessen Zentralbegriff eines theologischen »Offenbarungsempfangs« (vgl. Tillich, 1956, Bd. 1, S. 54). Auf »Verwandtschaftsbeziehungen« zwischen negativer Theologie und Bions transzendentalpsychoanalytischer Erfahrung von »O« hat kürzlich Lutz Götzmann (2008) hingewiesen – freilich keineswegs in kritischer Absicht.

das, was man eigentlich nicht wisse und nicht wissen könne: »the unknown and unknowable«. O stehe aber zugleich auch für den »Gipfelpunkt« der Psychoanalyse (» the psychoanalytic vertex is O«). Konzentriere der Analytiker seine gesamte Aufmerksamkeit auf dieses O, werde er schließlich selbst zu O: »With this [›O‹; MA] the analyst cannot be identified: he must *be* it«. Erst indem er sich in O verwandele, erhalte der Analytiker Zugang zu den Quellen, aus denen sich das Seelenleben des Patienten forme – und zwar unter der bloßen Oberfläche dessen, was der Patient sage, was er tue oder was er anscheinend sei. Dieser Verwandlungsprozess vollziehe sich im Medium von Tiefendeutungen, die das »eigentliche Ereignis« im Verlauf jener Entstehung von O seien, an der Analytiker und Analysand »gemeinsam teilhaben« (alle Zitate aus: Bion, 1970, S. 27ff.).

Welcher Art von Glaubenshaltung aber entspringt der »Glaube an O«? Wer bei Bion nachliest, wird erfahren, dass der Glaube als eine Art Positivformel zu seiner berühmt gewordenen Negativformel des »no memory, no desire« fungiert: »Man könnte sich fragen, welcher seelische Zustand gutzuheißen ist, wenn es Begehren und Erinnerungen nicht sind. Ein Begriff, der in etwa das ausdrückt, was auszudrücken ich das Bedürfnis habe, ist ›Glaube‹ – der Glaube, dass es eine letzte Wirklichkeit und Wahrheit gibt – das Unbekannte, das, was man nicht wissen kann, ›formlose Unendlichkeit‹« (ebd., S. 31; *eigene Übersetzung*, MA).

Bestätigt wird diese Lesart durch den letzten Satz dieser legendären Schrift (»Attention and Interpretation«), die von bekennenden Bionanhängern so gelesen wird, wie christliche Fundamentalisten ihre Bibel oder islamische Fundamentalisten den Koran lesen. Hier kennzeichnet Bion die analytische Aktivität noch einmal als göttlichen Handlungsauftrag. Weil darin sein klinisches, später zum ziellosen »just analyzing« weiter entwickeltes Credo enthalten ist, zitiere ich im Original:

> »What is to be sought is an activity that is both the restoration of god (the Mother) and the evolution of god (the formless, infinite, ineffable, non-existent), which can be found only in the state in which there is NO memory, desire, understanding« (ebd., S. 129).

Man kann sich vorstellen, welche klinischen Zumutungen ein solches Vermächtnis, das im Hier-und-Jetzt der analytischen Situation jedes Verstehen untersagt, dem darauf verpflichteten Analytiker auferlegt. Erkenntnistheoretisch von besonderer Relevanz ist jedoch die Frage, auf welchem Weg der Glaube an O tatsächlich Zugang zu dieser »letzten Wirklichkeit und Wahrheit« verschafft, von dem man immer noch hoffen mag, dass er irgendwie zur *lebensgeschichtlichen* Wirklichkeit und Wahrheit des Patienten führt. Doch die Hoffnung trügt.

Statt eines irdischen wird ein transzendentaler Zugang gewählt. Allen Ernstes vergleicht Bion den Psychoanalytiker mit einem Messias als der religiösen Inkarnation des Mystikers. Zwar sei der psychoanalytische Mystiker nicht selbst der Messias, sondern bloß der »Container« der »messianischen Idee«. Indem er aber den direkten Kontakt mit Gott herstelle, sei er doch irgendwie »eins« mit Gott. Die Fähigkeit zum Einssein mit Gott sei dem gewöhnlichen Gesellschafts- oder Gruppenmitglied freilich nicht gegeben, sondern dem Auserwählten vorbehalten, so Bion unter ausdrücklichem Bezug auf Nietzsche und dessen Geniekult. Damit auch gewöhnliche Menschen an den Wonnen der Kommunion des Mystikers mit Gott (oder mit der letzten Wahrheit oder Wirklichkeit) teilhaben könnten, bedürfe es der Gesetze oder Regeln, die vom »Establishment« dogmatisch verkündet werden müssten (ebd., S. 111).

Um den elitephilosophisch unterfütterten und religiös erweiterten Nietzsche-Sound in Bions psychoanalytischem Mystizismus nachzuempfinden, sollte man den wörtlichen Text lesen:

> »The mystic makes direct contact with, or is ›at one‹ with God. This capacity is not attributed to the ordinary member of the group. The Establishment must pronounce dogmatically, make laws or rules, so that the advantages of the mystic's communion with God or ultimate truth or reality may be shared at one remove by the ordinary members« (ebd., S. 111).

Es bedarf mühsamer Übersetzungsarbeit, um zu verstehen, was ein offenbarungsreligiöses Wahrheitskonzept (von dem sich im Übrigen selbst Hanna Segal distanziert, weil es »wie eine transzendentale Wahrheit« klinge[5]) für

**5** »Wenn ich vom Freud/Klein/Bion-Modell spreche, muss ich hinzufügen, dass ich darin nicht Bions spätere Arbeit über Verwandlungen in O und das Werden von O einbeziehe, was mit einer unmittelbaren Einheit zu tun hat, damit, auf was sich Bion als das ›Ding an sich‹ bezieht. Mir scheint das sehr mystisch – eine plötzliche Erleuchtung, die aus irgendeinem nicht zu benennenden O kommt. Mir klingt das zu sehr nach einer transzendentalen Wahrheit« (Segal, 2006, S. 290; *eigene Übersetzung*, MA).

die Psychoanalyse wirklich bedeutet. Aufklärung verheißt diese Mischung aus Selbstüberhöhung und psychoanalytischem Obskurantismus jedenfalls nicht. Wenn man die Analogien zur Philosophie Nietzsches ernst nimmt, scheint Bion die Psychoanalyse zur »dogmatischen« Glaubenslehre erklären zu wollen, die vom Analytiker vermittels seiner Container-Funktion an den Analysanden weitergegeben wird. Auf diese Weise kann der Analysand als gewöhnlicher Gläubiger an der »messianischen Idee« teilhaben, falls er nur die Regeln einhält. Dann tritt er in eine durch den Psychoanalytiker gestiftete Verbindung zur Wahrheit (also zu Gott als dem Messias oder Heiland), die ihm ohne Psychoanalyse verwehrt bliebe.

Wer aber sind jene außergewöhnlichen Gläubigen, die Auserwählten, die Genies, denen sich die psychische Wahrheit in der Verschmelzung mit Gott unmittelbar offenbart? Das Kriterium, das Bion zur Unterscheidung von gewöhnlichen und außergewöhnlichen Gläubigen formuliert, nimmt er aus der kleinianischen Ontologie des Seelenlebens: Zum intrapsychischen Offenbarungswissen habe nur jener Analytiker Zugang, »dessen eigene Analyse mindestens bis zur Anerkennung der paranoid-schizoiden und depressiven Positionen gereicht hat«; bis zum »psychotischen Kern« der Persönlichkeit, wie es an anderer Stelle heißt (Bion, 1970, S. 47; *eigene Übersetzung*, MA).

Was fängt nun der Analytiker mit seinem Wissen im Verlauf einer Analyse an? In »Anmerkungen zu Erinnerung und Wunsch« belehrt uns Bion, worum es in der Psychoanalyse eigentlich geht:

> »Der psychoanalytischen ›Beobachtung‹ geht es weder um das, was geschehen ist, noch um das, was geschehen wird, sondern um das, was tatsächlich geschieht. [...] Jede Sitzung, an der der Psychoanalytiker teilnimmt, darf weder eine Geschichte noch eine Zukunft haben. Was über den Patienten ›bekannt‹ ist, hat weiter keine Bedeutung: es ist entweder falsch oder unwichtig. Wenn Patient und Analytiker es ›kennen‹, ist es obsolet [...] Das einzige, was in einer Stunde wichtig ist, ist das Unbekannte. Nichts darf davon ablenken, dieses Unbekannte zu erfassen« (1967, S. 22).

Aus dieser einigermaßen kryptischen Auffassung folgen Behandlungsregeln wie: »Rufen Sie sich keine vergangenen Stunden ins Gedächtnis«, oder: »Auf Ergebnisse, ›Heilung‹ oder auch nur Verstehen zielende Wünsche dürfen nicht überhand nehmen« (ebd., S. 23), um am Ende die geforderte analytische Haltung radikal auf den Punkt zu bringen: »Der Psychoanalytiker sollte bestrebt sein, einen Bewusstseinszustand zu erreichen, in dem er in jeder Sitzung das Gefühl hat, den Patienten noch nie zuvor gesehen zu haben. Wenn er glaubt, er hätte ihn schon einmal gesehen, behandelt er den falschen Patienten« (ebd., S. 24).

Auch wenn man das alles für theoretische Überhitzungen eines psychoanalytischen Exzentrikers halten wird, fragt man sich als Kliniker doch, welche Empfindungen wohl der Patient einem Therapeuten gegenüber haben mag, der ihn von Sitzung zu Sitzung nicht wiedererkennt und jedes Mal als einen Unbekannten begrüßt. Auch Bion hat sich diese Frage offenbar gestellt und beruhigt diejenigen, die womöglich an der Wirksamkeit einer analytischen Haltung gemäß solchen Regeln zweifeln: Zwar könnten »die Ergebnisse zunächst alarmierend wirken«, aber der Psychoanalytiker »wird sich daran gewöhnen und seinen Trost haben, dass seine psychoanalytische Technik auf der festen Grundlage intuitiven Erfassens der Entwicklung beruht und *nicht* auf dem Treibsand unvollständig erinnerten flüchtigen Erlebens« (ebd., S. 24). Mag auch die Wirkung der Analyse »zunächst alarmierend«, das Erleben des Patienten »Treibsand« und dessen Erinnerung »unvollständig« sein: Hauptsache, der Analytiker lässt sich nicht beirren und findet »Trost« in den Intuitionen seiner Theorie und Technik.

Von Intersubjektivität kann hier nicht mehr die Rede sein.

## 4. Die Verteidigung der »wahren Psychoanalyse«: zum Erstarken einer psychoanalytischen Gegenmoderne

Weil der Wechsel vom Trieb- zum Intersubjektivitätsparadigma – d.h. im Kern von einer monadischen Sicht der Psyche zu einer Sicht der mentalen Bezogenheit – an Identitätsfragen der Psychoanalyse rührt, sind darüber heftige Auseinandersetzungen entstanden. Mit der kleinianischen Schule als ihr Zentrum hat sich inzwischen eine fundamentalistische Gegenbewegung entwickelt, die als »wahre Psychoanalyse« das kostbare Trieberbe Sigmund Freuds zu verteidigen sucht. Exemplarisch in einem Aufsatz »Reflections on Truth, Tradition, and the Psychoanalytic Tradition of Truth«, in dem Hanna Segal (2006) die Wahrheitsfrage in der Psychoanalyse gestellt und mit einem Generalangriff auf den Intersubjektivismus beantwortet hat.

Die große alte Dame des Kleinianismus spannt einen theoriegeschichtlichen Bogen der Häresie von Sandor Ferenczi über die Objekbeziehungstheorien von Balint und Winnicott bis zur Entwicklung der Selbstpsychologie durch Heinz Kohut. All diese Abweichungen würden, indem sie die Suche nach der Wahrheit aufgegeben und stattdessen die »persönlichen Einflüsse des Analytikers […] zum integralen Bestandteil des psychoanalytischen Prozesses« gemacht hätten, den von Freud und Melanie Klein gebahnten Pfad der Psychoanalyse verlassen. Die technischen Neuerungen, die aus dieser häretischen Tradition stammten, so Segal, seien »essentially nonanalytic« (ebd., S. 288f.).

Der Abschnitt lautet im Zusammenhang:

> »In further developments, the Middle Group, which changed its name to the Independents, also established a new model of the mind, deriving from Ferenczi and developed by Balint, Winnicott, and, later in the United States, by Kohut. The fundamental difference between this model and those of Freud, Klein, and their followers lay not in the fact that it took into account new clinical evidence, but rather in the kinds of uses that it made of clinical evidence. A new concern emerged that focused on various notions of cure and change that did not rest on attaining truth and that considered the personal influences of the analyst – e.g., his support, advice, and comfort – to be integral to the analytic process. Here the changes in technique were of a kind that made them essentially nonanalytic. They went against the psychoanalytic effort to bring about change through the search for truth« (ebd.).

Aus der Geschichte der institutionalisierten Psychoanalyse sollte man wissen, dass mit dem Kampfbegriff des »Nicht-Analytischen« theoretische wie institutionelle Ausgrenzung betrieben wird. Angesichts eines Wahrheitspathos, das die Autorin bereits durch das zweimalige »truth« im Titel ihrer Kampfschrift ins Spiel bringt, fühlt man sich an die Pionierzeit der psychoanalytischen Bewegung erinnert, deren bedrohte Einheit bekanntlich durch die Verpflichtung auf bestimmte, von Freud als »Schibboleth« bezeichnete Grundwahrheiten bewahrt werden sollte.

Paradoxerweise kam am Ende das Gegenteil heraus: der Zerfall in konkurrierende Schulen. Denn der in den »Schibboleth«-Forderungen enthaltene Konfessionszwang trug zur Spaltung der Psychoanalyse bei. Wer immer die Zustimmung verweigerte, galt als Dissident und wurde an den Rand gedrängt oder ausgeschlossen, wenn er nicht freiwillig ging. Abweichungen, in einer lebendigen Bewegung unvermeidlich, führten zur Exklusion: Alfred Adler, Otto

Rank, C.G. Jung, Wilhelm Reich, Jacques Lacan, John Bowlby, Harry Stack Sullivan, W.R.D Fairbairn, Erich Fromm oder Karen Horney – die Liste der Verfemten ist lang. Und sie umfasst die prominenten Namen derjenigen, die ihre Exkommunikation zur Gründung eigener Schulen nutzten oder außerhalb der organisierten Psychoanalyse weiterarbeiteten.

In der Tat liest sich Segals Intervention wie eine zeitgenössische Wiederaufnahme der klassisch-freudianischen »Schibboleth«-Politik. Mit einem markanten Unterschied freilich: Was Freud damals in identitätsstiftender Absicht gegen die Gefahr der Zersplitterung »seiner« noch jungen Disziplin unternahm, klingt in Zeiten einer pluralisierten Psychoanalyse wie der verzweifelte Machtanspruch einer einzelnen Schule, die im fundamentalen Einspruch gegen den zeitgenössischen Intersubjektivismus die Verbindlichkeit der eigenen Theorie und Technik zur Geltung bringen will – freilich ohne Aussicht auf Erfolg.

Denn schließlich hat sich die postklassische Psychoanalyse unter dem Eindruck entsprechender Befunde insgesamt dazu durchgerungen, den von Segal inkriminierten »persönlichen Einfluss des Analytikers« auf den psychoanalytischen Prozess anzuerkennen. Die Anerkennung dieses Einflusses steht geradezu paradigmatisch für das, was wir schulenübergreifend die »intersubjektive Wende« der Psychoanalyse nennen (vgl. Altmeyer & Thomä, 2006). Heute wissen wir, dass die analytische Beziehung keineswegs in einem sterilen Operationssaal stattfindet. Ebenso wie wir wissen, dass der Analytiker nicht jenes von der klassischen Technik geforderte neutrale, anonyme und abstinente Wesen ist, das »im Zweifel nichts antworten, nichts reden, nichts ausdrücken, nichts offenbaren« soll (Mitchell, 2003, S. 184), sondern emotional engagierter Teilnehmer an einem therapeutischen Unternehmen, das er gemeinsam mit seinem Analysanden, freilich in komplementären Rollen, gestaltet.

Wenn Segal die Scheidelinie zwischen Psychoanalyse und Nicht-Psychoanalyse richtig bezeichnet hätte – in Wahrheit ist im therapeutischen Geschehen der Einfluss des Analytikers als Person unvermeidlich und gerade deshalb in Rechnung zu stellen –, stünde es schlecht um unsere Disziplin. Was bliebe von der Gegenwartspsychoanalyse, wenn all diejenigen Methoden als »unpsychoanalytisch« verworfen würden, die auf der wissenschaftlich gesicherten Einsicht basieren, dass es sich bei der psychoanalytischen Situation zwar um eine besondere, aber doch um eine zwischenmenschliche Begegnung handelt, an der zwei Personen beteiligt sind, die sich in ihrer Beziehung wechselseitig beeinflussen?

Insofern verfehlt Segals fundamentaler Einspruch gegen den Intersubjektivismus offenkundig den empirischen Erkenntnisstand der klinischen Psychoanalyse.

Dessen ungeachtet behauptet der Kleinianismus einen privilegierten Zugang zur psychischen Innenwelt. Man glaubt, Ursprung, Struktur und Funktionsweise des Seelenlebens genau zu kennen. Man möchte sogar die äußere Realität aus der psychischen erklären. Man wähnt sich im Besitz eines intrapsychischen Arkanwissens, das auf empirische Überprüfung verzichten zu können glaubt. Wissenschaftliche Begründungs- und interdisziplinäre Anschlussversuche der Psychoanalyse gelten als suspekt und werden als »unpsychoanalytisch« zurückgewiesen.

Insbesondere in den Schriften von Bion finden sich kryptoreligiöse Züge, die in einer Glaubensgemeinschaft Platz haben, den wissenschaftlichen Anspruch der Psychoanalyse jedoch diskreditieren. So gerät eine Wissenschaft, die einmal zur Aufklärung des Irrationalen angetreten ist, selber in die Gefahr, irrational zu werden, was in der Wissensgesellschaft eine Selbstmarginalisierung bedeuten würde.

## 5. Plausibel oder unplausibel: Bemerkungen zur Evidenz psychoanalytischer Spekulationen

Bekanntlich beanspruchte Melanie Klein (1932), mit der paranoid-schizoiden und der depressiven Position archaische Seelenzustände bei ihren regredierten Patienten »entdeckt« zu haben, deren Genese sie in das erste Lebensjahr verlegt. Da der Säugling in diesem Alter über sein Innenleben nicht berichten kann, sind solche aus Phasen psychotherapeutischer Regression gewonnene Rekonstruktionen der Beziehung des Säuglings zu sich selbst und zu seiner Umwelt höchst spekulativer Natur. Die empirische Säuglingsforschung dagegen, welche die unvermeidlichen Spekulationen der Entwicklungspsychologie zum intrapsychischen Geschehen daran bemisst, ob diese plausibel und mit den beobachtbaren Interaktionen des Säuglings zu vereinbaren sind, hält die von der kleinianischen Schule behaupteten Seelen(-dis-)positionen für höchst unplausibel (vgl. die systematische Fortschreibung der empirischen Befunde in den Monografien von Martin Dornes; zuletzt Dornes, 2006).

Die Spekulationen des Kleinianismus sind Artefakte seiner klinischen Theorie, die sich in der therapeutischen Anwendung nur zirkulär bestätigen lassen: Der bereits wissende/glaubende Analytiker – er weiß/glaubt, sofern er in seiner eigenen Lehranalyse zum »psychotischen Kern« der eigenen Persönlichkeit vorgedrungen ist – bringt sein Wissen/seinen Glauben dem noch unwissenden/ungläubigen Analysanden nahe, indem er ihm Deutungen anbietet, die von der eigenen Theorie/dem Glauben so durchdrungen sind, dass der Patient sich zur Annahme genötigt sieht. Denn Widerstand ist zwecklos und wird als Widerstand gegen die tiefe Wahrheit der Deutung gedeutet.

Das Machtspiel kann der Patient nur verlieren, es sei denn, er unterwirft sich, indem er die Deutung annimmt und an sie glaubt. Tut er das nicht, attackiert er den Therapeuten, von dessen Deutung er sich bedroht fühlt, und liefert eben mit dieser Attacke den Beweis für die Existenz der paranoid-schizoiden Position, aus der er sich dann zur reiferen depressiven Position durcharbeiten muss. Oder er flüchtet aus der Analyse, weil er vor der Konfrontation mit seinem »psychotischen Kern« zurückschreckt.

Stephen Mitchell und Jessica Benjamin haben darauf hingewiesen, dass die in kleinianischen Fallbeschreibungen häufig anzutreffende Aggressivität von Patienten aus Sicht einer relationalen Psychoanalyse als Reaktion auf die klinische Rollenverteilung diskutiert wird: als »iatrogene Konsequenz einer starren Hierarchie in der Definition der analytischen Rollen« (Mitchell, 2005, S. 185), als Angriff des ohnmächtigen Patienten auf die machtvolle Selbstdefinition eines Analytikers, der »aus der Beobachter- leicht in die Richterrolle« fällt (Benjamin, 2004, S. 86; vgl. auch Altmeyer, 2009). Dieser Lesart zufolge speist sich die Bereitschaft des Patienten zur Aggression nicht aus seinem »primären Neid« oder einem wie immer gearteten »psychotischen Kern« in der Tiefe seiner Persönlichkeit, sondern aus einer analytischen Beziehung, die von ihm Unterwerfung unter eine Glaubenslehre verlangt: Möglicherweise wehrt sich der kleinianische Patient gegen intrusive Deutungen, durch die er sich überwältigt und in eine kindliche Rolle gedrängt fühlt.

In der Literatur finden sich dafür zahlreiche Fallbeispiele, denn im kleinianischen Verständnis wird die psychoanalytische Situation bekanntlich nach dem Vorbild der frühkindlichen Welt konzeptualisert. Der Analysand verhält sich zum Analytiker wie das Kind zum Primärobjekt, genauer: wie der Säugling zur Mutterbrust. Allerdings ist das Bild vom nährenden Analytiker, von der analytischen Brust und von der Milch der Deutung keineswegs metaphorisch gemeint; in der analytischen Dyade verhalten sich beide nicht *wie* Mutter und Kind, sie *sind* Mutter und Kind – ein »Stillpaar«, wie Betty Joseph schreibt: Der Therapeut gibt *tatsächlich* die Brust, seine Deutungen sind *wirklich* die »gute Milch«, die der Patient empfängt, falls er sie nicht als vergiftete, eben »böse Milch« zurückweist (Joseph, 1994, S. 256).

Wenn man genau hinschaut, zerfällt jene Intersubjektivität, die vom zeitgenössischen Kleinianismus metapsychologisch beansprucht wird, auf der klinischen Ebene in ihre Einzelteile. Denn Deutungen sind vor allem Übertragungsdeutungen, die der Analytiker aus der theoriegeschwängerten Wahrnehmung seiner eigenen Gegenübertragung entwickelt. Das hat Helmut Thomä veranlasst, von einem »Gegenübertragungssubjektivismus« zu sprechen (Thomä, 1999). Die therapeutische Interaktion erweist sich als die innere Bewegung des Analysanden zwischen der depressiven und der paranoid-schizoiden Position, die vom Analytiker wiederum zu beobachten ist, wenn er in sich selbst hineinschaut. Denn er ist der Container, der zur Verfügung gestellte Raum, in dem der Patient via Übertragung »noch einmal wie ein Kind leben kann«, und zugleich der objektive Beobachter seiner Gegenübertragung, der den Patienten »in sich sucht« (Bollas, 1987, S. 211f.) – und findet: als Selbstanteile resp. »innere Objekte« des Patienten, die dieser auf projektivem Wege in den Analytiker hineinverlegt hat, mit dem er sich und der sich mit ihm identifiziert.

Der Analytiker verdaut diese Fundstücke mithilfe von Fermenten seiner Theorie und bietet sie in metabolisierter Form dem Patienten qua Tiefendeutung zur Rücknahme an. Modellhaft beschreibt Ingo Focke diese Form der Identifizierung aufseiten des kleinianischen Analytikers, der Projektionen des Analysanden aufnimmt und darauf reagiert:

> »Was dann in ihm lebendig wird, kann helfen, projizierte Selbstanteile oder Anteile verschiedener innerer Objekte eines Patienten zu spüren und zu verstehen. Die Bearbeitung dieser Projektionen im Analytiker ist ein wesentlicher Bestandteil der analytischen Arbeit und Teil eines Transformationsprozesses, wie im Modell ›container/contained‹ dargestellt« (Focke, 2010, S. 50).

So finden auf beiden Seiten der analytischen Dyade intrapsychische Prozesse statt, die bloß durch Akte projektiver Identifizierung einerseits, durch den Metabolismus der Deutungsarbeit andererseits miteinander verbunden scheinen. In der therapeutischen Begegnung begegnen sich eigentlich zwei Monaden (vgl. auch Reiche, 1999).

Der Mensch ist aber keine Monade, kein isoliertes Wesen, das ursprünglich nur mit seinen inneren Objekten kommuniziert und lediglich aus Triebnot Kontakt mit den Objekten der Außenwelt aufnimmt. Das werdende Subjekt – auch und gerade das besonders verletzliche »Subjekt der Analyse« (Ogden, 2004) – bedarf neben einer haltenden auch einer resonanten und responsiven Umwelt: der Spiegelung im Anderen, der Anerkennung durch ein Gegenüber, der wohlwollenden Aufnahme durch eine »freundliche« Realität.

Im Netzwerk des Seelenlebens existiert kein psychischer Apparat, der von der Umwelt isoliert wäre. Intersubjektivität geht der Subjektivität voraus. Die Psyche entsteht erst aus dem Beziehungsumfeld, in das sie eingebettet ist, und fungiert als Vermittlungsorgan. Erst auf der Basis von zwischenmenschlicher Verbundenheit entwickeln wir die Fähigkeit zur Abgrenzung und Auseinandersetzung, zu Aggression und Konflikt oder zum »Alleinesein in Gegenwart eines Anderen« (Winnicott, 1995). All das wissen wir heute. Deshalb müssen wir nicht mehr daran glauben.

## Literatur


Altmeyer, M. (2000): *Narzissmus und Objekt. Ein intersubjektives Verständnis der Selbstbezogenheit.* Göttingen: Vandenhoeck & Ruprecht.

Altmeyer, M. (2003): *Im Spiegel des Anderen. Anwendungen einer relationalen Psychoanalyse.* Gießen: Psychosozial-Verlag.

Altmeyer, M. (2009): Dreiecksbeziehungen Annäherungen im interdisziplinären Diskurs über das Subjekt. *Psyche – Z Psychoanal, 63*, 399–413.

Altmeyer, M. (2011): Soziales Netzwerk Psyche. Versuch einer Standortbestimmung der modernen Psychoanalyse. *Forum der Psychoanalyse, 2011/2*, 107–127.

Altmeyer, M. & Thomä, H. (Hrsg.) (2006): *Die vernetzte Seele. Die intersubjektive Wende in der Psychoanalyse.* Stuttgart: Klett-Cotta.

Aron, L. (1996): *A meeting of minds: Mutuality in psychoanalysis.* Hillsdale, NJ: The Analytic Press.

Balint, M. (1965): *Die Urformen der Liebe und die Technik der Psychoanalyse* (S. 83–102). Frankfurt a.M., Hamburg: Fischer-Verlag.

Bauer, J. (2005): Warum ich fühle, was Du fühlst. Intuitive Kommunikation und das Geheimnis der Spiegelneuronen. Hamburg: Hoffmann und Campe.

Beland, H. (2004): »Nichts Feierliches«. Gleichschwebende Aufmerksamkeit als Unwissen und Wagnis (Faith in O). In A. Gerlach, A.-M. Schlösser & A. Springer (Hrsg.): *Psychoanalyse des Glaubens* (S. 71–102). Eine Publikation der DGPT. Gießen: Psychosozial-Verlag.

Benjamin, J. (2004): Tue ich oder wird mir angetan? Ein intersubjektives Triangulierungskonzept. In M. Altmeyer & H. Thomä (Hrsg.) (2006), *Die vernetzte Seele. Die intersubjektive Wende in der Psychoanalyse* (S.65–107). Stuttgart: Klett-Cotta.

Bion, W.R. (1967): Anmerkungen zu Erinnerung und Wunsch. In E.B. Bott Spillius (Hrsg.) (2002), *Melanie Klein heute. Entwicklungen in Theorie und Praxis, Bd. 2: Anwendungen* (S. 22–28). Stuttgart: Klett-Cotta.

Bion, W.R. (1970): *Attention and Interpretation. A scientific approach to insight in psychoanalysis and groups*. London: Tavistock.

Bollas, C. (1987): *Der Schatten des Objekts. Das ungedachte Bekannte: Zur Psychoanalyse der frühen Kindheit*. Stuttgart: Klett-Cotta.

Buchholz, M. (1999): *Psychotherapie als Profession*. Gießen: Psychosozial-Verlag.

Damasio, A. (1999): *Ich fühle, also bin ich. Die Entschlüsselung des Bewußtseins*. München: List.

Damasio, A. (2004): Zur Neurobiologie des Fühlens. Gastvortrag auf dem 43. Kongress der Internationalen Psychoanalytische Vereinigung (IPV) in New Orleans.

Dornes, M. (2006): *Die Seele des Kindes*. Frankfurt a.M. (Fischer).

Focke, I. (2010): Widerstand, Übertragung und die Gefährdung des psychischen Gleichgewichts. *Psyche – Z Psychoanal, 64*, 34–58.

Fonagy, P., Gergely, G., Jurist, E. & Target, M. (2004 [2002]): *Affektregulierung, Mentalisierung und die Entwicklung des Selbst*. Stuttgart: Klett-Cotta.

Freud, S. (1914): Zur Einführung des Narzißmus. GW X, S. 137–170.

Freud, S. (1923): Das Ich und das Es. GW XIII, S. 237–289.

Freud, S. (1926): Hemmung, Symptom und Angst. GW XIV, S. 111–205.

Götzmann, L. (2008): Über die Verwandtschaftsbeziehungen der negativen Theologie – Transformative Transzendenz und die Erfahrung »O« in der Mystik. *Psyche – Z Psychoanal, 62*, 1230–1245.

Green, A. (2000a): Science and science-fiction in der Säuglingsforschung. *Zschr. f. psychoanal. Theorie und Praxis, XV*, 438–466.

Green, A. (2000b): Das Intrapsychische und das Intersubjektive in der Psychoanalyse. In M. Altmeyer & H. Thomä (Hrsg.) (2006), *Die vernetzte Seele. Die intersubjektive Wende in der Psychoanalyse* (S. 227–258). Stuttgart: Klett-Cotta.

Hartmann, H. (1997): *Ich-Psychologie : Studien zur psychoanalytischen Theorie*. Stuttgart: Klett-Cotta.

Hoffman, I.Z. (2009): Doublethinking our way to »scientific« legitimacy: the dessication of human experience. *J Am Psychoanal Ass 57/5*, 1043–1068.

Honneth, A. (2000): Objektbeziehungstheorie und postmoderne Identität. Über das vermeintliche Veralten der Psychoanalyse. *Psyche – Z Psychoanal 54*, 1087–1109.

Honneth, A. (2001): Facetten des vorsozialen Selbst. Eine Erwiderung auf Joel Whitebook. *Psyche – Z Psychoanal, 55*, 790–802. Überarbeitete Fassung in M. Altmeyer & H. Thomä (Hrsg.) (2006), *Die vernetzte Seele. Die intersubjektive Wende in der Psychoanalyse* (S. 314–333). Stuttgart: Klett-Cotta.

Joseph, B. (1994 [1989]): *Psychisches Gleichgewicht und psychische Veränderung*. Stuttgart: Klett-Cotta.

Klein, M. (1932 [1928]): *Psychoanalyse des Kindes*. Wien: Internationaler Psychoanalytischer Verlag.

Kuhn, T.S. (1976 [1962]): Die Struktur wissenschaftlicher Revolutionen. Frankfurt a.M.: Suhrkamp.

Leuzinger-Bohleber, M., Deserno, H. & Hau, S. (2004): *Psychoanalyse als Profession und Wissenschaft*. Stuttgart: Kohlhammer.

Loewald, H.W. (1986 [1980]): Ich und Realität. In H.W. Loewald (1980), Psychoanalyse. Aufsätze aus den Jahren 1951–1979 (S. 193–205). Stuttgart: Klett-Cotta.

Mitchell, S.A. (2005 [1997]): Einfluss und Autonomie in der analytischen Beziehung. Gießen: Psychosozial-Verlag.

Mitchell, S.A. (2003 [2000]): Bindung und Beziehung. Auf dem Weg zu einer relationalen Psychoanalyse. Gießen: Psychosozial-Verlag.

Ogden, T.H. (2004): Das analytische Dritte, das intersubjektive Subjekt der Analyse und das Konzept der projektiven Identifizierung. In M. Altmeyer & H. Thomä (Hrsg.) (2006), *Die vernetzte Seele. Die intersubjektive Wende in der Psychoanalyse* (S. 35–64). Stuttgart: Klett-Cotta.

Prinz, W. (2011): Selbst im Spiegel. Die soziale Konstruktion von Subjektivität. Frankfurt a.M.. Suhrkamp.

Reiche, R. (1995): Von innen nach außen? Sackgassen im Diskurs über Psychoanalyse und Gesellschaft. *Psyche – Z Psychoanal, 49,* 227–258.

Reiche, R. (1999): Subjekt, Patient, Außenwelt. *Psyche – Z Psychoanal, 53,* 572–596.

Schachter, J. (2005): Ist die zeitgenössische Psychoanalyse in den USA noch eine Profession? Ein Plädoyer für mehr psychoanalytische Forschung. *Psyche – Z Psychoanal, 60,* 455–485.

Segal, H. (2006): Reflections on Truth, Tradition, and the Psychoanalytic Tradition of Truth. *American Imago, 63,* 383–292.

Singer, W. (2002): *Der Beobachter im Gehirn.* Frankfurt a.M.: Suhrkamp.

Thomä, H. (1999): Zur Theorie und Praxis von Übertragung und Gegenübertragung im psychoanalytischen Pluralismus. *Psyche – Z Psychoanal, 53,* 820–872.

Thomä, H. & Kächele, H. (2006 [1985/1987]): *Lehrbuch der psychoanalytischen Therapie.* Bd. 1: Grundlagen, Bd. 2: Praxis. Berlin, Heidelberg, New York, Tokyo: Springer. 3. Aufl. (zusammen mit Bd. 3: Forschung).

Tillich, P. (1956): *Systematische Theologie, Bd. 1.* Stuttgart: Evangelisches Verlagswerk.

Wallerstein, R.S. (1990): Psychoanalysis. The common ground. *Int J Psychoanal, 71,* 3–20.

Wiedemann, W. (2007): *Wilfred Bion. Biografie, Theorie und klinische Praxis des »Mystikers der Psychoanalyse«.* Gießen: Psychosozial-Verlag.

Winnicott, D.W. (1974 [1965]): *Reifungsprozesse und fördernde Umwelt.* München: Kindler.

Winnicott, D.W. (1995 [1971]): *Vom Spiel zur Kreativität.* Stuttgart: Klett-Cotta.

# Übergangsräume bei verfeindeten Volksgruppen am Beispiel des Nah-Ost-Konfliktes

## Täter-Opfer-Gruppen-Arbeit im Rahmen der Friedensinitiative FAB (Friendship Across Borders)

*Michael Kögler*

*»Der Übergangsraum ist der Ort, an dem wir leben« (Winnicott, 1973, S. 121).*

Winnicott beschreibt damit, dass unsere Möglichkeiten, die Realität wahrzunehmen, eingeschränkt werden durch die subjektiven Gegebenheiten unseres emotionalen und mentalen Zustandes. Damit beeinflussen unsere Wünsche, Stimmungen, Ängste, Absichten sowie die Welt unserer inneren Bilder und verinnerlichten Beziehungserfahrungen die Art, wie wir unsere Umgebung wahrnehmen. Unsere so geprägte Wahrnehmung der Realität beeinflusst in der Folge unser Verhalten. Der Übergangsraum, oder potenzielle Raum, steht somit in der Entwicklungsabfolge von der illusionären Wunscherfüllung des Babys im Zusammenspiel mit seiner ausreichend guten Mutter, weiter zum Übergangsobjekt, dass, zum Nicht-Ich gehörend, Ziel aller subjektiven Zuschreibungen ist, schließlich zum Spiel, im dem paradoxerweise Vorstellung und Realität verschmelzen: Im Als-Ob-Raum ist das Kind oder der spielende Erwachsene gleichzeitig in seiner Spielvorstellung und der Realität des gerade gespielten. Die Realität, die unabhängig vom Individuum existiert, ist »eine Beleidigung für die menschliche Natur« (Winnicott, 1990, S. 44). Daraus folgt die mehr oder weniger große Einfärbung des Umgangs mit der Realität.

Mit »Übergangsraum« wird ein Zustand gefasst, in dem das Individuum sich ausreichend sicher in der Welt fühlt, um sich auf seine innere Welt einlassen zu können und sie mit den realen Gegebenheiten in Beziehung zu setzen. Angst und Bedrohung zerstören den potenziellen Raum. Winnicott sieht es als lebenslange Aufgabe an, sich seiner Grenzen bewusst zu werden, innere und äußere Welt zu unterscheiden und voneinander getrennt zu halten und zueinander in Beziehung zu setzen.

In diesem Beitrag möchte ich das Konzept des Übergangsraumes von der

Bedeutung für das Individuum erweitern auf seine Relevanz für Gruppen – spezifisch für Großgruppenprozesse. Zunächst werde ich dazu einige allgemeine Ausführungen über die Psychodynamik von Großgruppen machen. Dabei orientiere ich mich an dem Buch von Vamik Volkan: *Blindes Vertrauen – Großgruppen und ihre Führer in Krisenzeiten*. Als Beispiel für eine regredierte Großgruppe nehme ich Deutschland während der Zeit der nationalsozialistischen Herrschaft und halte mich dabei an das Buch von Aly Götz: *Warum die Deutschen, warum die Juden?* Die Anwendung des Konzeptes des Übergangsraumes soll dabei helfen, die maligne Regression von Großgruppen, ausgelöst durch einschneidende krisenhafte Ereignisse besser zu verstehen. Anschließend werde ich FAB vorstellen. Die Abkürzung steht für Friendship Across Borders, eine Non-Government-Organisation (NGO), die sich mit je einer Gruppe von Palästinensern, israelischen Juden und Deutschen um die Förderung des Friedens im Nahen Osten bemüht. Das Herzstück ist die Arbeit mit den drei Gruppen, bei der sich Täter und Opfer begegnen. Ich werde dazu den Prozess eines entsprechenden Seminars, welches auch als Film dokumentiert ist, beschreiben und auswerten im Hinblick auf Veränderungen im Übergangsraum.

## Individuelle Kernidentität

In der Psychoanalyse haben wir keinerlei Schwierigkeiten damit, in jedem Menschen eine Kernidentität zu erkennen. Wir verstehen mit Erikson darunter das subjektive Erleben der eigenen Person durch die Zeit. Darin kommt seine spezifische intrapsychische Organisation zum Ausdruck, die seine Sprechweisen, Denk- und Verhaltensweisen, sein inneres Empfinden, sein Geschlecht, seine Körpersprache oder auch seine Über-Ich-Vorstellungen bestimmen. Sie bilden somit den subjektiven Pol des Übergangsraumes.

## Großgruppenidentität

Ebenso wichtig wie die Kernidentität und von Anfang an vermittelt ist die Großgruppenidentität. Deshalb hat sie in der Seele auch keinen getrennten Ort, sondern ist eng mit der Kernidentität verbunden. Als Grundlagen für die

Gemeinsamkeiten, die eine Großgruppenidentität ausmachen, nennt Volkan die Sprache, ein Gefühl historischer Kontinuität der eigenen Gruppe, Glauben an gemeinsame Vorfahren, kulturelle Gemeinsamkeiten wie z.B. das Erlebnis der Sauna bei den Finnen, das alle finnischen Kinder miteinander verbindet, auch wenn sie sich im Leben niemals begegnen, Lieder und Märchen, Nahrungspräferenzen, gemeinsame Heimat auch als territoriales Gebiet oder eine gemeinsame Religion. Mit der Zunahme der mentalen Fähigkeiten im drittten Lebensjahr wird ein Kind, ohne dass es dies merkt, auf subtile Weise in die WIR-heit der Großgruppenidentität hineingezogen. So entsteht z.B. ein Deutscher, ein Katholik, ein Farbiger oder ein Rheinländer.

Es liegt nahe, dieses Konzept der Großgruppenidentität mit dem Konzept der Grundmatrix von Foulkes zu vergleichen. Ich will hier nicht auf Einzelheiten eingehen, sondern die Besonderheiten beschreiben, die nach meiner Meinung im Unterschied zum Konzept der individuellen Entwicklung mit dem Primat des Intrapsychischen in der Großgruppe entstehen. Sinn und Bedeutung eines inneren oder äußeren Ereignisses durch bewusste und unbewusste Kommunikation in dieser Matrix, in der die einzelnen Gruppenmitglieder miteinander verbunden sind. Somit werden die Einzelnen nicht mehr als getrennte Individuen verstanden, die sich gegenüberstehen. Sie sind zwar differenziert, werden aber als Teil eines spezifischen Netzes verstanden. Dem Intra des Individuums wird das Inter des sinngebenden Gemeinschaftsverständnisses gegenübergestellt.

Das Konzept der Matrix von Foulkes trägt demnach wesentlich zum Verständnis der Großgruppenidentität bei. Bezogen auf den Übergangsraum führt die Identität einer Großgruppe zu einem Wir-Gefühl von Gemeinsamkeiten, Sicherheit und Grundorientierung, die dem subjektiven Pol des Übergangsraumes auf der individuellen Ebene entsprechen würde. Gleichwohl kann eine Großgruppe offen sein für die Anerkennung der Existenz anderer Großgruppen mit unterschiedlichen, vielleicht auch gegensätzlichen Identitäten. Die eigene sichere Großgruppenidentität kann sogar die Ängste vermindern, sich mit der Identität von anderen Gruppen auseinanderzusetzen, zu vergleichen, zu prüfen, ob die Inhalte der fremden Identität für die eigene Identität eine Bereicherung sein können. Dabei gibt es in jeder Großgruppe verschiedene Subgruppen, die neuere Entwicklungen fördern oder ablehnen, also unterschiedliche Positionen im Übergangsraum zwischen konservativem Wunschdenken und Anerkennung sich wandelnder Realitäten besetzen. Solche Prozesse sind bei einer Großgruppe komplex, kompliziert, nicht voraussehbar, bisweilen irrational. Es wird in der Regel aber eine Prozessentwicklung beobachtbar sein, die auf der Zeitachse sowohl den Fortbestand der Großgruppenidentität wie auch ihre Veränderung durch Weiterentwicklung erkennen lässt. Die Großgruppenidentität wandert bei dieser Sichtweise auf einer gedachten Linie zwischen dem Ausgangspol und dem Realitätspol.

Man könnte einwenden, dass Großgruppenprozesse unrealistisch dargestellt werden. Freud weist in seiner Arbeit »Massenpsychologie und Ich-Analyse« bekanntlich auf die bedrohlichen Prozesse von Großgruppenkollektiven hin. Diese bedrohen danach die individuelle Urteils- und Verantwortungsfähigkeit. Es komme regelhaft bei der Massenbildung zur immanenten Schwächung der intellektuellen Leistung, Zwang zur Unfähigkeit des Einzelnen, Illusion der gleichen Liebe des Oberhauptes zu einem Einzelnen, ungehemmter Affektivität des Herdentriebes oder Grausamkeit und gewalttätiger Intoleranz gegenüber anderen.

## Entgleisung von Großgruppen durch Regression

Was Freud als Regelfall der Psychodynamik von Großgruppenkollektiven beschreibt, ist jedoch m. E. nur der Ausnahmefall, eine besondere Dynamik der Großgruppenidentität, die ich als maligne Regression beschreiben will. Diese maligne Regression entsteht, wenn eine Gruppe angegriffen wird oder sich angegriffen, bedroht, verleumdet oder abgewertet fühlt.

Eine bedrohte Großgruppe entwickelt dann ein leidenschaftliches Bewusstsein von WIR-Verbundenheit mit dem Ziel, die eigene unbeschädigte Großgruppenidentität wieder herzustellen. In diesem emotionalen Zustand kommt es zu Polarisierung und Radikalisierung, zur Aufspaltung in die eigene gute Großgruppe, die zu Unrecht angegriffen wird, und in die andere feindliche Großgruppe. In einem regressiven Prozess der Auflösung des potenziellen Raumes wird der Feind zum Reservat für eigene nicht integrierte Selbst- und Objektbilder der eigenen Gruppe. Die Vorgänge in der eigenen Großgruppe können nicht mehr kritisch reflektiert werden. Ausdruck dieser Verfasstheit ist z. B. der Reim des assimilierten Deutschjuden Ernst Lissauer im 1. Weltkrieg, der sich gegen die Engländer richtete:

> »Wir haben nur einen einzigen Hass,
> wir lieben vereint,
> wir hassen vereint,
> wir haben nur einen einzigen Feind.«

Kaiser Wilhelm II. verlieh ihm dafür den Roten-Adler-Orden. Ich habe mich gefragt, warum ich an dieser Stelle Lissauer zitiere. Wahrscheinlich steckt ein Entlastungswunsch dahinter: Seht, die Juden werden in den Sog der Großgruppendynamik genauso hineingesogen wie die anderen Deutschen.

Die Mitglieder der regredierten Großgruppe werden extrem abhängig von und manipulierbar durch einen charismatischen Führer. Sie folgen ihm in blindem Vertrauen, um die Sicherheit der eigenen Großgruppe wieder herzustellen und die Beschädigung rückgängig zu machen. Auf diesen Zustand der regredierten und manipulierten Großgruppe trifft Freuds Beschreibung von der Massenbildung als einem regressiven Prozess auf einer vorindividuellen Stufe der Persönlichkeitsentwicklung zu, indem die Mitglieder der Masse ihr eigenes Über-Ich und Ich-Ideal mit dem der Führerpersönlichkeit verschmelzen lassen und sich gegenseitig libidinös infizieren. Bezogen auf den Übergangsraum, in dem sich auch Großgruppen befinden, führt ihre Regression immer weiter weg von der Realität. Mit Regression ist hier eine Bewegung gemeint, die zu einem frühen Entwicklungsstatus oder auch strukturell bedingten Zustand passt, in dem Affektivität, Antriebe, Denken, Wahrnehmung oder Impulskontrolle nicht einer reifen Ich-Funktion unterliegen. Dieser Zustand, in den Großgruppen durch Regression geraten können, ist also vergleichbar mit einer frühen Phase kindlicher Entwicklung oder auch mit den Gegebenheiten einer Persönlichkeitsstörung, in der das Kind noch auf die haltende Versorgung der durch die Mutter vertretenen Umwelt angewiesen ist, um nicht in unaushaltbare Angst zu geraten.

Mit Regression ist hier aber auch eine interpersonelle Situation gemeint. Dabei hat der Führer oder die Führerin einer Großgruppe für ihre Mitglieder eine übermächtige, bestimmende, ausschlaggebende Bedeutung, wie die soziale Wirklichkeit von Kindern, die von der oder den zentralen Beziehungspersonen abhängt bis mit der pubertären Ablösungsphase andere Sichtweisen und andere Personen außerhalb des familiären Umfeldes an Bedeutung gewinnen.

Der Übergangsraum, den ich hier auf den internen Zustand von Großgruppen beziehe – als ob sie eine eigene Person wären – ist hier der Gestaltungsraum sozialer Wirklichkeit, in dem die Wahrheit interaktiv gestaltet wird.

Manche maligne Großgruppen sind ganz auf ihre Innenwelt bezogen, das Außen ist für sie allenfalls ein leerer feindseliger Ort, sodass diesem gegenüber Angst, Hass und Ignoranz entstehen.

Bedrohungen und Kränkungen führen zu einer vereinheitlichenden Sichtweise, die von der Sehnsucht nach Sicherheit und Zugehörigkeit bestimmt ist. Fühlt sich eine Großgruppe in Sicherheit und anerkannt, besteht die Bereitschaft, Gegebenheiten und Interessen anderer Großgruppen anzunehmen, sich diesen neugierig zuzuwenden, zu vergleichen und zu versuchen, Nutzen daraus zu ziehen. Dies entspräche dem von Winnicott konzipierten potenziellen Raum, der zwischen dem eigenen und dem fremden kreativ genutzt werden kann.

Dies ist eine das Individuum sehr relativierende Sichtweise. Hier läge zugrunde, dass es nach Winnicott nicht nur so etwas wie ein Baby nicht gibt (Winnicott, 1984, S. 58), sondern auch nicht so etwas wie ein Individuum. An die Stelle des Individuums tritt eine Vorstellung von Gruppe, deren Mitglieder in wechselseitiger Abhängigkeit existenziell auf Kommunikation angewiesen sind.

Den Prozess der Regression von Großgruppen möchte ich jetzt auch aus trieb- und entwicklungspsychologischer Sicht beschreiben.

In seiner Schrift »Das Unbehagen in der Kultur« (Freud, 1930) beschreibt Freud den Zusammenbruch des durch Aggressionshemmung ermöglichten friedlichen Zusammenlebens zwischen verschiedenen Ethnien mit unterschiedlichen Kulturen bei Bedrohung und Erschütterung des Sicherheitsbedürfnisses.

Die Aggressionshemmung wird aufgehoben zu Gunsten einer ichsyntonen Gewalt im Dienste der »eigenen guten Sache«. Ein »heiliger Krieg« mag dafür ein Bespiel sein. In den Rahmen einer triebpsychologischen Erklärung gehört auch der Vergleich mit dem malignen Narzissmus in der Individualanalyse: Die narzisstische Kränkung und Bedrohung der Großgruppe kann zu den Erscheinungen einer narzisstischen Destruktivität mit durch das Größenselbst geprägter Zerstörung und Rache führen, mit den Ausformungen der malignen Regression einer Großgruppe. Bei der narzisstischen Destruktivität zwischen Großgruppen spielt Neid eine große Rolle. Der Neid war ein wesentlicher Grund für die maligne Regression der deutschen Großgruppe gegenüber den Juden, wie ich später aufzeigen werde.

Entwicklungspsychologisch gesehen schließlich entspräche der Zustand der malignen Regression einer Großgruppe dem Äquivalenzprinzip als Entwicklungsphase in der individuellen Psyche: Was die gleichgeschaltete regredierte Großgruppe dann denkt über die Bösartigkeit des Gegners und die Gerechtigkeit und Unschuld der eigenen Gruppe wird für Realität gehalten. Charakteristisch sind die aufgeputschten Gefühle, welche die Denkfähigkeit blockieren oder infizieren. Es finden sich dann Gründe, Argumente, Überlegungen, die die Gefühle zu rechtfertigen scheinen. So entstehen bei zerstrittenen Großgruppen völlig verschiedene Sichtweisen über ein und dieselbe Sache.

Wenn man sich den Übergangsraum bildlich als Raum vorstellt, dann befinden sich die Mitglieder einer regredierten Großgruppe in einer Art Schutzburg oder hinter einer hohen Mauer, wie beispielsweise die durch eine Mauer gesicherte Staatsgrenze der DDR oder die Mauer, mit der die Israelis ihre Staatsgrenze gegenüber den Palästinensergebieten abriegeln. Ein weiteres Beispiel wäre der »Eiserne Vorhang« in der Zeit des Kalten Krieges zwischen Ost und West. Innerhalb der eigenen Grenze gedeihen die eigenen Überzeugungen, Ideologien, Bestärkungen von Vorurteilen, während der Großgruppe außerhalb der Grenzbefestigung feindselige Absichten zugeschrieben werden, in der Zeit des Kalten Krieges z. B. ein Vernichtungsangriff mit Atomraketen.

## Das »Dritte Reich« als Beispiel für eine regredierte Großgruppe

Das schwache Nationalgefühl der deutschen Großgruppe im 19. Jahrhundert wurde oft kompensiert durch romantische nationalistische Deutschtümelei. Die Kapitulation nach dem äußerst verlustreichen 1. Weltkrieg und die alleinige Schuldzuschreibung an die Deutschen im Versailler Vertrag erschütterten die bisherigen feudalistischen und großbürgerlichen Strukturen. Die Last der Reparationszahlungen, die horrende Inflation, die Hilflosigkeit der neuen republikanischen Führung in Weimar, die Weltwirtschaftskrise als die deutsche Wirtschaft begonnen hatte, sich zu erholen, führten zu einer politischen Radikalisierung der Massen. Dazu kam der exorbitante Neid bei gleichzeitigem massivem Selbstzweifel eines Großteils der Deutschen auf erfolgreiche Juden, die überproportional häufig Stellen als Ärzte, Rechtsanwälte oder in der Verwaltung bekleideten. Kränkung und erlebte Ohnmacht lösten diesen archaischen Neid aus. In der Folge wird eine feindliche Gruppe ausgemacht, die von innen die Großgruppe bedroht und deshalb ausgeschlossen und bekämpft werden muss. Die deutschen Juden waren Bestandteil der deutschen Großgruppe.

Sie wurden zu einem gefährlichen Fremdkörper gemacht, ausgegrenzt und zerstört. Auslösend waren die erfahrene Kränkung und Ohnmacht der Deutschen, die ihr Selbstwertgefühl massiv labilisierten, sodass kompensatorisch die Ideologie einer überlegenen Herrenrasse entstehen konnte. Nur eine jüdische Verschwörung, die hinter der russischen Oktoberrevolution und dem amerikanischen Kapitalismus stand – so die Annahme – konnte bisher die Überlegenheit der arischen Rasse verschleiern.

In dem Österreicher Hitler suchten und fanden die Deutschen einen charismatischen Führer, der mit der NSDAP gerade der Gruppe der willigen sozialen Aufsteiger eine bessere Zukunft versprach. Ihr gedemütigtes Selbstwertgefühl war anfällig für eine Gleichschaltung in ein »rassisch« überlegenes Volk. Es entstand eine völkische Großgruppe, eine durch den Glauben an eine überlegene Rasse verbundene Gemeinschaft, eine gleichermaßen 60-Millionen-Person der Deutschen. Staatsbürger konnte nur sein, wer deutschen, das hieß arischen; Blutes war. So war auch kein Platz mehr für politische Unterschiede nach dem Motto, dass es keine Parteien mehr gebe, sondern nur noch Deutsche. Mit Deutschen waren entsprechend der nationalsozialistischen Ideologie arische Deutsche gemeint.

Der individuelle Deutsche ließ sich so auf ein bloßes Gattungsexemplar der die Weltherrschaft anstrebenden arischen Rasse reduzieren. Die pseudowissenschaftlich untermauerte »Rassenlehre« führte scheinbar zwangsläufig zu »Reinigungsakten«, um die »rassische Einheit« gleichartiger Volksgenossen zu garantieren. Die »Rassenhygiene« wurde eine »Forderung klarster Vernunft«, die auch Kinder einschloss. Die damalige deutsche »Krankheit« beinhaltete die Ungeheuerlichkeit einer durch Rassenlehre gerechtfertigten »Menschenwirtschaft«.

Das Grauen des Genozids an den Juden wurde für die Bevölkerung teilweise verdrängungsfähig gemacht durch Irreführungen wie »Krankentransporte, Evakuierung, Umsiedlung oder Arbeitslager«.

Die Entmenschlichung der die angebliche Rassenreinheit bedrohenden Juden, Sinti, Geisteskranken, Andersdenkenden oder Behinderten erfolgte durch die Reduzierung dieser Mitmenschen auf eine niedrige Stufe des Tierreiches.

Bettauer wirft in seinem Roman *Die Stadt ohne Juden* die folgende rhetorische Frage auf: »Auch der Rosenkäfer mit seinem schimmernden Flügeln ist ein an sich schönes, wertvolles Geschöpf und wird er von dem sorgsamen Gärtner nicht trotzdem vertilgt, weil ihm die Rose näher steht als der Käfer?« (1922, zit. n. Götz, 2011, S. 11).

Meines Erachtens lässt sich der Zustand der regredierten deutschen Großgruppe als eine Art kollektiver Psychose beschreiben. Als jemand, der noch in der Zeit der Naziherrschaft geboren wurde, bin ich sicherlich in diese damalige deutsche regredierte Großgruppe hineingeboren, sodass ich in Kontakt bin mit der Naziideologie von »arischen Herrenmenschen«, »Weltherrschaft« und dem Rassenwahn.

Beim Verfassen dieses Vortrages habe ich geträumt, verloren zu gehen, von Einsamkeit, unheimlicher Bedrohung und tapferen Bewältigungsversuchen. Ich hatte meine kleine Tochter auf dem Arm, die friedlich schlief. Ich stellte mir vor, dass sie nach dem Aufwachen sagen würde: »Das war schlimm, Papa!«

Ich glaube, hier kommt mein Wunsch zum Ausdruck, von meinen Eltern vor dem Grauen dieser Zeit besser geschützt worden zu sein. Dann wäre es mir erspart geblieben, mich mit diesem Erbe auseinandersetzen zu müssen mit der stellvertretenden Schuld und Scham, mit der Verantwortungsübernahme für diese Schuld. Es ist schwer darüber zu schreiben. Polanskis Film *Der Pianist* vermittelt drastisch das unerträgliche Grauen.

## Die Konfliktparteien Palästinenser und jüdische Israelis

Bei meiner Schilderung von Nazideutschland als maligner regredierter Großgruppe träfe mich der Vorwurf der Verallgemeinerung zu Recht: Nicht alle Deutschen wurden in den Sog der Großgruppenregression hineingestrudelt. Wenn ich jetzt Israelis und Palästinenser als regredierte Großgruppen schildere, meine ich ebenso nur Gruppen der jeweiligen Bevölkerung, die allerdings großen Einfluss auf das politische Geschehen haben.

Zur Beschreibung der regredierten Großgruppe der Palästinenser wähle ich die Hamas: Sie gründete sich 1987, um einen islamischen Staat auf dem Gebiet des historischen Palästinas zu gründen. Sie reagierten damit auf die erlebte existenzielle Bedrohung durch das militärisch überlegene Israel. Der islamische

Fundamentalismus ist die Antwort auf die tiefe Kränkung der Muslime nach dem Niedergang des osmanischen Reiches am Ende des 1. Weltkrieges und der Säkularisierung der Türkei durch Atatürk und Zentralasiens durch die Sowjetunion. Die Errichtung des Staates Israels 1948 in Palästina, einem Gebiet, das ab dem 7. Jahrhundert nach Christus unter islamischer Herrschaft stand mit einem 200-jährigen Intermezzo, in dem christliche Kreuzfahrer Teile Nordpalästinas besetzt hielten, führte zu einer weiteren archaischen Angst und tiefen Kränkung durch den Westen. In den Augen der Palästinenser ist die Gründung Israels durch Juden, einem ehemaligen Untertanenvolk, ein Werk des Satans, eine blasphemische kulturelle Invasion.

New York wird in der fundamentalistischen islamischen Literatur als »Hure Babylons« gesehen. Die Zerstörung des World Trade Centers als Symbol des kapitalistischen ungläubigen Westens ist demnach nur folgerichtig. In der Psyche der palästinensischen Selbstmordattentäter wird das Urvertrauen der individuellen Kernidentität ersetzt durch die Gruppenidentität.

Obwohl der Islam den Selbstmord ausdrücklich verbietet – wie ich den Ausführungen von Volkan (2005, S. 195) entnehme – befürworten 76% der befragten Palästinenser Selbstmordattentate. Dies ist Ausdruck der Großgruppendynamik und dient der Bändigung der Angst und existenziellen Verunsicherung. Die religiösen Führer der palästinensischen Großgruppe verheißen den Selbstmordattentätern Belohnungen im Paradies: Engel werden die Bindungs- und sexuellen Wünsche der Attentäter erfüllen. Was in unseren Augen eher unglaubwürdig wirkt, ist bei den betroffenen jungen Palästinensern Ausdruck blinden Vertrauens in die Führer einer regredierten Großgruppe. Selbstmordattentate werden wie Hochzeitszeremonien in der Bevölkerung gefeiert, ein Ritual, das die Großgruppenzugehörigkeit stärkt.

Als Beispiel für Großgruppenregression bei jüdischen Israelis wähle ich die Gruppe der ultraorthodoxen Juden in Israel: Ihr religiöser Fundamentalismus verwandelt sich in eine militante Bewegung, um das gesamte biblische jüdische Land zu besetzen und zu besiedeln, einschließlich des Tempelberges in einem vereinten jüdischen Jerusalem. Darin erfüllt sich die Prophezeiung für das Nahen des Messias. Nach dem jüdischen Glauben steht seine Erscheinung noch bevor. Das Land Israel ist demnach heilig und muss vorbereitet werden für sein Kommen.

Prozentual machen die ultraorthodoxen Juden nur ca. 10% der israelischen

Bevölkerung aus, aber ihr politischer Einfluss ist groß, wie sich an der langjährigen Siedlungspolitik der israelischen Regierung unschwer erkennen lässt. Wer in Jerusalem das Viertel der ultraorthodoxen traditionell bekleideten Juden besucht, taucht in eine Atmosphäre von Intoleranz ein, die bei mir einen tiefen Eindruck hinterlassen hat.

## Vorstellung von FAB

Im nahen Osten gibt es zahlreiche Initiativen, die sich um Verständigung, Toleranz und damit einen möglichen Friedensprozess bemühen. FAB (Friendship Accross Borders ) ist eine davon.

FAB kann man als eine inoffizielle psychopolitische Initiative betrachten, welche Gruppentreffen organisiert, bei denen sich jeweils Palästinenser, jüdische Israelis und Deutsche begegnen. Ziel ist es, in den jeweiligen Gruppensitzungen die Mitglieder der anderen Großgruppe durch deren Augen sehen zu lernen und so einen Beziehungsprozess einzuleiten, der helfen soll, die Entmenschlichung des Gegners zu vermindern. Es gibt nationale und internationale Treffen.

In den nationalen Treffen wird Wissen vermittelt über die Geschichte, Religion, Kultur der drei Nationen; darüber hinaus wird ein Selbsterfahrungsprozess gefördert über den eigenen Werdegang in der eigenen Großgruppe z. B. mit Lebenslinienarbeit, Skulpturen oder Aufstellungsarbeit.

In der deutschen Gruppe, die ich einige Jahre lang geleitet habe, stand erwartungsgemäß die Auseinandersetzung der eigenen Person mit dem Nationalsozialismus im Vordergrund: Ein schwieriger Prozess mit vielen Erkenntnissen und Erschütterungen, die zu einem vertieften Verständnis unserer Arbeit führten.

Die internationalen Treffen sind geprägt durch die Technik von Storytelling; d. h. Mitglieder der jeweiligen Großgruppe berichten über persönliche oder kollektive Traumatisierungen. Die Teilnehmer und Teilnehmerinnen der aufeinandertreffenden drei Gruppen tragen jeweils die Überzeugungen, Narrative und Vorurteile ihrer Gruppen in sich, die emotional hoch besetzt kommuniziert werden. Bei den Palästinensern und jüdischen Israelis sind es Kränkungen, Empörungen und Rachegelüste als Reaktion auf die aktuellen Geschehnisse der israelischen gewalttätigen Besatzung der Palästinensergebiete und des terroristischen palästinensischen Widerstandes. Die deutsche Gruppe ist als drittes Element nun insofern wichtig, als sie die Schuld und Verantwortung für den Holocaust repräsentiert, in dessen Folge unter anderem der Nahost-Konflikt entstanden ist.

Eine besondere Technik dieser Gruppenarbeit besteht darin, dass jeweils zwei Gruppen im inneren Kreis sitzen und über ihre Verletzungen reden, während die Mitglieder der dritten Gruppe als Witnessing Circle den äußeren Kreis als Rahmen bilden und den beiden anderen Gruppen Rückmeldungen geben.

In der ersten Phase von FAB unterzogen sich die Mitglieder, die den Verein bilden, diesem Prozess, sozusagen als verlässliches Fundament. In einer zweiten Phase durchlaufen Studenten aus den drei Ländern dieses Programm, die abschließend als Peace-Carrier zertifiziert werden. Dieses zweijährige Studentencurriculum wurde bisher einmal durchlaufen und erfolgreich beendet.

## Das Experiment des Storytellings und seine Reflexion

Ich berichte jetzt sozusagen über den experimentellen Teil dieser Arbeit: Ein einwöchiges Seminar mit jeweils zehn Teilnehmern und Teilnehmerinnen aus Palästina, Israel und Deutschland. Das Treffen fand 2008 in einer ländlich gelegenen Fortbildungseinrichtung in Süddeutschland statt und ist filmisch dokumentiert. Die Teilnehmer und Teilnehmerinnen kannten sich zum Teil aus der vorangegangenen Vereinsarbeit im eigenen Land. Das Ziel dieses internationalen Seminares war, das Leitmotiv von FAB umzusetzen: den anderen durch dessen Augen zu sehen anhand der Methode des Storytelling. Es diente den Mentoren als Übung für ihre zukünftige Aufgabe, das erwähnte Curriculum zum Peace-Carrier durch die persönliche Betreuung von jeweils zwei bis drei Studenten durchzuführen. Den drei Leitern der nationalen Gruppen und den Vereinsvorsitzenden sollte diese Chance der Fortbildung in der Zielumsetzung des Vereins ebenfalls gegeben werden.

Die gemeinsamen Mahlzeiten, die Unterbringung im gleichen Haus, Spaziergänge und Ballspiele im sommerlichen Oberschwaben könnten als eine Art »warming up« bezeichnet werden. Die eigentliche Arbeit begann mit einer Aufstellung, bei der sich die Teilnehmer und Teilnehmerinnen z. B. mit ihrem Land, den Flüchtlingen, dem Militär, dem Terror oder den Opfern identifizieren, im Raum ohne Worte zueinander in Beziehung treten und auf Aufforderung des Leiters Dr. Albrecht Mahr über ihre Befindlichkeit Auskunft gaben. So schwelgte beispielsweise die Repräsentantin des israelischen Militärs in stahlharten Worten selbstgerecht in ihrer Bedeutung für das Land, in ihrer Macht und der Rechtmäßigkeit der Gewaltausübung, während die Repräsentantin der Opfer auf dem Boden kauernd sich an den Repräsentanten ihres Landes anklammerte. Diese Teilnehmerin fühlte sich hilflos und verzweifelt, während der Teilnehmer, der für sein Land stand, äußerte, er fühle sich beschämt, gedemütigt, aber auch stolz und würde standhalten.

Bezogen auf den Übergangsraum könnte man resümieren, dass die Repräsentanten ganz in ihren Gefühlen und Sichtweisen gefangen waren; ohne Bezug zu den anderen.

In der ersten Runde der Berichte über persönliche Verletzungen und Kränkungen (»personal stories«) brachte eine Teilnehmerin ihr Erstaunen zum Ausdruck, dass sich hier einander fremde Personen auf eine persönliche, intime Ebene miteinander einlassen (become intimate). Die erste Geschichte lieferte Hava, eine israelische Jüdin: Sie berichtete, dass sie sich als Kind über das merkwürdige Verhalten eines Mädchens aus der Nachbarschaft wunderte, die jede Nacht schrie. Havas Mutter hatte keine Fragen zugelassen: »She is a number, no more questions.« Später habe Hava erfahren, dass dieses Mädchen und ihre Mutter eine Erschießung von Juden durch deutsche Soldaten in Polen überlebt hatten, weil die Mutter mit ihrem Körper ihre Tochter in der Grube zudeckte und dann beide im Winter in den polnischen Wäldern irgendwie überlebten.

Rafi, ein jüdischer Religionslehrer aus Marokko, der in der Nähe des Gazastreifens lebt, nahm den Faden auf. Er sprach davon, wie schwierig es für ihn sei, hier mit Deutschen zusammen zu sein. Er fühle sechs Millionen ermordete Juden auf seinen Schultern, die ihm sagten: »Rafi, erinnere dich an uns, vergiss uns nicht!« (Remember us, don't forget). Er wird dann von Weinkrämpfen geschüttelt, während ihn ein Palästinenser tröstet und hält. Rafi bringt hier zum Ausdruck, wie sehr er sich mit den Holocaust-Opfern identifiziert, obwohl seine Familie erst nach dem Krieg aus Marokko nach Israel eingewandert ist. Weiterhin sehen wir, dass es für die Palästinenser keine Schwierigkeit bedeutet, den Schmerz über die Holocaustopfer zu teilen.

Nach einem vergnüglichen Ausflug zu einem Badesee berichtet ein Palästinenser über eine Aktion des israelischen Militärs, bei der ein Bulldozer ein palästinensisches Dorf »vollständig zerstört hätte wie einen Fußballplatz«. Ein

Dorfbewohner, der ihn freundlich bewirtete, hätte ihm erklärt, dass sein Haus sich gerade dort befunden hätte, wo sie jetzt stehen würden.

Der Bericht löst bei der Gruppe starke Anteilnahme aus, sodass viele weinen. Avner, ein israelischer Jude, bestätigt, dass er über diese Aktion im Fernsehen einen Bericht gesehen hätte. Deutlich beschämt fällt es ihm schwer zu sprechen und sich damit als Angehöriger der Tätergruppe auszugeben.

Ein Israeli, der sich durch sein Aussehen zu der Gruppe orthodoxer Juden bekennt, berichtet von einer Freundin, Gaby Kraus, die in Jerusalem durch einen palästinensischen Selbstmordattentäter in einem Bus getötet wurde; dann von seinem besten Freund, der im Café Helel in Jerusalem am Vorabend der Hochzeit seiner Tochter ebenfalls durch einen palästinensischen Selbstmordattentäter getötet worden sei.

Die Opfergeschichten werden fortgesetzt von einer Palästinenserin: Sie berichtet davon, dass ihre Familie ohne ersichtlichen Grund unter Gewaltandrohung gezwungen wurde, ihr Haus zu verlassen, und die Familienmitglieder seither über die halbe Welt verstreut seien. Mamoun greift das den Palästinensern angetane Unrecht auf und steigert sich in maßlose Wut darüber, dass das israelische Militär ihn zwinge, einen Checkpoint zu passieren, um zum Freitagsgebet in die Al Aksa Moschee zu gelangen: »You call it Tempel Mount, for me, it's Al Aksa Mosque, I can't take it anymore, there is no negotiation, I am ready to die for it, you can shoot me for this, that is your problem, you can kill me, I don't want my enemy to see my tears, there is no sadness, it is anger!«

Die beschriebene Kälte und der Hass der israelischen Militärs prallt auf den Bericht einer jüdischen Israeli, die fassungslos darüber ist, dass die örtliche palästinensische Bevölkerung den durch einen Unfall verursachten Absturz eines israelischen Militärhubschraubers frenetisch bejubelt. Unter den 30 toten Soldaten war auch einer ihrer Söhne. Sie berichtet dies bleich und sachlich, deutlich affektisoliert und kommentiert: They don't know anything, I feel no anger.

Die Berichte teilten sich natürlich auf über mehrere Tage, immer wieder unterbrochen von gemeinsamen Aktivitäten wie Ausflüge oder kreatives Gestalten von Bildern z.B. über zukünftige Lösungen. Wenn diese Bilder der Gruppe vorgestellt wurden, wurden sie lebhaft beklatscht. Offenbar waren in diesen Bildern mehr die einzelnen Personen zu erkennen und damit eine zeitweise Distanzierung von den identitätsstiftenden Narrativen der jeweiligen Großgruppe.

Eine Ausnahme der Opferberichte bildete das Bedauern von Sarah, dass sie als junger Offizier der israelischen Armee ohne juristische Kenntnisse vom Militär eingesetzt wurde, Gerichtsurteile gegen Palästinenser zu fällen.

Im Wesentlichen ging jedoch die Auseinandersetzung von Opfergeschichten weiter (es entstand eine Art Wettbewerb, wer mehr gelitten habe.). Höhepunkt und Ende dieser Phase bildete der anklagende Bericht eines Palästinensers über die Erschießung des Maurers, der ihm ein neues Haus für seine Familie gebaut hatte. Er führte aus, dass israelische Soldaten ohne Grund und Ankündigung sein Haus in der Nähe von Ost-Jerusalem zerstört hätten. Mit dem Maurer, der seiner Familie an anderer Stelle ein neues Haus gebaut hätte, verabredete er eine Geldübergabe an einem Checkpoint. Der diensthabende Soldat erlaubte das Treffen mit der Geldübergabe nicht und befahl dem Maurer »to go arround«. Dann hätten die Soldaten ihn erschossen. Nach ungläubigem Nachfragen in der Gruppe wiederholte dieser Teilnehmer: »They shot him, he died in the place.« Am nächsten Tag hätte er in der Zeitung gelesen, der Maurer habe ein Gewehr bei sich getragen. Er berichtet dann weiter über die Familie des Maurers, dass sie nun ohne Ehemann und Vater durchkommen müssten. Auch er betont, dass er nicht weinen würde, er würde nicht einmal Ärger spüren.

In der darauffolgenden Abendsitzung war die Stimmung düster und gespannt. Sarah, die Leiterin der israelischen Gruppe, stand auf und verkündete mit großem Ernst und tiefer Überzeugung, dass der Zionismus das Wichtigste in der israelischen Geschichte sei: »Wir sind keine Rassisten, keine Täter, keine Kolonisatoren, sondern Juden, die nach 2.500 Jahren gekommen sind, um in unserem eigenen Land zu leben. Der Schlüssel zum Verständnis liegt in unseren Herzen.«

Ein palästinensischer Teilnehmer antwortete ihr mit mühsam zurückgehaltener Wut, dass hier zwei Auffassungen aufeinanderprallen würden: »Palästina ist auch unsere Heimat, es war die meiste Zeit arabisch, wir sind wütend und wir werden die Besatzung und Vertreibung nicht dulden. Es ist unerträglich zu hören, dass der Zionismus eine gute und wichtige Sache ist.« Er betont das Unrecht der Vertreibung von Palästinensern aus ihren Dörfern, der sogenannten Nakbah.

Das fordert die Jüdin Hava heraus zu einer ultimativen Abgrenzung: Holocaust und Nakbah dürfen nicht verglichen werden: »There is nothing to compare!« Wenn dies versucht würde, würde sie augenblicklich gehen.

An dieser Stelle ist der Übergangsraum verloren gegangen. Das Denken bei den Vertretern der verfeindeten Gruppen scheint reduziert auf nicht verhandelbare Überzeugungen. Ihre emotionale Besetzung in Form von archaischen Gefühlen erlaubt keine Distanzierung durch Nachdenken, Mentalisieren oder Symbolisieren. Dieser Zustand könnte verglichen werden mit der Qualität der von Bion beschriebenen Beta-Elemente.

In dieser Situation waren die Moderatoren aus den drei Ländern sehr hilfreich, wie auch einige deutsche Teilnehmer, die Verständnis zeigten für die jeweiligen Ansichten und beruhigten. Beispielsweise insistierte eine deutsche Teilnehmerin ernsthaft und unnachgiebig darauf, dass jeder und jede Gruppe seine bzw. ihre eigenen subjektiven Überzeugungen habe, welche die emotionale Wirklichkeit jeder Seite darstelle. Zunächst müsse sie einfach als gegeben von jeder Seite akzeptiert werden.

Darauf ergänzt der jüdische Religionslehrer Rafi: »Wir streiten uns hier nur, aber wir bringen uns nicht um!«

Am nächsten Morgen, dem Abschiedstag, berichtete Sarah, die am Vorabend die jüdische zionistische Position betont hatte, sehr bewegt, dass ihr bei ihrem frühen morgendlichen Spaziergang die Idee gekommen sei, in den Palästinensern keine Feinde, sondern Mitbewerber zu sehen: »I am ready to call the Palestinians rivals not enemies« Der Wortführer der Palästinenser, der den Vergleich des Holocaust mit der Nakbah nahelegte, betonte, dass wir alle Menschen seien und legte die Konfliktlösung in Gottes Hand. Damit wurde gleichsam die Entmenschlichung des Gegners als Folge der beschriebenen malignen Regression von Großgruppen rückgängig gemacht. Der Übergangsraum ist für beide Parteien wieder geöffnet, um sich einer politischen, für beide Seiten annehmbaren Lösung anzunähern.

## Abschließende Betrachtung

Die Berichte der Teilnehmer und Teilnehmerinnen über erlebte Traumatisierungen können als Narrative gesehen werden. Nach den Ausführungen von Hubert Speidel will der Ich-Erzähler mit dem Bericht über sein Erleben bei den Zuhörern Anteilnahme und Identifikation erreichen. Er berichtet, wie er zum Opfer wurde. Alle Erzähler haben den Anspruch, dass sie die Wahrheit sagen, und den Anspruch auf eine emotionale Zuwendung der Zuhörer. Diese Master-Narrative stärken den Zusammenhalt der eigenen Gruppe, geben jedoch der verfeindeten Gruppe auch die Gelegenheit, den Erzähler mit dessen Augen zu sehen, unter der Voraussetzung, dass der Bericht nicht allzu sehr polarisiert und Rechtfertigungsdruck erzeugt. Der Erzähler/die Erzählerin sucht Anerkennung, empathische Resonanz und Zustimmung zu seiner/ihrer Sicht der Bedeutungszusammenhänge. Im Narrativ drückt sich somit ein Kommunikationswunsch aus, der subjektives Erleben und soziale Wirklichkeit in eine Auseinandersetzung bringt und damit die Chance zur Selbstreflexion. Selbstreflexion, die den Übergangsraum wieder öffnet zur gemeinsam anerkannten Realität.

## Literatur

Bettauer, H. (1922): *Die Stadt ohne Juden. Ein Roman von Übermorgen.* Wien: Metro-Verlag.

Freud, S. (1921): Massenpsychologie und Ich-Analyse. GW XIII, S. 71–161.

Freud, S. (1930): Das Unbehagen in der Kultur. GW XIV, S. 419–506.

Foulkes, S. & Anthony, E.J. (1957): *Group Psychotherapy.* Harmondsworth, Middlesex: Penguin Books.

Götz, A. (2011): *Warum die Deutschen? Warum die Juden?* Frankfurt a.M.: S. Fischer Verlag.

Speidel, H. (2012): *Psychotherapie zwischen Narrativ und Qualitätssicherung.* Berlin: Springer.

Volkan, V. (2005): *Blindes Vertrauen – Großgruppen und ihre Führer in Krisenzeiten.* Gießen: Psychosozial-Verlag.

Winnicott, D.W. (1984): *Reifungsprozesse und fördernde Umwelt.* Frankfurt a.M.: Fischer Taschenbuch.

Winnicott, D.W. (1973): *Vom Spiel zur Kreativität.* Stuttgart: Klett-Cotta.

Winnicott, D.W. (1990): *Der Anfang ist unsere Heimat.* Stuttgart: Klett-Cotta.

# Vom Ganzwerden, Ich-selber-Werden und In-der-Realität-Ankommen

## Donald W. Winnicott und Masud Khan

*Nikolaus Becker*

Anlass und Ausgangspunkt für diesen Text war eine besondere Erfahrung aus dem Jahr 2010. Ein Ausbildungsseminar für angehende Psychoanalytiker hatte das Thema Objektbeziehungstheorien und behandelte auch die Beiträge von D.W. Winnicott. Als es um ihn ging, meinte ein Kandidat, Winnicott sei als Lehranalytiker von Masud Khan desavouiert und mit seiner psychoanalytischen Arbeit infrage zu stellen. Mir war entgangen, dass im Jahr zuvor Annemarie Sandler über Grenzverletzungen in der analytischen Ausbildung referiert und dabei ausführlich über den Fall »Masud Khan« berichtet hatte. Khan hatte zumindest in den letzten 20 Jahren seines Wirkens erhebliche Grenzverletzungen in Ausbildungsanalysen und Behandlungen begangen und dabei nicht wenigen PatientInnen und KollegInnen Verletzungen zugefügt. Wie bekannt ist, lehnte er es mit Hinweis auf seine Krebserkrankung ab, sich von einer Ethikkommission befragen zu lassen. Ihm wurden infolge alle Funktionen und die Mitgliedschaft der Britisch Psychoanalytic Society entzogen. Er starb ein Jahr später, 1989. Dass diese Ereignisse auf Winnicott zurückwirkten, war nicht überraschend. Er war der dritte Lehranalytiker von Masud Khan und das offiziell von 1951 bis 1966. Aber der Vorwurf ging darüber hinaus. Winnicott habe in der Analyse von Masud Khan die nötige Abstinenz nicht aufrechterhalten und habe deshalb Khans Destruktivität weder analysieren noch ihr Einhalt gebieten können. Es dürfte den Londoner Analytikern missbilligend aufgefallen sein, dass Khan als Lehranalysand Vortragstexte von Winnicott redigierte und für die Veröffentlichung zusammenstellte. Dies widersprach massiv den analytischen Gepflogenheiten; aber erst die Entgleisungen Khans Jahre später warfen den erwähnten Schatten auf das Wirken Winnicotts.

Über Winnicotts Therapietechnik ist manches durch seine Arbeit mit regredierten PatientInnen bekannt geworden und eher wenig durch seine Arbeit mit neurotischen Patienten mit leichten Persönlichkeitsstörungen. Es heißt, er habe diese in der klassischen Technik analysiert. Manches spricht allerdings dafür, dass er weniger das Prinzip der Aufdeckung unbewusster Konflikte mit der Arbeit an Abwehr und Abgewehrtem verfolgt hat und ihm eher die therapeutische Beziehung und Nachentwicklung von Integration, Personalisierung und Realitätserleben wichtig war. Dabei könnte er die für die Analyse von Triebkonflikten unabdingbare Abstinenz vernachlässigt haben. Seine späte Einschätzung, er habe lange Zeit zu viel gedeutet, kann man auch in diesem Sinn verstehen. Die drei Aspekte Ganzwerden (Integration), Ich-selber-Werden (Personalisierung) und In-der-Realität-Ankommen (Realisierung) seiner Psychoanalyse der frühen psychischen Entwicklung werden durch den Text hindurch Thema sein.

## Ich-Triebe versus Sexualität

Donald W. Winnicott (1896–1971) war ein Psychoanalytiker ganz eigener Prägung und unvergleichlicher Wesensart. Mit seinem Namen verbunden sind eine Fülle an originellen Konzepten, die in unsere Arbeit eingegangen sind, wie das der »good-enough-mother«, des Übergangsobjekts, des falschen Selbst oder die paradoxe Aussage: »So etwas wie einen Säugling gibt es nicht« (Winnicott, 1974, S. 50). Seine Texte wurden in drei Bänden zwischen 1958 und 1971 publiziert. Wie den von mir herausgegriffenen Konzepten und Begriffen zu entnehmen ist, geht es in seinem Denken um die Anfänge der psychischen Entwicklung in den ersten drei Lebensjahren.

Winnicott gehörte mit Balint, Fairbairn und einigen anderen englischen Analytikern zu der Gruppe der Objektbeziehungstheoretiker. Diese lehnten im Gegensatz zu Freud einen primären Narzissmus des Säuglings mehr oder weniger ab und postulierten, dass das Triebhafte, Dynamische des Säuglings von Anfang an objektsuchend ist und nicht entspannungssuchend; das Primäre ist bei ihnen nicht wie bei Freud der angeborene Trieb, sondern die Beziehungssuche. Dadurch steht der Anfang der psychischen Entwicklung nicht unter dem Einfluss innerer Gegensätzlichkeiten mit Konfliktpotenzial, wie Lustprinzip/Realitätsprinzip, Ich-Triebe/Sexualtriebe, sondern unter dem Einfluss von Beziehungen besonderer Art, die das Überleben sichern. Grundlegend für die psychische Entwicklung sind bei Winnicott die »primäre Mütterlichkeit« aufseiten der Mutter und die angeborene Fantasie aufseiten des Säuglings: »Die Psyche nimmt ihren Anfang in der imaginativen Bearbeitung von Körperfunktionen« (Winnicott, 1994, S. 50). Bezüglich eines primären Narzissmus steht Winnicott zwischen Freud und Balint. Die Entwicklung der angeborenen Potenziale zu einer einzigartigen Individualität erfordert eine kontinuierlich-haltende erste Beziehung. So entstehen

1. das wahre Selbst aus der Summe der sensomotorischen Lebendigkeit, die sich z.B. in der »spontanen Geste« zeigt.
2. eine ganz eigene Entwicklung von frühen spezifischen Beziehungsformen – die die Selbstentwicklung in Gang setzen.
3. ein Grundbedürfnis nach »fortwährendem Sein«, das möglichst wenig gestört werden soll, damit sich die primäre Unintegriertheit in Richtung Integration entwickeln kann.

## Biografie

Winnicott wuchs in gutbürgerlichen Verhältnissen mit zwei Schwestern in Plymouth auf. Der Vater war Kaufmann und zeitweise Bürgermeister von Plymouth. Mal wird dieser als Freigeistler, mal als gläubiger Protestant geschildert, jedenfalls verweigerte er sich Diskussionen über Glaubensfragen mit dem Sohn. Der Sohn solle die Bibel lesen und sich seine eigene Meinung bilden. Man kann vermuten, dass es an dieser Vaterbeziehung lag, dass Winnicott schon vor der Pubertät widerständig wurde, in der Schule nachließ und alles infrage stellte (Winnicott et al., 1989). Der Vater trug so viel zur Eigenständigkeit und zum Nonkonformismus des Sohnes bei, überließ ihn aber früh in der von Frauen geprägten Familie sich selbst, was Winnicott später kritisch anmerkte. So wurde er zum Einzelgänger und unbequemen Kollegen, erst in der Pädiatrie dann in der Psychoanalyse. Autobiografisch sagte Winnicott über sich: »Ich war unfähig, jemandem nachzufolgen, nicht einmal Freud« (Winnicott, 1974, S. 231). Die Mutter, die das Haus versorgte, sei phasenweise depressiv gewesen; eine frühe Sorge von Winnicott war, sie am Leben zu halten. Er sei ein gestörter Jugendlicher gewesen, der sich schon früh isolierte. Verbunden war das mit einem

Drang nach Unabhängigkeit, Eigenständigkeit und Selbstwerdung. Es konnte ihn später regelrecht aufbringen, wenn in den Seminaren von Melanie Klein alle versuchten, kleinianisch zu denken, statt eigene Ideen zu entwickeln. Er hatte den hohen Anspruch, seine klinischen Erfahrungen in ein von ihm selbst geschaffenes Sinngefüge zu bringen. Es gehörte zu seinem lebenslangen Bestreben, »ganz« zu werden, so integriert wie möglich und damit authentisch und unabhängig. Die damit verbundene große Anstrengung drückte er mit dem von Eliot entlehnten »Not less than Everthing« aus (Winnicott et al., 1989, S. 3). Zu dem erstrebten Ganzen gehört auch der überlieferte Satz: »May I be alive, when I die« (ebd., S. 4). Das Medizinstudium begann er 1914. Nach kriegsbedingter Unterbrechung beendete er es 1920 und absolvierte die Weiterbildung zum Kinderarzt am Paddington Green Hospital in London. Als er 1925 zu der Gruppe der Londoner Analytiker stieß, deren Kopf Ernest Jones war, hatte er in der Klinikssprechstunde schon Hunderte von Kindern untersucht und oft die Eltern in die Behandlung mit einbezogen. Er begab sich in Analyse bei James Strachey und begann zwei Jahre später, 1927, die analytische Ausbildung. Zu einer zweiten Analyse bei Melanie Klein kam es nicht, sie lehnte ab. Angeblich sollte Winnicott ihren Sohn Eric unter ihrer Supervision analysieren. Auch dazu kam es nicht. 1935 begann er eine sechs Jahre dauernde Supervision bei Melanie Klein. Die anfänglich enge Zusammenarbeit bekam Risse. Melanie Klein war enttäuscht und ließ ihn das spüren, aber er gehörte dennoch bis Ende der 1930er Jahre zu ihrem Kreis.

Der Supervision bei ihr habe er viel zu verdanken, sagte er später. Sie habe beschrieben, was der Säugling mit seiner Triebhaftigkeit und der Verarbeitung der zugehörigen Fantasien durch Spaltung, Projektion, Introjektion und Idealisierung an psychischer Entwicklung vollzieht. Aber aus seinen Worten wird spürbar, dass er ihr nicht nachfolgen konnte.

> »Sie führte aus, wie wichtig die Lokalisation von all dem sei, was zwischen Essen und Ausscheiden vorgeht, und dass das alles mit dem Körperinneren zu tun hat. Und ich fühlte, dass sie mich das alles lehrte, weil ich ohne es nicht fähig sein würde, Kinder zu analysieren, und dass ich kein Kind vor einer ernsthaften Neurose bewahren könnte, indem ich der Mutter sagte, was sie tun kann« (Winnicott et al., 1989, S. 576).

Dieses Negieren der realen Beziehungen erregte seinen Widerspruch.

## Der äußere Faktor

Zu dieser Zeit hatte Winnicott angefangen, die mütterliche Umgebung, das »environment«, in dem der Säugling aufwuchs, zu untersuchen. Als er davon sprach, stieß er bei seiner Analytikerin Joan Riviere auf Widerspruch. Was bei ihr zählte, war die angeborene Fantasie. Mit dem Hervorheben der mütterlichen Umgebung von Anfang an und somit auch ihres Einflusses auf den Aufbau der inneren und der äußeren Welt, geriet Winnicott in London zwischen die Stühle. Wenn er seine Arbeit in der Gruppe von Anna Freud vorstellte, hieß es, er habe einen kleinianischen Einschlag, weil er die innere Welt mit einbezog, wenn er in der Gruppe von Melanie Klein vorstellte, hieß es, er sei kein Kleinianer. Es passierte das, was ihn schon in Analyse geführt hatte: Er geriet in eine Isolation mit der kränkenden Erfahrung, nicht ausreichend beachtet und wertgeschätzt zu werden. Auch wenn er später zur »Middle Group« der Londoner Analytiker gehörte, blieb er mehr oder weniger isoliert. Er hatte keinen Arbeitskreis und auch keine Schüler; wollte beides auch nicht. Mit dem Anspruch, ganz er selber werden zu wollen, trug er selbst zu seiner Isolierung bei. Khan hat es so formuliert: »Für Winnicott war der Mensch ein isoliertes Wesen, das man nicht kennen kann, das sich nur durch den Anderen zur Persönlichkeit entwickeln und selbst kennenlernen kann« (Khan, 1977, S. 221). Der Kern jedes Individuums gehört der inneren Welt an und hat in seiner Isolierung nicht teil an den Beziehungen zu anderen, der Kommunikation mit anderen, »er ist ständig unbekannt, tatsächlich ungefunden« (Winnicott, 1974, S. 245). Damit ist wieder die Bedeutung des Objekts für die psychische Entwicklung hervorgehoben. Das Paradoxe daran ist, dass der Andere, so ungeheuer wichtig er für die Selbstwerdung ist, zunächst nicht als Anderer in Erscheinung treten darf, sondern nur als haltende, tragende Umgebung. Der Säugling kommt auf die Welt mit dem Entwicklungspotenzial für eine Person mit einer einzigartigen Individualität, einem Selbstkern, dem wahren Selbst, der sich aber nur in der Beziehung zu einer haltenden Umgebung, die von der Mutter bereitgestellt wird, entwickelt. Die »good-enough-mother« passt sich weitgehend den Bedürfnissen des Säuglings an, versucht zu verstehen, was dieser mit seinen spontanen Gesten (dem Ausdruck seines wahren Selbst) mitteilt. Durch die Anpassung an die Bedürfnisse des Säuglings und den Verzicht auf Eigenes ermöglicht sie die für die Entwicklung im ersten Lebensjahr wichtige Erfahrung von »fortwährendem Sein«. In dieser Erfahrung liegt für Winnicott der Ursprung der Selbstentwicklung. Wenn die Mutter ohne Einfühlung an die Stelle dessen, was der Säugling hervorgebracht hat, wiederholt Eigenes setzt, erlebt der Säugling traumatische Unterbrechungen seines fortwährenden Seins. Werden solche Übergriffe zum zentralen Merkmal der Mutter-Säugling-Beziehung, versucht der Säugling zur Abwehr eine zweite reaktive Persönlichkeitsorganisation zu entwickeln, die falsche Selbstorganisation. Als Beispiel diene eine depressive Mutter, die häufiger dann, wenn der Säugling sie nach dem Aufwachen herbeiruft, diesen zurückweist; er solle weiterschlafen, sie brauche noch Schlaf und könne sich jetzt nicht mit ihm beschäftigen. Der Säugling mag wüten und schreien, er fängt aber auch an, sich auf diese Übergriffe hin zu verändern und eine willfährige, passive Persönlichkeit zu entwickeln, hinter der das Aktive und Spontan-Kreative verborgen ist, womit er zunächst die Umwelt erkunden wollte.

In der Londoner analytischen Gesellschaft hatte Winnicott einen besonderen Platz, auch weil er zu vielen gesellschaftlichen Problemen Stellung bezog, Rundfunkvorträge und Vorträge auf Tagungen anderer Fachrichtungen hielt, zugleich aber im Institut übersehen oder sogar abgelehnt wurde, auch weil er – nonkonformistisch wie er war – oft eine ganz eigene Betrachtung analytischer Fragestellungen hatte. Bei der Diskussion von Fallvorträgen hielt er sich zurück, weil »er sich oft außer Stande fühlte, sich an einer metapsychologischen Diskussion zu beteiligen« (Winnicott, 1995, S. 168). Er schrieb dann in der Nacht dem Kollegen, der vorgestellt hatte, einen Brief, in dem er seine Sicht der vorgestellten Behandlung in seiner Sprache darlegte. Der nach seinem Tod von Rodman herausgegebene Briefband *Die spontane Geste* enthält viele dieser Briefe. Margaret Little, die ihre Analyse bei Winnicott veröffentlicht hat, hat eine Szene beschrieben, die etwas von der Stellung Winnicotts im Kollegenkreis zeigt: Eine besonders hitzige Debatte zwischen Anhängern von Anna Freud und Melanie Klein fand 1941 während eines Bombenangriffs auf London statt. Winnicott sei aufgestanden und habe gesagt: Er wolle die Anwesenden darauf hinweisen, dass gerade ein Bombenangriff stattfinde. Dann habe er sich wieder gesetzt. Niemand nahm Notiz von dem Beitrag, man verstand ihn nicht, die Debatte wurde nicht weniger hitzig fortgesetzt. Das Aggressive innen und außen hat ihn immer wieder beschäftigt, dazu das Potenzial von Zerstörung innen und außen in der Realität.

## Paradoxien

Warum ist Winnicott oft schwer zu verstehen, auch wenn wir als Leser nicht gerade in eine hitzige Debatte verwickelt sind? Er ist in seinem dialektischen Denken immer zugleich in der Innenwelt mit ihren triebhaften und erschreckend-destruktiven Bildern, Fantasien und Regungen und in der sekundärprozesshaft organisierten äußeren Realität. Dabei stößt er in diesem Raum zwischen Innenwelt und Außenwelt aber auch auf das Zugleich von Innenwelt und Außenwelt und damit auf Phänomene, die scheinbar unvereinbar sind. Gleichzeitig sind sie jedoch wahr, die viel zitierten Paradoxien. Das Erleben und Denken in diesem Bereich war nicht nur ungeheuer kraftraubend, es machte auch sein privates Leben unvorhersehbar. Verlässlich sei er nur bei fest vereinbarten Terminen gewesen (Winnicott et al., 1989, S. 15). Nur dieses Leben mit den paradoxen Anteilen von Innerem und Äußerem war für ihn »wahr« und lebenswert (Khan, 1977, S. 224). Ohne ein Stück Verrücktheit seien wir arm. Paradoxien bestehen aus zwei Aussagen, die eigentlich nicht gleichzeitig möglich sind, es aber doch sind, weil sie einmal auf der Basis der primärprozesshaft organisierten inneren Welt getroffen sind und zugleich auf der Basis der sekundärprozesshaft organisierten äußeren Realität Geltung haben. Paradoxien lassen sich deshalb nicht lösen, man muss sie hinnehmen. »Man könne ein Kleinkind, das spielt, nicht fragen: Hast du das entdeckt oder hast du das geschaffen?«, weil es in seinem Erleben die subjektive, unter der Omnipotenz stehende Realität nicht getrennt von der objektiven Realität betrachtet (Winnicott, 1973, S. 104). Winnicotts bekanntestes Paradox lautet: Für den Säugling ist die mütterliche Brust zugleich vorgefunden und geschaffen. Wenn bei dem hungrig-erregten Säugling die Brust auftaucht, weil die Mutter sie anbietet, hat er sie in seinem Erleben geschaffen. In der subjektiven inneren Welt ist die Brust selbst geschaffen, unter dem Einfluss der schon einsetzenden Autonomieentwicklung, hin in die äußere Realität, ist sie vorgefunden (Davis & Wallbridge, 1983, S. 72).

Das zur Zeit der totalen Abhängigkeit in der Mutter-Säugling-Beziehung vorherrschende Omnipotenzgefühl des Säuglings wird in der gesunden weiteren Entwicklung zwar abgebaut, es bekommt Risse, die Realität gewinnt an Bedeutung; es ist aber bei traumatischen Erfahrungen in der Realität wieder da. »Es gibt kein Trauma außerhalb der Omnipotenz. Jede Erfahrung wird unter die Herrschaft des Ichs genommen und mit sekundären Prozessen verknüpft« (Winnicott, 1974, S. 47). Um den mit dem Trauma verbundenen Schock und Verlust besser ertragen zu können, verbinden wir das äußere Ereignis mit der inneren Welt und machen aus der Realität eine Projektion. Ein Vierjähriger, dessen Vater schwer verunglückte, meinte, das sei passiert, weil er am Vortag in die Hose gemacht hatte (McDougall, 1985). Diese Arbeit des Ich unter Einbezug der Omnipotenz nimmt der Realität etwas von dem Unwiederbringlichen, aber sie ist nicht heilsam. Unsere psychotherapeutischen Behandlungen versuchen, die traumatische Erfahrung in ihrer Urform wieder lebendig werden zu lassen, sie nachzuerleben und durchzuarbeiten.

Eine weitere Paradoxie aus Winnicotts letzter Schaffensperiode lautet: Das Subjekt muss das Objekt zerstören und das Objekt muss diese Zerstörung überleben, damit es die Qualität des Anderen bekommt und geliebt werden kann. Winnicott soll laut seiner Frau Claire als 13-Jähriger in sein Tagebuch geschrieben haben: »Väter sind dazu da, zu töten und getötet zu werden« (Winnicott et al., 1989, S. 8). Das ist Innenwelt pur, die ein 13-Jähriger im Allgemeinen verdrängt und in die Traumwelt verlagert hat. Es ist eine frühe Version des Ödipus-Komplexes, die zu dem passt, was Winnicott mehrfach hervorgehoben hat, nämlich welche große Bedeutung es für die kindliche Entwicklung – vor allem des Jungen – hat, dass der reale Vater überlebt, wenn er in der inneren Realität des Kindes als Rivale viele Male umgebracht worden ist. Hier zeigt sich die Differenz von Winnicotts Denken zu unserem gängigen Denken: Nicht hassvoll-zerstörerische Impulse in der ödipalen Rivalität sind verdrängt worden und begründen die unbewusste Beziehung zum Vater, sondern die Innenwelt-Beziehung mit Angriff auf den Vater, Zerstörung des Vaters und dessen Überleben begründet die reifere und dann ödipal-konflikthafte Vaterbeziehung.)

Zu den Paradoxien gehören auch die Übergangsobjekte, mit der gleichzeitigen Zugehörigkeit zur inneren und äußeren Realität. Wenn man so will, kann man sagen, dass sich Winnicott wie selbstverständlich im Bereich des Intermediären bewegt hat, dem Raum zwischen Innenwelt und Außenwelt, zu dem die Übergangsobjekte gehören. Sie stellen eine Verbindung her von Innenwelt und Außenwelt z. B. mit dem Malen und Spielen der Kinder und dem Malen der Psychotiker und mit allem, was wir im Weiteren an Kultur entwickeln und verstehen. Alle wahre Kultur entsteht im Übergangsbereich und nirgendwo sonst. Wenn Masud Khan sagt, Winnicott habe ein vielgeplagtes Gemüt gehabt, so meint er dieses Leben als Grenzgänger zwischen Innenwelt und Außenwelt, als lebendes Paradoxon (Khan, 1977). Passend dazu lässt sich sagen, dass sein ganzes Werk darauf abzielt, mit dem potenziellen Raum etwas zwischen die andrängende, schreckenerregende Innenwelt, der der Psychotiker voll ausgeliefert ist, und die realistische kalt-rationale Außenwelt zu stellen.

Das autodidaktische System, das sich Winnicotts für seine Arbeit geschaffen hatte, führte dazu, dass er in seinen analytischen Texten nur ganz selten zitiert hat. Er selbst hat das kommentiert:

> »Ich werde nicht zeigen, wie sich meine Ideen aus den Theorien anderer entwickelt haben, denn meine Gedanken gehen andere Wege. Ich nehme dies und das hier und dort auf und dann, zu allerletzt, schaue ich interessiert nach, um herauszubekommen, wo ich was gestohlen habe« (Winnicott, 1976, S. 57).

Masud Khan meinte dazu, Winnicott habe nur dann etwas aufnehmen und lernen können, wenn es ihn seinem eigenen Selbst gegenüber aufmerksamer und bewusster machte; bloßer Zuwachs an Wissen interessierte ihn nicht. Die Theorie Freuds und seine Behandlungskonzepte kannte er, aber es gibt nur wenige Stellen, an denen er sich mit eigenem Denken auf Freud bezogen hat. Er hebt Freuds Ausnahmestellung hervor, die er mit der Entdeckung der Genese von psychischen Störungen aus verdrängten Triebkonflikten erlangt hat. In der Auflösung seines Widerstands gegen das Lesen von Freud-Texten war er nicht sehr weit fortgeschritten. Freuds Metapsychologie blieb ihm fremd. Er tröstete sich mit dem Argument, dass es in England mehr präödipale Störungen als Neurosen gebe und deshalb die Entwicklungsprozesse der ersten zwei Lebensjahre besondere Beachtung verdienten. Melanie Klein hatte er gelesen und studiert, ihre Arbeit in Seminaren und Fallvorstellungen kennengelernt und sich auch mit ihren theoretischen Vorstellungen identifiziert. Erst etwa 1940 entfernte er sich von der kleinianischen Theorie. Es gab aber weiter viele Gemeinsamkeiten mit ihr, vor allem was den Aufbau der subjektiven inneren Welt angeht, sowie die Annahmen über die Fantasien, die der Säugling in erregter Triebspannung über die abwesende Brust entwickelt. Die Abkehr vom kleinianischen Denken vollzog sich zunehmend durch die Überzeugung, Melanie Klein sei gleichsam blind für den Einfluss der realen primären Objekte auf die psychische Entwicklung des Säuglings (Winnicott, 1974, S. 232). Die Bedeutung der primären

Objekte führte ihn zu der Differenz von Umwelt- und Triebobjektmutter, die seiner Meinung nach von Melanie Klein nicht erkannt und gewürdigt worden war. Die Unterscheidung von Triebbedürfnissen und Ich-Bedürfnissen des Säuglings war in der Psychoanalyse jener Zeit revolutionär.

## Winnicott und Klein

Bei Klein wird die psychische Entwicklung ganz wesentlich davon bestimmt, dass ein von Geburt an ganzheitliches Ich-Selbst aktiv wird, um der inneren Bedrohung durch den angeborenen Todestrieb bzw. den angeborenen Sadismus zu begegnen und mit dem Einsatz von Spaltung, Projektion, Introjektion und Idealisierung der Zerstörung durch das Objekt zu entgehen. Durch den Einsatz der projektiven Identifizierung kommt es erst allmählich zu einer Reinigung, Entgiftung des vom Todestrieb geprägten inneren Objekts. Dagegen gibt es bei Winnicott vor den Trieberfahrungen, mit denen Melanie Klein beginnt, die Phase der absoluten Abhängigkeit des Säuglings von der Mutter, bzw. die Mutter-Kind-Einheit, mit dem für die frühe Entwicklung unerlässlichen »Holding«. Je nachdem, wie gut das »Holding« gelingt, ist – Winnicott zufolge – die innere Welt mit den primären Fantasien und dem primären Neid einigermaßen harmonisch oder aber verfolgend und zerfallend. Das Schicksal des Säuglings ist bei Klein abhängig von der Ausprägung des angeborenen Todestriebs, bei Winnicott abhängig von den Holdingqualitäten der Mutter.

Winnicotts Entwicklungspsychologie die ersten drei Lebensjahre betreffend, beruht auf drei zentralen Bewegungen: die Erste führt von der Unintegriertheit und Formlosigkeit zur Integration, handelt also vom allmählichen Ganzwerden und möglicher pathologischer Desintegration, Zerfall der erreichten Integration in der Psychose (bei unzureichendem Kontinuitätserleben). Die zweite Bewegung führt zur Errichtung von Innen und Außen. Der Säugling erschafft die Außenwelt und tritt zu ihr in Beziehung. So entwickelt er gleichzeitig seine Innenwelt. Er baut ein System auf mit primärprozesshaften Innenweltbeziehungen, wie sie in unseren Träumen zum Vorschein kommen und wie wir sie als Relikt aus Märchen und Mythen kennen, und sekundärprozesshaften Außenweltbeziehungen. Die Brücke zwischen beiden bildet der Übergangs- oder psychische Raum. Die dritte Bewegung führt von der totalen Abhängigkeit in der Mutter-Kind-Einheit (Winnicotts vielzitierte Aussage) über die relative Abhängigkeit, die mit dem Abstillen und dem Bilden von Übergangsobjekten einsetzt, zur Trennung von Selbst und Objekt im dritten Lebensjahr. Damit vollzieht sich der Übergang von der Objektbeziehung, in der die Objekte noch im Bereich des omnipotenten Selbst sind, zur Verwendung von Objekten, die zur äußeren Realität gehören. Die Prozesse hin zum Ganzwerden, zum Ich-selber-Werden und zum In-der-Realität-Ankommen können in ihrer frühen Entwicklung so unvollkommen sein, dass sie das spätere Leben mit Fort- und Rückschritten begleiten und belasten.

Der dritte Prozess aus der späten Winnicott'schen Theorie verdient besondere Beachtung. Die totale Abhängigkeit des Säuglings führt zu der erwähnten Mutter-Kind-Einheit. In den ersten Monaten nach der Geburt ist der Säugling ein Teil der Mutter und die Mutter ein Teil des Säuglings. Auf der unbewussten Ebene gibt es eine starke Verbindung zwischen dem Wunsch des Säuglings, den Körper der Mutter gierig anzugreifen, und dem Wunsch der Mutter, sich gierig angreifen zu lassen.

## Haltende und fördernde Umwelt

Durch das Holding der Mutter in dieser Phase entstehen aus den mitgebrachten Potenzialen, der genetischen Mitgift, und erstem Lernen in der Beziehung zur Mutter die Anfänge der Selbstentwicklung. Das Holding bewirkt, dass der Säugling über seine Erfahrungen mit der mütterlichen Matrix, einer Art psychischer Gebärmutter, anfängt, diese zu verinnerlichen und eine eigene Matrix (innere Umwelt) zu entwickeln. Am besten gelingt das in der Verfassung, die Winnicott »das Kontinuum des fortwährenden Seins« genannt hat (Schutz vor archaischen Ängsten). Was beinhaltet nun das Holding (die deutsche Übersetzung »Gehaltenwerden« ist nicht sehr einprägsam)? Das mütterliche Holding bewahrt den Säugling vor unvorhersehbaren und daher traumatischen Erfahrungen, die die Kontinuität des Seins unterbrechen würden. Holding bedeutet daneben die Befriedigung aller seiner physiologischen Bedürfnisse, Zuwendung, Körperkontakt, Pflege, Bewegung und das empathische Verstehen, all das, was zu Sicherheit und Vertrauen führt (im theoretischen Kontext von Bowlby gehören die Funktionen der Umweltmutter zur »Bindung«). Es ist die Ebene der Ich-Bedürfnisse des Säuglings, auf der auch das mütterliche Containing von Bion, das Spiegeln und Anerkennen von Kohut und das Transformieren von Bollas wichtige Funktionen darstellen. Winnicott unterscheidet die Ich-Bedürfnisse, für die in seiner Terminologie die Umweltmutter zuständig ist, klar von den Triebbedürfnissen, die die Objektmutter befriedigt. Den Stillpart mit Erregung und Befriedigung mit all den Fantasien, die das Triebhafte begleiten, trennt Winnicott ab. Von einem bestimmten Zeitpunkt an ist die Frustration von Triebwünschen wichtig für die weitere Entwicklung. Die Frustration von Ich-Bedürfnissen ist in den ersten beiden Lebensjahren schädlich; wenn diese überhandnimmt, kommt es nicht zur nötigen Kohärenz der frühen Bausteine des Selbst, der sensomotorischen Ich-Kerne bzw. der Integration der Selbstkerne. Solche Defizite stören die Entwicklung von Ich und Selbst, was später nicht als Neurose oder Depression hervortritt, sondern als Psychose, Borderline- oder Persönlichkeitsstörung und bei Kindern oft in Form von Konzentrationsstörungen und Hyperkinese, heute als ADHS bekannt. Die durch die guten Erfahrungen mit der »Umweltmutter« und ihrer Matrix entstandene eigene Matrix begleitet uns auch als Erwachsene durch das Leben und hält uns körperlich und psychisch gesund. Überfordernde Erfahrungen können diesen inneren Halt mit dem Gefühl, dass es so, wie es gerade geht, auch weitergeht, zerstören und uns in eine Krise stürzen. Solche Belastungen können der Verlust der Partnerschaft, der Heimat, des Arbeitsplatzes, die Diagnose einer lebensgefährlichen Krankheit u. ä. sein. Morgenthaler und Parin haben afrikanische Dorfbewohner beschrieben, die mit einer Dorf-Gruppen-Matrix lebten, die sie in ihrem Dorf psychisch stabil hielt, aber schon im Nachbardorf desintegrieren ließ.

## Übergangsobjekt und Übergangsraum

Die zweite Phase dieser Bewegung in Richtung Unabhängigkeit ist die Periode der Entwöhnung und der Schaffung des Übergangsobjekts. Die Zeit der relativen Abhängigkeit liegt individuell verschieden zwischen dem neunten und dem 18. Monat. Es gibt jetzt zunehmend Risse im Erleben des subjektiven Objekts, der haltenden mütterlichen Umgebung und des Omnipotenzgefühls. Die Welt verändert sich dadurch, dass die ausreichend gute Mutter Ansprüche stellt, auch mal warten lässt und damit Reifung und Lernen fördert. Weil der Säugling nicht mehr so abhängig ist, kann die Mutter ihn graduell entwöhnen von der permanent haltgebenden Umgebung, die zunächst die psychologische Matrix des Säuglings war. Über die Verinnerlichung der haltenden mütterlichen Umgebung entwickelt der Säugling allmählich eine eigene Persönlichkeit, bei weiterem Angewiesen-Sein auf die mütterliche Matrix.

Zur eigenen Matrix gehört das Übergangsobjekt. Es ist das erste vom Kind geschaffene Objekt, das die Qualität hat, für begrenzte Zeit die physische Anwesenheit der Mutter zu ersetzen. Es kann ein Tüchlein sein, der Bettdeckenzipfel, ein paar Töne oder autoerotisch der Daumen. Die Verinnerlichung der haltenden mütterlichen Umgebung macht es möglich, dass der Säugling allein in der Gegenwart der Mutter Erfahrungen machen kann. Hier beginnt die Entwicklung der Fähigkeit, allein zu sein. Winnicotts paradoxe Feststellung ist: »Das Kind muss die Gelegenheit haben, allein zu spielen in Gegenwart der abwesenden Mutter« (Winnicott, 1974, S. 45). Gemeint ist, die Mutter ist abwesend als Wünsche befriedigendes Objekt, aber anwesend als stiller haltender Raum, in dem das Kind spielt. Beim älteren Kind gibt es Objekte, z. B. die Puppe oder den Teddybär, die in Abwesenheit der Mutter eine Übergangsfunktion haben. Übergangsobjekte im eigentlichen Sinn sind sie nicht. Das Konzept des Übergangsobjekts fand sofort, als es 1951 von Winnicott beschrieben wurde, Beachtung und Aufnahme. Die Entwicklung der Objektbeziehungen und der inneren Welt waren zu der Zeit ein zentrales Thema. Konkretisiert an dem Bettzipfel und dem Tüchlein wurde eine wesentliche Etappe auf dem Weg von der äußeren zur inneren Mutter gesehen. Interessant ist, dass Winnicotts Sichtweise eine andere war, nämlich die vom ersten Besitz eines Objekts mit transitorischer Funktion, indem es zugleich zur subjektiven und objektiven, von allen geteilten realen Welt gehört. Es eröffnet gleichsam den Raum, in dem wir leben, in dem es Symbole gibt, Metaphern, Bedeutungen, Paradoxien und auch Psychotherapie.

## Objektbeziehung und Objektverwendung

Den dritten Schritt dieser dritten Bewegung nennt Winnicott den Schritt von der relativen Abhängigkeit zur Unabhängigkeit (des Dreijährigen) oder den Schritt von der Objektbeziehung zur Objektverwendung (object use).

Winnicott hat die folgende Differenzierung vorgenommen: Das subjektive Objekt ist das unter dem Einfluss von Omnipotenz selbstgeschaffene Objekt; das objektive Objekt ist das in der Realität vorgefundene. Die Objektbeziehung bezeichnet bei ihm die Beziehung zu dem ersten Objekt, das beim allmählichen Auftauchen aus der Unintegriertheit durch Projektion selbst geschaffene Objekt; die Objektverwendung (object use) nutzt das realitätsprüfende gleichsam konstante Objekt. Diese Differenzierung hat sich nicht durchgesetzt. Aber dieser Schritt, um den Winnicott mit seinem Denken gekämpft hat, beschäftigt uns heute noch: Warum unterscheiden sich in der westlichen Gesellschaft Menschen, die sich abgrenzen, den Anderen aus omnipotenter Kontrolle entlassen und ihm eigene Rechte zuerkennen können, von solchen, die das nur sehr bedingt können? Winnicott betont den Prozess vom einen zum anderen: Um das Objekt zu gebrauchen, muss das Subjekt die Fähigkeit entwickelt haben, es zu gebrauchen. Das ist ein Teil des Wandels hin zum Realitätsprinzip. Diese Fähigkeit ist nicht angeboren und nicht selbstverständlich, sie verlangt den Reifeprozess, der von der haltenden und fördernden Umwelt abhängt. Heute denken wir, dass das Ausmaß an Projektion, das wir im Beziehungsleben einsetzen, auch von der jeweiligen psychischen Verfassung, z. B. der situativen affektiven Erregung abhängt und es ein Nebeneinander der beiden Beziehungsformen gibt. Winnicott betont den Prozess: »Der Prozess von dem einen zum anderen ist der allerschwierigste der menschlichen Entwicklung. Auf diesem Weg entsteht das Lästigste von allem frühen Versagen, das in die Therapie kommt« (Winnicott, 1973, S. 105). Das Kind muss das Objekt aus seiner omnipotenten Kontrolle entlassen, es muss es als ein äußeres Phänomen wahrnehmen, als Wesen mit eigenen Rechten anerkennen, nicht länger als Projektionsfläche. Für Außenstehende hört sich dieser Prozess nicht allzu schwierig an, er ist es aber, wenn wir an die Patienten denken, die ihn nicht bewältigt haben.

Ich zitiere hier Winnicott mit dem, wie er den Prozess vom einen zum anderen beschreibt: »Der folgende Ablauf lässt sich feststellen: 1. Das Subjekt bezieht sich auf das Objekt. 2. Das Objekt durchläuft einen Prozess, der bewirkt, vom Subjekt in der Welt gefunden, statt in sie hineinversetzt zu werden. 3. Das Subjekt zerstört das Objekt. 4. Das Objekt überlebt die Zerstörung. 5. Das Subjekt kann das Objekt gebrauchen« (Winnicott, 1973, S. 110). Das Subjekt – ursprünglich das Kind, später entsprechend der Jugendliche oder Erwachsene – muss auf das projektiv verzerrte und omnipotent kontrollierte Objekt verzichten, nur dann geht das Objekt als ein real gefundenes auf. Konkret: Der Zweieinhalbjährige will etwas von seiner Mutter, die er noch nicht aus seinen Allmachtsvorstellungen, die zur inneren Welt gehören, entlassen hat, und erlebt, dass die Mutter sich abgrenzt, ihn warten lässt oder nein sagt. Er gerät in Wut. Es kommt zu einem inneren zerstörerischen Impuls, der sekundärprozesshaft so ausgedrückt werden kann: »Weg, weg, ich will dich nicht mehr sehen, ich schieß dich tot.« Die Mutter überlebt das 100-mal, 200-mal, obwohl er sie innerlich viele Male zerstört hat, überlebt sie als reales Objekt. Allmählich entsteht die neue Beziehung. Er kann die Mutter, die die Zerstörung überlebt, gebrauchen, weil ihre reale Existenz etwas Verlässliches hat, das Verhandlung ermöglicht. Menschen, die diesen Entwicklungsschritt in der Kindheit nicht vollzogen haben, halten – wenn auch nicht total – an der ersten Form der Beziehung fest. Denn sie enthält eine wichtige Abwehr und diese Abwehr bewahrt das Subjekt vor bedrohlicher innerer Krise der Kohärenz des Selbst, die als Folge von unzureichendem Holding entstanden ist. Beispiel: Wenn ein Borderline-Patient auf den Projektionsmechanismen bestehen muss, um eine Psychose abzuwehren, kann er das Objekt nicht innerlich zerstören und durch das Überleben des Objekts dieses verwandeln, er kann es nicht loslassen, sondern muss daran festhalten, dass das Objekt so ist, wie er schon immer gewusst und gedacht hat, dann ist sein Selbst gesichert. Ein Beispiel von Ogden: Eine Patientin »wusste«, dass der Therapeut ihre Stunde mit drei Minuten Verspätung begonnen hatte, weil er den Patienten, dessen Stunde vorherging, mehr mochte als sie. Es war nicht möglich, diese Situation als Fantasie, die mit einer bestimmten Übertragung zusammenhing, zu verstehen. Es war Fakt für die Patientin (Ogden, 1986). Es gibt nicht den potenziellen Raum, in dem sich Fantasie und Realität begegnen und Symbole und Metaphern Verbindungen herstellen, den Raum, in dem Neurosentherapie stattfindet. »Denn dieser Raum entsteht erst mit dem Zerschlagen der Alternative von innen und außen und das ist Teil des von Aggressivität dirigierten Beziehungsspiels von Säugling und Mutter oder später von Kleinkind und Mutter. Dieser Innen und Außen verbindende psychische Raum entsteht mit dem Überleben von Zerstörtwordensein« (Neubaur, 1987, S. 67). Das Paradoxon von Zerstören und Überleben in dem genannten Beziehungsspiel konkretisiert Winnicott so: »Obwohl ich den Begriff Destruktion verwende, liegt die aktuelle Zerstörung in dem Versagen des Objekts, wenn es die Zerstörung nicht überlebt« (Winnicott, 1973, S. 108). Das »Überleben«

hat die Bedeutung von Sich-Nicht-Rächen, Nicht-Zurückschlagen. Wenn das Objekt es lange genug aushält, vom Subjekt projektiv verwickelt zu werden, ohne sich dafür zu rächen, kann sich allmählich die Realität des Objekts durchsetzen. (Eine Art Rächen wäre es gewesen, wenn Ogden, das »Wissen« der Patientin seine Verspätung betreffend als böse Unterstellung zurückgewiesen hätte.) Das Objekt, das überlebt hat und zur Realität gehört, kann gebraucht werden als Liebesobjekt oder als Vorbild, als Lehrer, von dem das Subjekt lernen kann. In der Objektbeziehung kann das Subjekt nicht sagen: »Ach, so siehst du das, das finde ich interessant.« Wegen der anhaltenden omnipotenten Kontrolle wird das Subjekt sagen: »So, wie du das willst, geht das nicht, mach es so, wie ich dir gesagt habe.« Wenn ein Vater mit viel Objektbeziehungsanteilen mit seinem Sohn Hausaufgaben macht und projektiv einen eigenen »dummen Anteil« bei dem Sohn unterbringt, wird sich herausstellen, dass der Vater nicht von dem Sohn lernen kann und der Sohn nicht von dem Vater. Sie werden sich hassen. Fazit: Ein Patient, der in seinem Erleben an einem Übermaß an Projektion festhält, ist in seiner Fähigkeit zu lernen begrenzt, auch in seinem Lernen in der therapeutischen Beziehung.

Margaret Little, die Londoner Analytikerin, die ich schon erwähnt habe, hatte bereits eine zweijährige Psychotherapie und eine siebenjährige Analyse hinter sich, als sie 1949 zu Winnicott kam. Aus der Beschreibung ihrer Analyse geht hervor, dass sie Winnicott das Äußerste abverlangte, als sie psychotisch regredierte und zeitweise suizidal war. Sie hat später geschrieben, Winnicott habe ihr das Leben gerettet (Little, 1994). Ich erwähne sie, um noch einmal das Paradoxon von Zerstörung und Überleben von Zerstörung zu konkretisieren. In einer Analysesitzung sei sie, von unerträglicher Unruhe getrieben, von der Couch aufgesprungen, habe den Impuls gehabt, alle Bücher Winnicotts aus dem Fenster zu werfen, dann eine chinesische Vase mit weißem Flieder gegriffen, auf den Boden geschmettert und sei auf den Scherben herumgesprungen. Winnicott habe augenblicklich das Zimmer verlassen und sei erst zur Verabschiedung wieder erschienen. In der nächsten Sitzung habe an dem Platz der zerstörten Vase eine gleiche, von der ersten nicht zu unterscheidende Vase gestanden. Wie ist das zu verstehen? Mit ihrem zerstörerischen Akt macht sie ihn rasend wütend, könnte ihn in ihre primärprozesshaft–psychotische Welt ziehen. Er rettet sich vor der Gefahr des »Zurückschlagens«, indem er den Raum verlässt, sich beruhigt. Das sich rächende Objekt Winnicott hätte die Projektion des

Subjekts Little bestätigt und es in der inneren Welt festgehalten. Wenn das Objekt sich nicht rächt, kann die Projektion allmählich an Bedeutung verlieren und damit auch die pathologische Bezogenheit nachlassen und das reale Objekt zum Vorschein kommen. Die gleiche Vase am Platz der zerstörten sollte das Überleben des Objekts symbolisieren. Die Vase gehört zu ihm, Winnicott, und seinen Vorlieben und ist nicht Ausdruck von Zurücksetzung ihrer Person. Winnicott war offenbar der Meinung, dass es eine lange Zeit braucht, in der das Objekt immer wieder zerstört werden und Zerstörung überleben muss, ehe das realitätsgeprüfte Objekt Bestand hat. Dass es Verläufe gibt, die schneller zu einer Veränderung führen, geht aus Margaret Littles Behandlung ihrer Patientin Alice hervor. »Die Patientin neigte dazu, die Analytikerin mit ihrer eigenen sehr gestörten Mutter gleichzusetzen.« Dr. Little hatte die Übertragung – »wir wissen, dass es sich hier nicht um eine Übertragung handelte« – akzeptiert und wiederholt gedeutet, bevor sie geradeheraus erklärte, dass sie nicht die Person sei, für welche die Patientin sie halte. Das führte dazu, »dass die Patientin sich frei und ungehindert zum Ausdruck bringen konnte und nicht mehr ihre Analytikerin schützen musste, vor den Folgen, die eine aufrichtige Bekundung ihrer Persönlichkeit zeitigen würde« (Little, 1994, S. 103).

Diese Theorie vom Übergang von Objektbeziehung zum Objektgebrauch, in der das »aggressive Beziehungsspiel« des Kleinkinds mit dem primären Objekt den Durchbruch zur objektiven Realität herbeiführt, hat Winnicott 1971 in seinem Buch *Vom Spiel zur Kreativität* veröffentlicht. Schon vorher, 1968, wurde er nach New York eingeladen, um die darin enthaltene Aggressionstheorie vorzutragen, weil diese abwich von jener Aggressionstheorie, die vom Todestrieb und dem frühen Neid ausgeht, und sich auch unterscheidet von der Frustrations-Aggressions-Theorie. Seine Theorie besagt, dass die Aggression als dynamische psychische Kraft ihre Wurzeln in der ungetrennten Beziehung von Mutter und Fötus und postpartal in der Beziehung von Mutter und Säugling hat. Sie steckt also zunächst in der Motilität, mit der der Säugling die Grenzen der mütterlichen Umgebung erforscht, und dient im Weiteren dem Herauswachsen aus der Objektabhängigkeit. So entsteht bei Winnicott der für die weitere Entwicklung notwendige Spannungsraum, indem über ein aggressives Beziehungsspiel »object use« möglich wird – oder eben auch nicht, wenn die vorhergehende Entwicklung zu sehr gestört war.

In New York wurde Winnicott, als er seine Theorie in der ihm eigenen idiosynkratischen und arglosen Art und mit eigener Terminologie vortrug, von drei ich-psychologisch orientierten Analytikern aggressiv und ablehnend kommentiert, als wolle er die »heilige« Freud'sche Analyse infrage stellen. Die von Winnicott beschriebene Entwicklung habe keine allgemeine Relevanz, sie gelte nur für psychotische und Borderline-Patienten. Für einen Menschen wie den Grenzgänger Winnicott bedeutete das, in die innere primärprozesshafte Realität zurückversetzt zu sein, in der das Überleben von Selbst und Objekt ständig in Gefahr ist. Er regte sich über alle Maßen auf, bekam eine schwere Herzattacke, brauchte Klinikbehandlung und war erst Wochen später wieder reisefähig. Es hieß, er habe sich von diesem Zusammenbruch nie mehr ganz erholt. So wird es in dem Band *Psychoanalytic Explorations* aus dem Jahr 1989 berichtet. In der Rückschau hat Baudry festgestellt, dass genau das, worum es Winnicott mit seinem Vortrag ging, an dem Abend in New York nicht gelang. Die New Yorker Analytiker und Winnicott konnten Spaltung und Projektion nicht überwinden, konnten einander nicht verwenden und nicht voneinander lernen. Wie es um Winnicott an dem Abend bestellt war, zeigt seine abschließende Bemerkung: Nachdem sein gesamtheitliches Konzept in Stücke gerissen worden sei, sei ihm wohl am besten gedient, wenn er es aufgebe (»would be happy to give it up«).Wenn ich zum Schluss für Winnicotts Beiträge einen Schwerpunkt setze, dann den seiner Differenzierung von der subjektiven Innenwelt mit dem elementaren Gleichgewicht von guten und bösen inneren Anteilen auf der einen Seite und der objektiven, mit den anderen geteilten Außenwelt auf der anderen. Dazu gehört mit viel Gewicht der Übergangsraum oder potenzielle Raum, der sich zwischen den beiden Welten ausbreitet und diese verbindet. Winnicotts Überzeugung ist, nichts sei so wichtig für unsere körperliche und seelische Gesundheit wie ein reich und vielfältig entwickelter Übergangsraum. Diesen Ort, an dem wir uns mit unserer ganz individuellen Kultur verwirklichen, hat er poetisch mit Tagore gefasst: »An den Küsten endloser Welten spielen die Kinder« (Winnicott, 1973, S. 103).

## Literatur


Baudry, F. (2009): Winnicott's 1968 Visit to the New York Psychoanalytic Society and Institute: A contextual view. *Psychoanalytic Quarterly LXXVIII(4)*, 1059–1090.

Davis, M. & Wallbridge, D. (1983): *Eine Einführung in das Werk von D.W. Winnicott.* Stuttgart: Klett-Cotta.

Khan, M. (1977): Das Werk von D.W. Winnicott. In D. Eicke (Hrsg.), *Kindlers Psychologie des 20. Jahrhunderts. Tiefenpsychologie, Bd. 3* (S. 219–253). Zürich: Kindler.

Little, M. (1994): *Die Analyse psychotischer Ängste.* Stuttgart: Klett-Cotta.

McDougall, J. (1985): *Plädoyer für eine gewisse Anormalität.* Frankfurt a.M.: Suhrkamp.

Neubaur, C. (1987): *Übergänge. Spiel und Realität in der Psychoanalyse Donald W. Winnicotts.* Frankfurt a.M.: Athenaeum.

Ogden, T.H. (1986): *The matrix of the mind.* Northvale: Jason Asronson Inc.

Stork, J. (1977): Die seelische Entwicklung des Kleinkindes aus psychoanalytischer Sicht. In D. Eicke (Hrsg.), *Kindlers Psychologie des 20. Jahrhunderts, Tiefenpsychologie, Bd. 2* (S. 152–158). Zürich: Kindler.

Winnicott, D.W. (1973): *Vom Spiel zur Kreativität.* Stuttgart: Klett.

Winnicott, D.W. (1974): *Reifungsprozesse und fördernde Umwelt.* München: Kindler.

Winnicott, D.W. (1976): *Von der Kinderheilkunde zur Psychoanalyse.* München: Kindler.

Winnicott, D.W. (1994): *Die menschliche Natur.* Stuttgart: Klett-Cotta.

Winnicott, D.W. (1995): *Die spontane Geste. Ausgewählte Briefe.* Hrsg. v. F.R. Rodman. Stuttgart: Klett Cotta.

Winnicott, D.W., Winnicott, C., Shepherd, R. & Davis, M. (Hrsg.) (1989): *Psychoanalytic Explorations.* Cambridge: Harvard University Press.

Martin Stokowy, Nicola Sahhar (Hg.)

# Bindung und Gefahr

## Das Dynamische Reifungsmodell der Bindung und Anpassung

*2012 · 309 Seiten · Broschur*
*ISBN 978-3-8379-2151-9*

**»Der vorliegende Sammelband über Bindungstheorie ist nicht einfach ein weiteres Buch zum Thema, sondern dokumentiert ein erweitertes Verständnis und eine andere Perspektive in der allgemein üblichen Darstellung der Bindungstheorie.**

Konkret geht es um das *Dynamische Reifungsmodell der Bindung und Anpassung* von Patricia McKinsey Crittenden, die als ehemalige Schülerin von Mary Ainsworth eine eigenständige Sichtweise von Bindung entwickelt hat. […]

In zehn Kapiteln werden die Grundzüge des Bindungsmodells von der frühen Kindheit bis ins Erwachsenenalter dargestellt und die altersspezifischen diagnostischen Methoden sowie neurobiologischen Zusammenhänge erläutert. Ergänzend werden Fragen zur Beurteilung von Kindeswohlgefährdung beantwortet sowie Auswirkungen von Pflege-, Adoptiv- und Ersatzelternschaft auf die Bindungsentwicklung diskutiert. […] Damit gelingt diesem Buch ein neuer, ungewohnter und faszinierender Blick auf die Entwicklung von Bindung und deren Diagnostik, durch den sicherlich viele Forschungsfragen und theoretisch-konzeptionelle Überlegungen angeregt werden.«

*Prof. Dr. med. Dipl.-Psych. Hans-Peter Hartmann*

Walltorstr. 10 · 35390 Gießen · Tel. 0641-969978-18 · Fax 0641-969978-19
bestellung@psychosozial-verlag.de · www.psychosozial-verlag.de

Josef Christian Aigner

# Der ferne Vater

## Zur Psychoanalyse von Vatererfahrung, männlicher Entwicklung und negativem Ödipuskomplex

*3. Auflage 2013 · 444 Seiten · Broschur*
*ISBN 978-3-8379-2297-4*

**»Es gibt Bücher, die kommen als vermeintlich spröde wissenschaftliche Themendiskussion daher und entpuppen sich bei der Lektüre als spannendes Lehrbuch.**

Dieses Buch ist dafür ein Beispiel. Der österreichische Psychoanalytiker schuf ein Werk, das ein Gesamtbild der Vaterfigur in der Psychoanalyse, aber auch in der Gesellschaft zeichnet. […] Mit Verve fordert der Autor eine ›sozialpolitische Wende‹ weg von der Allverfügbarkeit des Menschen und hin zu mehr Individualität, die auch Männern eine selbstverständlichere Anwesenheit und damit Nähe zu Kindern einräumt.«

*Andrea Schneider in*
*Deutsches Ärzteblatt PP*

»Aigners Buch samt seiner Ausflüge und Exkursionen in die Sphären der Psychoanalyse ist nicht unbedingt leichte Bettlektüre. Doch wer einen Faible für psychodynamische Hintergründe hat und wer es auf Dauer nicht so sehr schätzt, mit vorschnellen, humoresken Zeitdiagnosen mehr abgespeist als aufgeklärt zu werden, der findet in seinem seitenstarken Werk viel Bedenkenswertes und viel auch an purem Wissen, dass sich von Kapitel zu Kapitel immer mehr verknüpft. Und gibt es etwas besseres, als wenn man plötzlich den Lesefluss unterbricht, weil sich eigene Gedanken aufdrängen?«

*Frank Keil in Switchboard*

Diana Pflichthofer

# Spielregeln der Psychoanalyse

*2012 · 284 Seiten · Broschur*
*ISBN 978-3-8379-2222-6*

**Mit diesem Buch stellt Diana Pflichthofer die nicht selten geleugnete oder verdrängte reale Situation der Psychoanalyse ins Offene und integriert die Vielfalt der Praxis in die Theorie.**

Sie befasst sich erstmals ausführlich mit den technischen Regeln Freuds und ihrer Rezeption. Methodisch zentral sind dabei Wittgensteins bisher vernachlässigter Begriff des »Sprachspiels« und das Moment der Selbstreflexion – sowohl des einzelnen Analytikers als auch der Fachwissenschaft im Ganzen.

An historischen und aktuellen Beispielen werden Zielsetzungen, Behandlungskonzepte und Regelwerke auf ihre theoretische Begründung sowie ihre praktische Umsetzung hin beleuchtet. Einerseits bietet das Buch einen guten Überblick über die Geschichte der technischen Regeln, andererseits werden darin neue Gedanken zur psychoanalytischen Praxis zur Diskussion gestellt. Somit werden sowohl Ausbildungskandidaten als auch erfahrene Kollegen angesprochen sowie alle diejenigen, die Freude und Interesse am psychoanalytischen Denken und Diskurs haben.

www.ingramcontent.com/pod-product-compliance
Ingram Content Group UK Ltd.
Pitfield, Milton Keynes, MK11 3LW, UK
UKHW040024200726
13854UKWH00001B/355